W0185714

DEUTSCH
DEUTSCH
DEUTSCH
DEUTSCH
DEUTSCH
DEUTSCH
DEUTSCH
Training

Gedicht-interpretation

Grundlagen – Beispiele – Übungen

Sekundarstufe II · Abitur

von Hans Lobentanzer

Ehrenwirth · Nachhilfen

Die Deutsche Bibliothek – CIP-Einheitsaufnahme

Deutsch-Training : Hilfen für den Deutschunterricht. –
München : Ehrenwirth.
Darin aufgegangen: Deutschhilfen, Nachhilfen
Gedichtinterpretation : Grundlagen – Beispiele – Übungen;
Sekundarstufe II, Abitur / von Hans Lobentanzer. – 4. Aufl. –
1991
(Ehrenwirth-Nachhilfen)
ISBN 3-431-02458-0

ISBN 3-431-02458-0

Einbandgestaltung: Walter Rupprecht, München
Satz: W. Tutte Druckerei GmbH, Salzweg-Passau
Druck: Pera-Druck, Gräfelfing
Printed in Germany 1991 c

Inhalt

Vorwort

Dieses Buch will ein *Arbeitsbuch* sein. Es vermittelt zunächst das Handwerkszeug und Sicherheit in dessen Gebrauch; dann wird der Lernende angehalten, anhand gezielter Fragen das Wesentliche der vielen vorgeführten Gedichte zu erkennen und darzustellen.
Wer den vollen Gewinn haben will, darf das Buch nicht einfach durchlesen. Der Verfasser empfiehlt dem Leser dringend, von Anfang an alle Fragen des Buches in einem Notizheft schriftlich zu beantworten und erst dann das Eigene mit dem im Buch Gebotenen zu vergleichen. Mit anderen Worten: Dem Lernenden soll beim *Selbststudium* geholfen werden. So nimmt das Buch den *Charakter eines Programms* an. Jeder kann sich überprüfen, wie weit er fortgeschritten ist.
Ist damit der umgekehrte »poetische Trichter« erfunden, d.h.: kann nun jeder jedes Gedicht verstehen, wenn er das Buch durchgearbeitet hat? Ganz so viel kann der Verfasser nicht versprechen; denn zum Handwerklichen müssen noch künstlerisches Gespür und die Gabe der gewandten Darstellung kommen. Der Verfasser möchte sich aber dafür verbürgen, daß das Unbehagen schwindet, das viele verspüren, wenn ein Gedicht vor ihnen liegt, vor allem ein modernes.
Interpretieren darf keine »Wissenschaft« werden. Es soll auch Spaß machen. Ohne Lust geht gar nichts. Die Übertreibung der »dechiffrierenden« und »dekodierenden« Methode nimmt dem Kunstwerk (das auch schöpferisches *Spiel* ist!) den lebendigen Atem. Extreme sind immer töricht. Auch ein sorgloses Dahinplätschern im gutwilligen Gefühl, ein Gedicht innerlich begriffen zu haben, verstößt gegen das Prinzip ehrlichen Bemühens.
Versuchen wir also, den Mittelweg einzuhalten zwischen sezierender Analyse und vorschnell zupackender Synthese! Übung, so sagt man, macht den Meister. Manche von uns werden froh sein, wenn sie es bis zum Gesellen bringen. Der Verfasser wünscht Ihnen viel Freude und Erfolg.

München, im Sommer 1982

Hans Lobentanzer

I. Aspekte des Gedichts

1. Wie entsteht ein Gedicht?

Vom römischen Dichter Horaz wissen wir, was der Dichter tun soll: prodesse aut delectare = nützen oder ergötzen. Das ist sicher zu eng gefaßt. Darum stellen wir eine andere Frage: Was treibt gewisse Menschen dazu, daß sie dichten?
Die Schöpfung ist Licht, Ton und Gedanke. Alles, was besteht, hat Schwingung, Rhythmus. Der Mensch nimmt die Schöpfung mit seinen Sinnen wahr. Er gestaltet aber auch selbst.
Das griechische Wort für Dichter ist Poet = Macher, Schöpfer. Auch der Dichter nimmt mit seinen Sinnen wahr und verarbeitet und kombiniert die Eindrücke in seinem Verstand. Viele Dichter sagen uns, daß im ursprünglichen Erlebnis immer alles auf einmal da war: Klang *und* Bedeutung, Ton *und* Sinn, Laut *und* Bild. Der Dichter ist nicht nur passiv, er ist aktiv; er gestaltet selbst. Dieser Vorgang verläuft bei einigen Dichtern (nach ihren eigenen Aussagen) so: Ein geistiges Gefühl in ihnen nimmt einen Leib an; der rhythmische Gedanke verfestigt sich zu Laut (Sprache) und Bild. Das Gedicht ist also eine Drei-Einheit von Bild, Klang und Sinn.

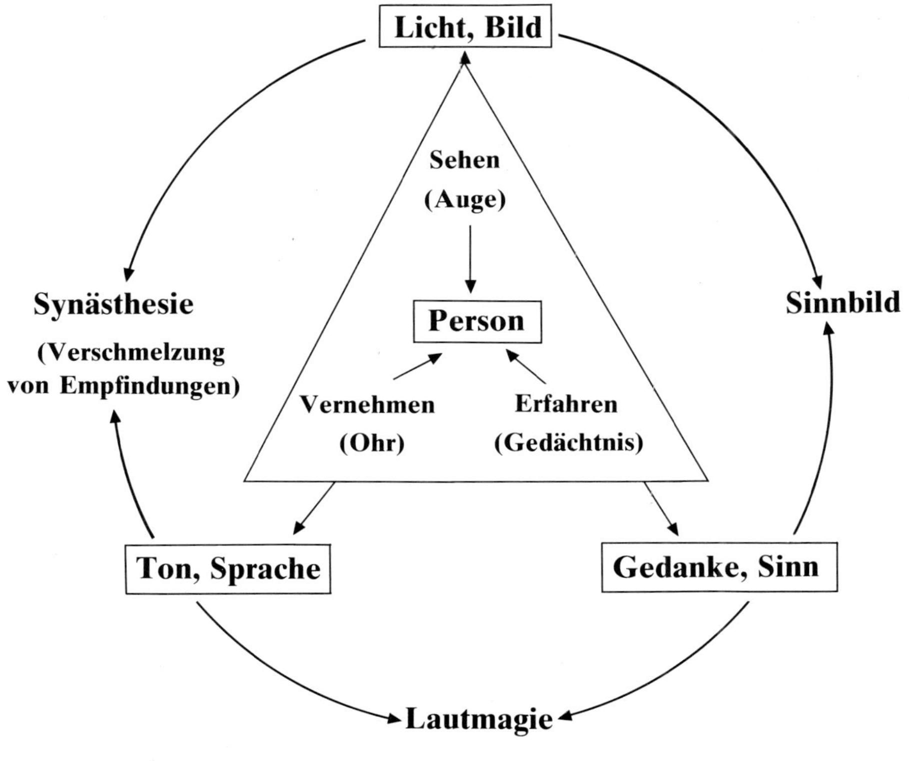

Wilhelm Lehmann bezeichnet Gedichte als »rhythmische Spiele von größeren und kleineren Wortgruppen«. Nach William Blake besteht die Aufgabe des Dichters darin, die irdische Gestalt der Dinge zu durchdringen und die dahinterliegende Herrlichkeit durchscheinen zu lassen. Goethe neigte dazu, seine poetischen Leistungen zu verkleinern, indem er so tat, als habe er ohne sonderliche Mühe bloß Anreize in sich ausgeformt. Am 6. Mai 1827 sagte er zu Eckermann: »Es war im ganzen nicht meine Art, als Poet nach Verkörperung von etwas Abstraktem zu streben. Ich empfing in meinem Inneren Eindrücke sinnlicher, lebensvoller, lieblicher, bunter, hundertfältiger Art, wie eine rege Einbildungskraft es mir darbot; und ich hatte als Poet weiter nichts zu tun, als solche Anschauungen und Eindrücke in mir künstlerisch zu gründen und auszubilden und durch eine lebendige Darstellung so zum Vorschein zu bringen, daß andere dieselben Eindrücke erhielten, wenn sie mein Dargestelltes hörten und lasen.« Schiller erklärte den schöpferischen Vorgang so: »Bei mir ist die Empfindung anfangs ohne bestimmten und klaren Gegenstand; dieser bildet sich erst später. Eine gewisse musikalische Grundstimmung geht vorher, und auf diese folgt bei mir erst die poetische Idee.«

Was »steht« nun aber in einem Gedicht? Die Antwort auf diese Frage kann lauten: der ganze Kosmos, wie er sich in einem Menschen spiegelt und alles, was der Dichter selbst erschafft. Das klingt banal; und doch kann erst der reif werdende oder reif gewordene Mensch Lyrik ganz erfassen. Ein 13jähriges Mädchen antwortete auf die Frage, was eine Ballade sei: »Ein Gedicht mit Inhalt.« Haben die anderen Gedichte keinen Inhalt?

Der Dichter läßt anderen Menschen seine Botschaft zukommen. Es ist nicht *die* frohe Botschaft, nicht das Evangelium; aber der Dichter will sich mit-teilen. Seine innere Welt tritt nach außen in Erscheinung als

Klang und Licht
Farbe und Form
Gedanke und Bild
Rhythmus und Harmonie
meditatives Erlebnis und Symbol
Anruf, Ermahnung und Aufschrei.

Dichter können die Welt nicht verändern; aber sie können Augen und Sinne der Menschen verändern. »Wer ein Kunstwerk in sich aufnimmt, macht denselben Prozeß durch wie der Künstler, nur umgekehrt und sehr viel rascher.« (Friedrich Hebbel)

Ist die Kunst ein »Überbau« über dem Materiellen? Das ist die These des Dialektischen Materialismus und die Annahme vieler Kunsttheoretiker auch der westlichen Welt. Dagegen steht die traditionelle Auffassung des christlichen Abendlandes: Kunst ist geschenktes Glück; sie soll uns nützen und uns erfreuen. Ähnlich äußert sich Alexander Solschenizyn in einem Brief an den sowjetischen Schriftstellerverband 1973: »Die Aufgabe des Schriftstellers besteht nicht darin, diese oder jene Methode der Verteilung des Sozialprodukts, diese oder jene Staatsform zu verteidigen oder zu kritisieren. Der Schriftsteller wählt universale und ewige Themen: die Geheimnisse des menschlichen Herzens und Gewissens, die Begegnung des Lebens mit dem Tod, die Überwindung seelischer Schmerzen, die Gesetze der Menschlichkeit, die aus der unergründlichen Tiefe der Jahrtausende emporsteigen und erst dann verschwinden werden, wenn die Sonne verlischt.«

2. Typologie der Dichter

Manche Dichter waren exzentrische Persönlichkeiten. Das ist in jeder Literaturgeschichte nachzulesen. Der griechische Philosoph Platon hat den Dichter als Mundstück Gottes bezeichnet. Goethe ist bescheidener. Er nennt die gelungene Dichtung »ein unverhofftes Geschenk von oben«. Nach Platon ist der Dichter »in einem Zustand der Begeisterung und Verzückung«. Er fährt fort: »Mit dem Dichter ist es eine eigene Sache: Leichtbeschwingt und gottgeweiht wirft er die irdische Schwere von sich und ist nicht eher imstande zu dichten, bis er von Begeisterung ergriffen und von Sinnen ist.« Es gibt aber auch sehr nüchterne Menschen, die Verse verfassen und damit sehr klar kalkulierte Zwecke verfolgen. Viele Gedichte sind nicht eindeutig einem Typ zuzuschreiben; manche gehören zwei oder mehr Typen an. Das gleiche gilt für die Dichter. Trotzdem soll versucht werden, ein Schema aufzustellen.

Der Dichter als Sänger	⟶	*Lied* Volkslied, Kunstlied, Gesellschaftslied, geistliches Lied
als Preisender, Rühmender	⟶	*Hymne, Ode* Preis des Schöpfers, Preis der Natur
als Erlebender, Empfindender	⟶	*Erlebnis-, Bekenntnisgedicht* Motive: Liebe, Leben, Tod, Natur, Tages- und Jahreszeiten; Stimmungslyrik; Elegie (= Klagegedicht)
als Gaukler und Sprachspieler	⟶	*Gedicht als Ohrenschmaus* Unterhaltungsgedichte mit Sprach- und Lautspielereien
als Lehrender u. Denkspieler	⟶	*Gedicht als Belehrung* Lehrdichtung und Gedankenlyrik; Sprüche, Reflexionen; Sonett; Satire (= Spottgedicht); Parodie (= verspottende Nachahmung)
als Kämpfer	⟶	*Gedicht als Aufruf* politische Gedichte, engagierte Dichtung, sozialkritische Reflexion
als Erzähler	⟶	*Gedicht als Erzählung, Bericht* Erzählgedicht, Ballade, Romanze*

*Diese Gedichttypen werden im vorliegenden Buch nicht behandelt.

3. Zuordnung von Gedichten nach Typen

Der erste Schritt zur Erschließung eines Gedichtes dürfte sein, seine Aussage und deren Absicht zu erfassen. Der englische Dichter T. S. Eliot (1888–1965) war nicht nur gebildet und von poetischem Schwung erfaßt, sondern auch sehr nüchtern. Er stellte fest: »Gewiß ist, daß wir ein Gedicht nicht wirklich genießen können, wenn wir es nicht verstehen; gewiß ist aber auch, daß wir ein Gedicht nicht wirklich verstehen können, wenn wir es nicht genießen.« Der deutsche Dichter Frank Thieß ergänzt: »Kein vernünftiger Mensch liest Gedichte mit dem Verstand.« Wir lesen sie also mit dem Auge, dem Ohr, dem Herzen – mit allen Sinnen, aber auch mit dem Verstand. Darum ist es meist hilfreich, wenn man den Typ erkennt. Natürlich lassen sich nur wenige Gedichte klar in ein Schema einfügen. Hier hilft neben Fingerspitzengefühl vor allem Erfahrung weiter. Diese wollen wir durch Übung bekommen.

- Entscheiden Sie, welchem Typ Sie die jeweiligen Gedichte zuordnen, und begründen Sie Ihre Entscheidung!
- Decken Sie zunächst die rechte Hälfte der Seite zu!

Meine Wahl

Ich liebe mir den heitern Mann
am meisten unter meinen Gästen:
Wer sich nicht selbst zum besten haben kann,
der ist gewiß nicht von den Besten.

Spruch von Johann Wolfgang von Goethe (1749–1832); Alterswerk, belehrende Dichtung.

Das zerbrochene Ringlein

In einem kühlen Grunde,
da geht ein Mühlenrad,
mein' Liebste ist verschwunden,
die dort gewohnet hat.

Sie hat mir Treu' versprochen,
gab mir ein'n Ring dabei,
sie hat die Treu' gebrochen,
mein Ringlein sprang entzwei.

. . .

Hör' ich das Mühlrad gehen:
ich weiß nicht, was ich will –
ich möcht' am liebsten sterben,
da wär's auf einmal still!

Lied, aber kein Volkslied, wie oft angenommen wird, sondern geschaffen von Joseph von Eichendorff (1788–1857).

Ein grünes Blatt

Ein Blatt aus sommerlichen Tagen,
ich nahm es so im Wandern mit,
auf daß es einst mir möge sagen,
wie laut die Nachtigall geschlagen,
wie grün der Wald, den ich durchschritt.

Erlebnisgedicht von Theodor Storm (1817–1888): Empfindungen in der Natur werden erinnert und zu Stimmung verdichtet.

Sommer

Atme, Seele, erhöhter,
weil du den Sommer lobst.
Dunkler, goldner und röter
schwellen dir Reben und Obst.

Goldene Schatten schweben.
Sind sie nicht mehr verbannt?
Träuft dir von selber das Leben
in die lässige Hand?

Oft hat sie fruchtlos gegriffen.
Nun auf einmal geschah's.
Sieh, es leuchten geschliffen
Birnen wie Goldtopas.

Und wie weit du auch gingest,
wölbt sich das funkelnde Haus.
Singe, Seele, du singest
nie das Irdische aus.

Ein *Preisgedicht*, eine *Hymne* von Werner Bergengruen (1892–1964). Vor dem Hintergrund der Fülle, die der Sommer bietet, wird Gott gepriesen. Die 2. Strophe und die ersten zwei Zeilen der 3. Strophe sind reflektierend.

An die Nachgeborenen

Wirklich, ich lebe in finsteren Zeiten!
Das arglose Wort ist töricht. Eine glatte Stirn
deutet auf Unempfindlichkeit hin. Der Lachende
hat die furchtbare Nachricht
nur noch nicht empfangen.

Was sind das für Zeiten, wo
ein Gespräch über Bäume fast ein Verbrechen ist.
Weil es ein Schweigen über so viele Untaten einschließt!

Der dort ruhig über die Straße geht,
ist wohl nicht mehr erreichbar für seine Freunde,
die in Not sind?
. . .

Ein *Aufruf* von Bertolt Brecht (1898–1956); im weitesten Sinn des Wortes ein *politisches Gedicht*: Der Mensch soll sich seiner Verantwortung für den Mitmenschen bewußt werden.

Oktoberlied

Der Nebel steigt, es fällt das Laub;
Schenk ein den Wein, den holden!
Wir wollen uns den grauen Tag
vergolden, ja vergolden!

Und geht es draußen noch so toll,
unchristlich oder christlich,
ist doch die Welt, die schöne Welt,
so gänzlich unverwüstlich!

Und wimmert auch einmal das Herz –
stoß an und laß es klingen!
Wir wissen's doch, ein rechtes Herz
ist gar nicht umzubringen.
. . .

Ein *Lied* – eine Art Gesellschaftslied, ein Trinklied – von Theodor Storm (1817–1888).

Das Huhn und der Karpfen

Auf einer Meierei,
da war einmal ein braves Huhn;
das legte, wie die Hühner tun,
an jedem Tag ein Ei
und kakelte,
mirakelte,
spektakelte,
als ob's ein Wunder sei!
...

Dieses *lustige Gedicht* will ein Ohrenschmaus sein; es stammt von Heinrich Seidel (1842–1906); das aufgeregte Gegacker des Huhns ist trefflich nachgebildet und gleichzeitig verspottet.

Sommerbild

Ich sah des Sommers letzte Rose stehn,
sie war, als ob sie bluten könne, rot;
da sprach ich schauernd im Vorübergehn:
»So weit im Leben, ist zu nah am Tod!«

Es regte sich kein Hauch am heißen Tag,
nur leise strich ein weißer Schmetterling;
doch ob auch kaum die Luft sein Flügelschlag
bewegte, sie empfand es und verging.

Friedrich Hebbel (1813–1863) hat hier ein Erlebnis verinnerlicht und gedeutet (*Erlebnisdichtung*).

Der Schaukelstuhl auf der verlassenen Terrasse

Ich bin ein einsamer Schaukelstuhl
und wackel im Winde, im Winde.

Auf der Terrasse, da ist es kuhl,
und ich wackel im Winde, im Winde.

Und ich wackel und nackel den ganzen Tag.
Und es nackelt und rackelt die Linde.
Wer weiß, was sonst wohl noch wackeln mag
im Winde, im Winde, im Winde.

Christian Morgenstern (1871–1914) ist in vielen seiner Gedichte der typische Sprachspieler, der die Ausdrucksnuancen der Laute virtuos beherrscht. Die Anordnung der Zeilen verstärkt das Gaukelkunststück (*Ohrenschmaus*).

Fabel mit Humor

Es sitzt ein Vogel auf dem Leim,
er flattert sehr und kann nicht heim.
Ein schwarzer Kater schleicht herzu,
die Krallen scharf, die Augen gluh.
Am Baum hinauf und immer höher
kommt er dem armen Vogel näher.

Der Vogel denkt: Weil das so ist
und weil mich doch der Kater frißt,
so will ich keine Zeit verlieren,
will noch ein wenig quinquilieren
und lustig pfeifen wie zuvor.
Der Vogel, scheint mir, hat Humor.

Eine lehrhafte, *gereimte Parabel* (= ein Gleichnis) von Wilhelm Busch (1832–1908): Unausweichliches mit Anstand, ja Heiterkeit der Seele ertragen!

Die Entwicklung der Menschheit

Einst haben die Kerls auf den Bäumen gehockt,
behaart und mit böser Visage.
Dann hat man sie aus dem Urwald gelockt
und die Welt asphaltiert und aufgestockt,
bis zur dreißigsten Etage.

Da saßen sie nun, den Flöhen entflohn,
in zentralgeheizten Räumen.
Da sitzen sie nun am Telephon.
Und es herrscht noch genau derselbe Ton
wie seinerzeit auf den Bäumen.

...

So haben sie mit dem Kopf und dem Mund
den Fortschritt der Menschheit geschaffen.
Doch davon mal abgesehen und
bei Lichte betrachtet sind sie im Grund
noch immer die alten Affen.

Eine beißende Satire – also *ein Spott- und Lehrgedicht* – von Erich Kästner (1899–1974) auf den Fortschritt.

Die Abnehmer

Einer nimmt uns das Denken ab
Es genügt
seine Schriften zu lesen
und manchmal dabei zu nicken

Einer nimmt uns das Fühlen ab
Seine Gedichte
erhalten Preise
und werden häufig zitiert

Einer nimmt uns
die großen Entscheidungen ab
über Krieg und Frieden
Wir wählen ihn immer wieder

Wir müssen nur
auf zehn bis zwölf Namen schwören
Das ganze Leben
nehmen sie uns dann ab

Ein *politisches Gedicht* von Erich Fried (geb. 1921); wir werden aufgerufen, uns nicht das eigene Urteil abnehmen zu lassen, weil sonst über unser Leben verfügt wird.

Die Ehre Gottes aus der Natur

Die Himmel rühmen des Ewigen Ehre,
ihr Schall pflanzt seinen Namen fort.
Ihn rühmt der Erdkreis, ihn preisen die Meere;
vernimm, o Mensch, ihr göttlich Wort!

Wer trägt der Himmel unzählbare Sterne?
Wer führt die Sonn' aus ihrem Zelt?
Sie kömmt, und leuchtet, und lacht uns von ferne,
und läuft den Weg, gleich als ein Held.

...

Christian Fürchtegott Gellert (1715–1769) schrieb diesen Preis des Schöpfers im 18. Jahrhundert. Die *Hymne* spricht am Schluß im Ton der Verkündigung.

Ich bin dein Schöpfer, bin Weisheit und Güte,
ein Gott der Ordnung, und dein Heil;
ich bin's! Mich liebe von ganzem Gemüte,
und nimm an meiner Gnade teil!

Wanderschaft

Das Wandern ist des Müllers Lust,
das Wandern!
Das muß ein schlechter Müller sein,
dem niemals fiel das Wandern ein,
das Wandern.

Vom Wasser haben wir's gelernt,
vom Wasser!
Das hat nicht Rast bei Tag und Nacht,
ist stets auf Wanderschaft bedacht,
das Wasser.

...

O Wandern, Wandern, meine Lust,
o Wandern!
Herr Meister und Frau Meisterin,
laßt mich in Frieden weiterziehn
und wandern!

Lied, aber kein Volkslied, wie oft angenommen wird, sondern geschaffen von dem Romantiker Wilhelm Müller (1794–1827); dem Volkslied nachempfunden, vor allem mit Hilfe der Refrains.

Bootsfahrt

Ruderschlag, Dunst und Libellen,
der Teich ist aus flüssigem Licht.
Geblendete Fische schnellen
hoch aus der Flimmerschicht.

Aller verschollenen Fahrten
bin ich heut' eingedenk.
Teichrose bringt ihre zarten
Schneeblätter mir zum Geschenk.

Schmal überm Dickicht die Föhre –
was wir nicht träumen, wird sein.
Knarren die Dollen? Ich höre
mich tief in das Lautlose ein.

Das impressionistisch geschilderte *Naturerlebnis* führt bei Heinz Piontek (geb. 1925) zur *Reflexion*.

Septembermorgen

Im Nebel ruhet noch die Welt,
noch träumen Wald und Wiesen:
Bald siehst du, wenn der Schleier fällt,
den blauen Himmel unverstellt,
herbstkräftig die gedämpfte Welt
in warmem Golde fließen.

Eduard Mörike (1804–1875) hat eine Situation erlebt und diesem *Erlebnis* eine gültige Form gegeben.

Schöne Junitage

Mitternacht, die Gärten lauschen,
Flüsterwort und Liebeskuß,
bis der letzte Klang verklungen,
weil nun alles schlafen muß –
flußüberwärts singt eine Nachtigall.

Sonnengrüner Rosengarten,
sonnenweiße Stromesflut,
sonnenstiller Morgenfriede,
der auf Baum und Beeten ruht –
flußüberwärts singt eine Nachtigall.

Straßentreiben, fern, verworren,
reicher Mann und Bettelkind,
Myrtenkränze, Leichenzüge,
tausendfältig Leben rinnt –
flußüberwärts singt eine Nachtigall.

Langsam graut der Abend nieder,
milde wird die harte Welt,
und das Herz macht seinen Frieden,
und zum Kinde wird der Held –
flußüberwärts singt eine Nachtigall.

Dieses Gedicht ist schwer einzuordnen. Es stammt von Detlev von Liliencron (1844–1909), der als Impressionist gilt. Hier sind Eindrücke gereiht, die an ein Erlebnisgedicht denken lassen: impressionistische Stimmungslyrik mit einem Refrain, der zusammen mit der vierhebigen Strophe das Volksliedhafte betont. Das Gedicht steht zwischen romantischem *Erleben* und *Kunstlied*.

4. Wege der Interpretation

Wir haben gesehen: Es gibt mindestens sechs Grundtypen von Gedichten, bei verfeinerter Fragestellung sind es viel mehr. Nicht jedes Gedicht läßt sich leicht einordnen. Eigentlich müßte man für jedes Gedicht einen spezifischen, den idealen Schlüssel finden, um es zu interpretieren.

Was heißt interpretieren? Es heißt »auslegen«, »deuten«. Die Interpretation dichterischer Texte geht über die bloße Inhaltsangabe hinaus. Sie soll aufzeigen, *was* das jeweilige Gedicht aussagen will; sie soll helfen zu erkennen, *wie* der Dichter sich ausspricht. Es ist also erforderlich, sich in das dichterische Werk hineinzuversetzen, um soviel wie möglich wahrzunehmen und zu verstehen. *Die Interpretation ist eine Deutung von Form und Gehalt in ihrer Wechselwirkung.* Deshalb muß der Interpretierende auch bedenken, ob das Gedicht in verschiedenen Schichten lebt: in der

Welt der Gegenstände
Welt der Sinne
Welt der Gefühle
Welt der Seele
Welt des Geistes (metaphysisch, religiös)

Nicht alles ist auszudeuten; vieles bleibt unsagbar, weil es im Bereich der Empfindungen oder der Lautmagie wortlos anwesend ist. Ein gutes Gedicht faßt nicht bloß die schale, ausschöpfbare Wirklichkeit, flach und seicht, sondern es weiß vom Geheimnis des Seins, vom Wunder des Lebens. Es ist ein Stück Welt, ein

Stück Schöpfung. Wer verstehen will, muß sich einfühlen können. Er muß das klingende Gefüge behutsam abhören, die künstlerisch angeordneten Kaskaden von Klang, Sinn und Schwung nachtasten.
Um aber die Erkenntnisse auszudrücken, muß der Interpretierende Sprache und Handwerkszeug beherrschen. Freilich nimmt jeder nur wahr, was ihm persönlich zugänglich ist; so bleibt die Darstellung immer einseitig. Ein Kunstwerk ist aber vieldeutig, ja unendlich, nie voll auszusagen. Manchmal ist ein guter Arbeitsansatz bei der Interpretation die Zweiteilung in Gehalt und Gestalt:

Gehalt		*Gestalt*	
Situation, Motiv		Bilder	Sprache
Bewußtseinsinhalte	Klanggestalt	Klang und Melodie	
Stimmungen, Gefühle		Rhythmus, Bewegung	Form
Vorstellung, Absicht		Versmaß	
Gedankenbewegung		Reim	
Sinn			

Nach Herder verhalten sich Gedanke und sprachlicher Ausdruck zueinander wie Seele und Leib. Ein Schüler sagte einmal: »Dichterisch veranlagte Menschen verstehen ein Gedicht ohne Interpretation.« Daran ist viel Wahres; aber vieles am Interpretieren ist eben doch lernbar; und Übung macht den Meister.
Der Dichter Johannes Poethen gibt uns einen guten Rat: »Steige in die Mitte des Gedichts hinein, und halte von da aus Umschau!« Wilhelm Lehmann schränkt ein: »Weder Empfindung allein noch Gedanke allein erschöpfen ein gültiges Gedicht.« Otto Heuschele schildert uns die Schwierigkeit sehr drastisch: »Ein Gedicht, das kein Geheimnis verbirgt, gleicht einer Blüte ohne Farbe und Duft.« Der dichterische Einfall, zusammengeschossen aus Idee, Bild und Sprache, ist letztlich nicht zu zergliedern. Tut man es, kann es wie beim Diamanten gehen: Man hält die Trümmer in der Hand – Staub. Das Interpretieren kann weh tun, und es kann verunglücken. Was der Dichter klingend und gefügt gesagt hat, ist nun klanglos und ungefügt nachzustottern. Manches Gedicht läßt sich wohl überhaupt nicht interpretieren. Dann freuen wir uns eben an ihm! Es soll in uns klingen, und wir nehmen es mit einem anderen Sinn auf als mit dem Verstand.
Aber warum stehen wir nicht bloß bewundernd vor dem Kunstwerk Gedicht und staunen? Weil ohne ernstes Bemühen, in das Wesen des sprachlichen Gebildes einzudringen, das Anschauen oberflächlich bleibt. Es wächst uns nur zu, was wir uns geistig »einverleiben«. Unser Gefühl wird nur sensibilisiert durch Übung; und unsere Sprache gewinnt nur am Vorbild Tiefe, Weite und Ausdrucksfähigkeit. *Es gibt kein Rezept, um ein Gedicht zu verstehen und zu deuten.* Es kann gar kein Rezept geben, weil jedes Gedicht, jeder Dichter, jeder Leser/Zuhörer anders ist: Es gibt aber Verständnisbereitschaft, Liebe und Übung. Mit dem Verständnis wächst die Liebe und mit der Liebe das Verständnis. Beide wachsen durch Übung.

Es gibt leicht zugängliche Gedichte, die wie gewisse mathematische Probleme ohne weiteres und »restlos« aufgehen, und schwierige, zu denen auch der Eingeweihte noch einen Kommentar benötigt. Manche Gedichte sind wie Teppiche, deren Webmuster, Fadenführung und Farbfolge man genau studieren muß. Dann erschließen sich Knoten, Knüpfungen, Figuren und die Komposition des Ganzen. Vergessen wir nicht: das Kunstwerk ist irrational, die Analyse rational. Die Inspiration ist bei verschiedenen Künstlern zu verschiedenen Zeiten durchaus nicht gleich. Ganz ohne Eingebung – schlicht gesagt: ohne Einfall – geht gar nichts. Der Interpret sollte diesen Einfall nachvollziehen – wenn er dazu imstande ist. –

Bekanntlich gibt es verschiedene Methoden der Gedichtanalyse. Die wichtigste ist die sogenannte *immanente Methode*, d.h., man geht nur vom Werk aus, und zwar hauptsächlich von der Struktur (»Machart«). Mit einer zweiten Methode der Gedichtanalyse wird die *historisch-biographische Einbettung* aufgespürt, d.h., die Lebens- und Schaffens-Umstände des Dichters und die geistigen Strömungen seiner Zeit sind zu befragen. Diese beiden Methoden haben verschiedene Voraussetzungen und leisten Verschiedenes. Aber sie ergänzen sich und müssen sich ergänzen.
Als praktischer Zugang, um das Gedicht erst einmal »in den Griff zu bekommen«, empfiehlt sich ein Ausgehen von der Überschrift, vom ersten oder – meist ergiebiger! – vom letzten Vers oder von den letzten Versen*. Ein rechtes Verständnis der Gesamtsituation kann die Voraussetzung für das Erfassen der Einzelheiten schaffen und umgekehrt. Viele Gedichte sind in der Ich-Form abgefaßt. Das heißt aber nicht unbedingt, daß der Dichter von sich selbst spricht. Das *lyrische Ich* ist also durchaus nicht immer identisch mit dem Dichter. Sehr oft haben wir ein sogenanntes *Rollengedicht* vor uns: Der Dichter schlüpft in eine andere Person und schreibt das Gedicht aus deren Perspektive.
Bei der Interpretation eines Gedichts sind, wie schon deutlich wurde, verschiedene und verschiedenartige Gesichtspunkte zu beachten.

Folgende *Reihenfolge* hat sich bewährt:
- *äußere Form:* Strophe(n), Länge der Zeilen, Versart, Metrum, Druckbild, Satzzeichen
- *erster Eindruck:* Grundhaltung, wesentliche Aussage
- *Blickrichtung des lyrischen Ichs:* Bewegungsablauf der Gedanken, Folge der Bilder und Töne; wie ist die innere Bewegung des Gedichts sprachlich markiert?
- *Art und Funktion der Bilder:* Welche Assoziationen (gedankliche Verknüpfungen) bieten sich an? Welchen Stimmungsgehalt haben sie?
- *klanglich-rhythmischer Charakter:* Besonderheiten.

Folgende *Warnungstafeln* sind zu beachten:
- Nichts im Gedicht ändern: weder Wort noch Sinn!

* Es gibt Gedichte, die erschließen sich am besten, wenn man sie einige Male laut liest. Das läßt sich nicht immer praktizieren, vor allem nicht in einer Schulaufgabe oder Klausur, doch sollten wir jede Gelegenheit zum lauten Lesen nutzen.

- Nicht eigene Gedanken oder gar Phantasien über das Thema des Gedichts schreiben!
- Nicht mit dürren Worten wiederholen (paraphrasieren), was der Dichter viel besser gesagt hat! (Das schließt nicht aus, daß die Gedankenschritte des Gedichts dargestellt werden).
- Nicht bloß aufzählen, wie Rhythmus, Metrum, Reim, Klang, Bilder usw. im Gedicht beschaffen sind, sondern deren *Funktion, Sinn* und innerer Zusammenhang (ihre Wechselwirkung) sind zu deuten!
- Nicht zu oft zitieren!

II. Das Handwerkszeug

1. Die äußere Form

Vers (= Zeile): Wie es auch sei, das Leben, es ist gut.

J. W. v. Goethe

Strophe: Die Volksliedstrophe hat meist vier Zeilen mit je drei bis vier Hebungen:

Ich weiß eine alte Kunde;
die hallet dumpf und trüb;
ein Ritter liegt todeswunde,
doch treulos ist sein Lieb'.

Die freie Strophe hat beliebig viele Verse.
Refrain (= Kehrreim): Eine ganze Strophe oder ein Teil wird einmal oder öfter wiederholt.
Terzine: Dreizeilige Strophenform mit je fünf jambischen Takten; Reimschema: aba bcb cdc ded ... (Kettenreim)
Das größte Gedicht der Weltliteratur, Dantes Göttliche Komödie, ist in Terzinen geschrieben. Diese Strophenform kommt bei uns recht selten vor.

Wir sind aus solchem Zeug wie das zu Träumen,
und Träume schlagen so die Augen auf
wie kleine Kinder unter Kirschenbäumen

Aus deren Krone den blaßgoldnen Lauf
der Vollmond anhebt durch die große Nacht.
... Nicht anders tauchen unsre Träume auf,

sind da und leben wie ein Kind, das lacht,
...

Hugo von Hofmannsthal

Stanze: Diese Strophenform wurde wie die Terzine aus dem Romanischen übernommen; sie ist achtzeilig mit fünf Jamben; Reimschema: abababcc; meist Wechsel zwischen männlicher und weiblicher Kadenz.

Wie an dem Tag, der dich der Welt verliehen,
die Sonne stand zum Gruße der Planeten,
bist alsobald und fort und fort gediehen
nach dem Gesetz, wonach du angetreten.
So mußt du sein, dir kannst du nicht entfliehen,
so sagten schon Sibyllen, so Propheten;
und keine Zeit und keine Macht zerstückelt
geprägte Form, die lebend sich entwickelt.

Johann Wolfgang von Goethe

Sonett: Es besteht aus 14 Zeilen (meist je fünf jambische Takte), die in zwei deutlich abgesetzte Teile zerfallen: Den zwei Quartetten folgen zwei Terzette. Reimschema: abba abba cdc dcd; Variationen sind möglich, vor allem bei den Terzetten.

Die strenge Form bändigt Gefühle zu klaren Gedankenbewegungen. Das erste Quartett stellt oft eine These auf, das zweite Quartett variiert diese; das erste Terzett bildet die Antithese, das zweite die Synthese. Doch ist diese (allzu schematische) reine Form sehr selten.

Wer wußte je das Leben recht zu fassen,
wer hat die Hälfte nicht davon verloren
im Traum, im Fieber, im Gespräch mit Toren,
in Liebesqual, im leeren Zeitverprassen?

Ja, der sogar, der, ruhig und gelassen,
mit dem Bewußtsein, was er soll, geboren,
frühzeitig einen Lebensgang erkoren,
muß vor des Lebens Widerspruch erblassen.

Denn jeder hofft doch, daß das Glück ihm lache,
allein das Glück, wenn's wirklich kommt, ertragen,
ist keines Menschen, wäre Gottes Sache.

Auch kommt es nie, wir wünschen bloß und wagen:
Dem Schläfer fällt es nimmermehr vom Dache,
und auch der Läufer wird es nicht erjagen.

August Graf von Platen

2. Der Satzbau

Anapher = Wiederholung derselben Wörter, meist am Anfang von Sätzen:
Heute woll'n wir Frieden schließen;
heut' soll Sekt in Strömen fließen!

Antithese = Zusammenfügung von Gegensätzen (besonders in der Barockzeit beliebt):
Was dieser heute baut, reißt jener morgen ein.

Chiasmus = spiegelbildliche Anordnung von Satzgliedern bzw. Gedanken:
Die Fahrt war lang, kurz war der Genuß.

Ellipse = Auslassung eines Wortes im Satz, verkürzte Aussage:
Eine große Überraschung. (Hier fehlt das Prädikat.)

Enjambement (Zeilensprung) = Überschreitung einer Zeile; der Satz geht über das Zeilenende hinaus:

Palmström, etwas schon an Jahren,
wird an einer Straßenbeuge
und von einem Kraftfahrzeuge
überfahren.

Christian Morgenstern

Epipher = Wiederholung gleicher Wörter (Wortgefüge), meist am Ende von Sätzen:
Ich lieb' es nicht, das fremde Land;
ich haß' es fast, das fremde Land.

Hypotaxe = Satzverknüpfung durch Unterordnung von Haupt- und Nebensätzen:
Als der Morgen kam, ging ich fort.

Inversion = Umstellung innerhalb des Satzes; statt:
›Rosen blühen im Garten‹ – ›Rosen im Garten blühen‹.
Parallelismus = klare Gleichordnung von Satzteilen und Satzkonstruktionen:
Heiß ist die Liebe, kalt ist der Schnee.
Parataxe = Satzverknüpfung durch Nebenordnung, Reihung von Hauptsätzen:
Der Morgen kam; ich ging nach Hause.
Reihung = Verbindung von mehr als zwei gleichartigen Satzgliedern:
Füchse, Wölfe, Bären streiften durch den Wald.

3. Rhetorische Figuren

Apostrophe (Zeitwort: apostrophieren) = (feierliche) Anrede; eine Person, ein Ding oder ein personifizierter Begriff wird angeredet:
Geh, Tod, und steh still, Zeit!
Ingeborg Bachmann

Hyperbel = Übertreibung:
Tot vor Schreck. Ich habe das schon tausendmal gesagt.
Ironie = Verstellung: (Zu einem Verbrecher wird gesagt:)
So gefällst du mir!
Litotes = Etwas Positives wird ausgedrückt durch die Verneinung des Gegenteils:
Das ist nicht schlecht gelungen.
Oxymoron = Verbindung von zwei Begriffen bzw. Vorstellungen, die einander eigentlich ausschließen:
bittere Süße; finstere Sonne; weiser Narr; alter Knabe.
Synästhesie = Verschmelzung mehrerer Sinneseindrücke: knallrot;
... durch die Nacht, die mich umfangen,
blickt zu mir der Töne Licht.
Clemens Brentano

Wortspiel = Zusammenklang ähnlicher Wörter, die aber in ihrer Bedeutung verschieden sind:
Wer solches lehrt, ist selber leer.

4. Der Klang

Alliteration = Übereinstimmung im Anlaut zweier oder mehrerer Wörter:
Winterwinde wichen dem Wonnemond.

Kind und Kegel, Mann und Maus

Hohler und hohler hört man's heulen.

Freie Rhythmen = metrisch und strophisch ungebundene Verse ohne feste Hebungszahl und ohne Reim (siehe unten: Rhythmus); vor allem für den unmittelbaren Ausdruck starker Gefühlsbewegungen geeignet:
Wie im Morgenglanze
du rings mich anglühst,
Frühling, Geliebter! ...
Johann Wolfgang von Goethe: Ganymed

Knittelvers = vier Hebungen bei Füllungsfreiheit

Habe nun, ach! Philosophie,
Juristerei und Medizin,
und leider auch Theologie
durchaus studiert mit heißem Bemühn ...

Johann Wolfgang von Goethe: Faust

Konsonantismus = Abfolge von harten, weichen, zischenden und klingenden Mitlauten im Gerüst der Worte. Die stimmlosen Konsonanten (p, t, k) drücken Härte aus, die weichen (b, d, g) Milde. Die Halbvokale (l, m, n, r, w) sind besonders weich, schmiegsam.

Lautmalerei = sprachliche Bildungen, die Klänge in Natur und Menschenwelt nachahmen: kläffen, schnarren, gurgeln

Metrum (Takt, Versmaß) = gliedernde Einheit der Bewegung innerhalb einer Zeile; man unterscheidet betonte und unbetonte Silben (Hebungen und Senkungen).

Zweisilber (alternierend):

Jambus (xx́): hinan, vereint, genug
Der Jambus ist schmiegsam; er macht den Bewegungsablauf ausgeglichen und eignet sich gut für gemessene, feierliche Aussage.

Trochäus (x́x): golden, Freude, Himmel
Der Trochäus ist spröder, starrer als der Jambus; er wirkt bei langsamem Sprechen auch ernster. Bei schnellem Sprechen steigert er sich bis zur Komik.

Dreisilber:

Daktylus (x́xx; das Wort *Daktylus* ist selbst ein Daktylus): fliegender, himmlischer, selige
Sílbern erscheínt er, der Mónd, über Wólken

Anapäst (xxx́; das Wort *Anapäst* ist selbst ein Anapäst): Paradies, nebenbei, Malerei, überrascht

Amphibrachys (xx́x, Mz. Amphybrachys oder Amphibrachen): Gelingen, Gefühle, vergangen, dahinter
Im spíelenden Báche, da líeg' ich wie hélle!
Verbreíte die Árme der kómmenden Wélle ...

Den Rhythmus von Jambus, Anapäst und Amphibrachys nennt man steigend, den Rhythmus von Trochäus und Daktylus fallend (siehe unten: Rhythmus).
In etwa 95% der gesamten deutschen Lyrik werden Jambus und Trochäus verwendet; die Dreisilber sind also selten.
Der fünffüßige Jambus wird verwendet in Terzine, Stanze, Sonett; der sechsfüßige Jambus im Alexandriner; der Alexandriner hat nach dem dritten Takt eine Zäsur: Was dieser heute baut, reißt jener morgen ein.
(xx́/xx́/xx́//xx́/xx́/xx́)
Im Griechischen und Lateinischen wurde nach Länge und Kürze gemessen; hier konnte beim Daktylus an die Stelle von zwei kurzen Silben eine Länge treten (Spondeus: Weltschmerz, Taktstock); im Deutschen gilt das dann als Trochäus.
Hexameter = sechs Daktylen; die ersten vier Versfüße können durch Spondeen ersetzt werden.

Pentameter = fünf Daktylen, und zwar zweimal zweieinhalb Daktylen (x́xx/x́xx/x́//x́xx/x́xx/x́); in der ersten Hälfte können Spondeen an die Stelle der Daktylen treten.

Distichon = Doppelvers: Verbindungen von Hexameter und Pentameter

ím Hexámeter steígt des Spríngquells flüssige Säule,
ím Pentámeter dráuf / / fällt sie melódisch heráb.

Friedrich von Schiller

Verse, die Dreisilber enthalten, lassen sich in verschiedener Weise auffassen. Beispiel:

Ich segne die Äpfel, die ersten, die lieblich im Sommer mir reifen.

Als Daktylus mit Auftakt: x/x́xx/x́xx/...
Als Anapäst mit gekürztem erstem Takt: xx́/xxx́/x...
Als Amphibrachys: xx́x/xx́x/x...

Reim (gemeint ist der Endreim!) = Gleichklang von Wörtern vom letzten betonten Vokal an. Der Reim bildet Klang und bindet Sinn; er ist das »Echo der Gedanken«. Er gibt dem Versgefüge Festigkeit und schmückt die dichterische Aussage. Karl Kraus dichtet über den Reim:

»Er ist das Ufer, wo sie landen,
sind zwei Gedanken einverstanden.«

einsilbig: Klang – Sang
zweisilbig: klingen – singen } reiner Reim
dreisilbig: klingender – singender

unreine Reime: Lied – sieht; Rosen – stoßen; ruft – Luft (lang – kurz); lieb – trüb; Schleier – Feuer; geht – spät; neigen – reichen

Assonanz = die Vokale sind gleich, Konsonanten nicht: geht – lebt; Gruft – schlug; lag – traf; leben – bewegen

Kadenz = Endung des Reimes:
männlich (stumpf): Knall – Fall
weiblich (klingend): knallen – fallen

Reimstellungen:
Paarreim: aabb
Kreuzreim: abab cdcd
umarmender Reim: abba cddc
Schweifreim: abaacbc (auch andere Möglichkeiten)
Schlagreim: zwei Wörter hintereinander in einem Vers reimen: einen feinen
Binnenreim: zwei Wörter (nicht direkt hintereinander) im selben Vers reimen: Das zu erleben – andern Freude geben
identischer Reim: Herz – Herz
»Waise« = reimlose Zeile innerhalb eines Versgefüges: ababw

Rhythmus = sinnbedingter Sprachfluß; die klingende Seele, die der Dichter seinem Werk eingehaucht hat. – Der Rhythmus eines jeden Gedichts ist einmalig; er gehört diesem einen Gedicht an, und nur ihm. Der Rhythmus ist die innere, das

Metrum die äußere Form eines Gedichts. Es entsteht manchmal eine Spannung zwischen metrischem Schema und natürlicher Betonung.

Tonversetzung (oder abgeschwächt: Tonbeugung) kommt vor, wenn metrischer und natürlicher Akzent nicht zusammenfallen. Da Dreisilber selten sind, begegnet uns diese Erscheinung vor allem im Jambus. Der metrische Akzent des folgenden Verses müßte heißen:

> Der Teích, von Góldfischén durchflámmt.

Das ist ausgesprochen schlecht, einem guten Dichter sollte so etwas nicht passieren.

Es gibt aber eine Stelle im deutschen Vers, wo die Tonversetzung als gut, ja, als hervorragend gilt: am Anfang einer jambischen Zeile. Unsere größten Dichter haben diese Wirkung (es entsteht ein Daktylus mit besonders stark betonter erster Silbe!) immer wieder ausgenutzt:

> Des Lebens Pulse schlagen frisch lebendig,
> äth'rische Dämmrung mílde zú begrüßen ...

Johann Wolfgang von Goethe: Faust

> Áufsteigt der Stráhl, und fállend gíeßt
> er vóll der Mármorschále Rúnd ...

Conrad Ferdinand Meyer: Der römische Brunnen

Vokalismus = Melodie der Vokale, Abfolge von hohen und tiefen, kurzen und langen Selbstlauten. Die Sprache ist ein Teil der Musik, in der unsere Welt schwingt. In jedem Laut lebt etwas Besonderes. So können die hellen Vokale oft Licht und Schnelligkeit bedeuten, das a kann für Klarheit und Gelassenheit stehen, o und u lassen an den Tod, an Dunkles, Düsteres denken, die Doppellaute können behäbig und freudig klingen. Doch dürfen solche Zuschreibungen nicht verallgemeinert werden und unbesehen in die Interpretation eines Gedichts eingehen.

5. Das Bild

Allegorie (von allegorein = bildlich reden): Ein Begriff wird bildhaft, konkret dargestellt: Die Gerechtigkeit als Frau mit verbundenen Augen, in der Hand eine Waage.

Chiffre (franz. chiffre = Ziffer): Wort oder Wortfügung mit einer bestimmten, besonderen Bedeutung, vor allem bei modernen Dichtern. Die Chiffre muß aus dem Zusammenhang (auch mit anderen Werken des Dichters) entziffert werden. Oft ist die Chiffre kaum oder gar nicht mehr zu entschlüsseln und wird zum Ausdruck der Rätselhaftigkeit und Undurchdringlichkeit der Welt.

Emblem (griech. emballein = hineinlegen): Zeichen, dem (vor allem in der Barockzeit) ein bestimmter Sinn zugeordnet ist, z.B. die Palme als Sinnbild der Treue.

Leitmotiv: Wiederholtes Auftreten eines Gedankens, eines einzelnen Wortes oder einer Wortfolge an bedeutsamer Stelle.

Metapher (griech. metapherein = übertragen) = Wichtigste »uneigentliche« Sprechform; ein bestimmter Begriff wird in einen ursprünglich ihm fremden Bedeutungsbereich übertragen: Meer des Lebens; Strom des Lichts, Licht der Wahrheit

Personifizierung: Ein Ding oder Begriff wird als Person betrachtet: Der Winter ist ein rechter Mann. Der Himmel weint.

Symbol (griech. symballein = zusammenbringen): An einem konkreten Gegenstand (Kreuz, Ring) wird ein allgemeiner Sinnzusammenhang sichtbar.

Topos (griech. topos = Ort; Mehrzahl: topoi): Vorgeformtes Bild, über das man sich verständigt hat; Topoi sind oft aus der antiken und religiösen Literatur entnommen: Wasser – Element des Lebens, Leben; Wind – Element des Geistes, Geist.

Umschreibung: Der eigentliche Gegenstand oder Sachverhalt muß über einen Umweg erschlossen werden: Als sie ihn sah, fühlte sie die Hand Amors.

Vergleich: Ein Sachverhalt wird mit einem anderen verglichen: Fest wie ein Baum stand er. Er war stärker als ein Elefant.

6. Poetische Elemente auf dem Prüfstand

(Decken Sie zunächst den rechten Teil der Seite ab!)

● Handelt es sich bei der folgenden Strophe um eine Stanze?

Aus: **Marienbader Elegie**

Dem Frieden Gottes, welcher euch hienieden
mehr als Vernunft beseliget – wir lesen's –,
vergleich' ich wohl der Liebe heitern Frieden
in Gegenwart des allgeliebten Wesens;
da ruht das Herz, und nichts vermag zu stören
den tiefsten Sinn, den Sinn, ihr zu gehören.

Johann Wolfgang von Goethe

Es handelt sich nicht um eine Stanze, denn diese müßte acht Verse haben (im Reimschema abababcc). Hier sind es nur sechs, allerdings in einem Schema, das dem der Stanze ähnlich ist.

● Handelt es sich bei dem folgenden Gedicht um ein Sonett?

Die Beiden

Sie trug den Becher in der Hand
– ihr Kinn und Mund glich seinem Rand –,
so leicht und sicher war ihr Gang,
kein Tropfen aus dem Becher sprang.

So leicht und fest war seine Hand:
Er ritt auf einem jungen Pferde,
und mit nachlässiger Gebärde
erzwang er, daß es zitternd stand.

Das Gedicht hat zwar wie ein Sonett 14 Verse, allerdings nicht in der klassischen Einteilung Quartett – Quartett – Terzett – Terzett; das Reimschema stimmt mit dem des Sonetts nicht überein, und jede Zeile hat nur vier jambische Takte.

Jedoch, wenn er aus ihrer Hand
den leichten Becher nehmen sollte,
so war es beiden allzu schwer:

denn beide bebten sie so sehr,
daß keine Hand die andre fand
und dunkler Wein am Boden rollte.

Hugo von Hofmannsthal

Wenn auch die Struktur abweicht, so ist doch die Gedankenbewegung des Sonetts da; man könnte von einer Spielart des Sonetts sprechen.

• Untersuchen Sie am folgenden Gedicht den Satzbau:
Wie viele Satzgebilde sind es? Welche poetischen Merkmale weist der Satzbau auf?

Schwebender Genius über der Erdkugel

Zwischen Oben, zwischen Unten
schweb' ich hin zu muntrer Schau,
ich ergötze mich am Bunten,
ich erquicke mich im Blau.

Und wenn mich am Tag die Ferne
luftiger Berge sehnlich zieht,
nachts das Übermaß der Sterne
prächtig mir zu Häupten glüht,

alle Tag' und alle Nächte
rühm' ich so des Menschen Los;
denkt er ewig sich ins Rechte,
ist er ewig schön und groß.

Johann Wolfgang von Goethe

Die 1. Strophe enthält drei Hauptsätze – parataktische Ordnung. Die Zeilen 5–10 stellen ein Satzgefüge (Hypotaxe) dar, wobei die 2. Strophe aus zwei Temporalsätzen besteht; der Hauptsatz umfaßt die Zeilen 9 und 10. Die Zeilen 11 und 12 sind nochmals hypotaktisch; der konditionale Nebensatz steht in Vers 11. Es sind also insgesamt fünf Satzgebilde. Die 1. Strophe weist zwei Parallelismen auf; in der 2. Strophe sind die beiden Nebensätze parallel gebaut. Die Zeilen 3 und 4 weisen Anaphern auf.
Durch Enjambements sind verbunden die Zeilen 1/2, 5/6, 7/8 und 9/10.

• Untersuchen Sie den Satzbau nach Haupt- und Nebensätzen und poetischen Merkmalen!

Aus: **Lilis Park**

Denn ha! steh' ich so an der Ecke
und hör' von weitem das Geschnatter,
seh' das Geflitter, das Geflatter,
kehr' ich um
und brumm'
und renne rückwärts eine Strecke
und seh' mich um
und brumm'
und laufe wieder eine Strecke
und kehr' doch endlich wieder um.

Johann Wolfgang von Goethe

Die ersten drei Zeilen enthalten Konditionalsätze; sie sind dem folgenden Hauptsatz, der sich bis zum Ende erstreckt, untergeordnet (Hypotaxe). Man kann allerdings auch ab Zeile 4 jeden Vers als eigenen Hauptsatz auffassen (Subjekt = ich); jedenfalls haben wir es mit einer Reihung der Prädikate zu tun. Die Anaphern (*und*) sind zahlreich. Satztechnisch sind überall da, wo am Ende der Zeile kein Komma steht, Enjambements; es sind aber keine echten Enjambements, weil der Gedanke bei jeder Zeile neu ansetzt.

• Verfahren Sie in derselben Weise wie vorher!

Vice versa
Ein Hase sitzt auf einer Wiese,
des Glaubens, niemand sähe diese.

Doch, im Besitze eines Zeißes,
betrachtet voll gehaltnen Fleißes

vom vis-a-vis geleg'nen Berg
ein Mensch den kleinen Löffelzwerg.

Ihn aber blickt hinwiederum
ein Gott von fern an, mild und stumm.

Christian Morgenstern

Die ersten beiden Zeilen enthalten ein Satzgefüge (Hypotaxe): Hauptsatz und zwei verkürzte Nebensätze. Die Zeilen 3–6 enthalten ein weiteres Satzgefüge, wobei in Zeile 3 ein verkürzter Nebensatz eingeschoben ist. Die Zeilen 7 und 8 enthalten einen Hauptsatz mit nachgestellten Adverbialien. Enjambements finden sich zwischen den Zeilen 4/5 und 5/6; eigentlich sind auch die Zeilen 3/4 durch ein Enjambement verbunden, da der Hauptsatz über das Zeilenende von 3 hinausgeht.

• Verfahren Sie in derselben Weise wie vorher!

Aus dem Singspiel: **»Lila«**
Feiger Gedanken
bängliches Schwanken,
weibisches Zagen,
ängstliches Klagen
wendet kein Elend,
macht dich nicht frei.

Allen Gewalten
zum Trutz sich erhalten,
nimmer sich beugen,
kräftig sich zeigen,
rufet die Arme
der Götter herbei.

Johann Wolfgang von Goethe

Die erste Strophe enthält eine Reihung von drei Subjekten, die in einen Parallelismus bei den Prädikaten ausmündet; das Ganze ist ein Hauptsatz. Die 2. Strophe ist ebenfalls ein einziger Hauptsatz, dessen Subjekt wiederum dreimal gereiht ist. Die Enjambements decken sich mit den Zeilen, die am Ende kein Satzzeichen haben; also 1/2, 4/5, 7/8, 11/12.

• Verfahren Sie in derselben Weise! (Kommt Ihnen das Gedicht bekannt vor?)

Schöne Junitage
Mitternacht, die Gärten lauschen,
Flüsterwort und Liebeskuß,
bis der letzte Klang verklungen,
weil nun alles schlafen muß –
flußüberwärts singt eine Nachtigall.

Sonnengrüner Rosengarten,
sonnenweiße Stromesflut,
sonnenstiller Morgenfriede,
der auf Baum und Beeten ruht –
flußüberwärts singt eine Nachtigall.

. . .

Detlev von Liliencron

Die ersten vier Zeilen enthalten ein kompliziertes Satzgefüge (Hypotaxe); in den Hauptsatz sind drei Ellipsen eingebaut (Mitternacht, Flüsterwort, Liebeskuß), die 3. Zeile ist ein Nebensatz 1., die 4. Zeile ein Nebensatz 2. Ordnung. Der Refrain ist ein Hauptsatz. Die 1. und 2. Zeile der 2. Strophe enthalten zwei Ellipsen, die für Hauptsätze stehen. Die Zeilen 3 und 4 ent-

halten ein Satzgefüge. (Der Hauptsatz ist elliptisch, Zeile 4 enthält einen Relativsatz.)
Die 2. Strophe weist drei Anaphern auf.

● Verfahren Sie wie bisher! Stellen Sie fest, welche Wirkung (Funktion) der Satzbau hat!

Der römische Brunnen
Aufsteigt der Strahl und fallend gießt
er voll der Marmorschale Rund,
die, sich verschleiernd, überfließt
in einer zweiten Schale Grund;
die zweite gibt, sie wird zu reich,
der dritten wallend ihre Flut,
und jede nimmt und gibt zugleich
und strömt und ruht.

Conrad Ferdinand Meyer

Es handelt sich um zwei komplizierte Satzgebilde, die durch einen Strichpunkt getrennt sind. In den ersten 4 Zeilen finden wir zuerst eine Reihung: kurzer Hauptsatz und Satzgefüge; die Zeilen 3 und 4 enthalten einen Relativsatz, in den ein kurzer Partizipialsatz eingeschoben ist. Die Zeilen 5/6 enthalten einen Hauptsatz, in den in Form einer Parenthese ein weiterer Hauptsatz eingeschoben ist. Daran schließt sich ein Hauptsatz mit einer Reihung von Prädikaten an.
Es fällt vor allem die Massierung der Prädikate (Verben) auf. Damit will der Dichter die Bewegung des Wassers nachbilden. Demgegenüber treten nur drei Subjekte auf: *Strahl, die zweite, jede.* Verben überwiegen weit gegenüber den Substantiven.
Die Inversion des ersten Verses hebt die Vorsilbe *auf-* zu einer derartigen Lautstärke empor, daß sie die beiden ersten Verse beherrscht. Genau das ist die Absicht des Dichters. Man vergleiche, wie matt der Vers wirken würde, wenn es hieße: »Der Strahl steigt auf...«
Die Enjambements zwischen den Zeilen 1/2 und 3/4 drücken das ständig Fließende besonders sinnfällig aus; weniger stark das Enjambement zwischen den Zeilen 7/8.

● Ist das folgende Gedicht ein Sonett? Analysieren Sie Satzbau und Verwendung der Wortarten; deuten Sie die jeweilige Funktion!

Römische Fontäne Borghese

Zwei Becken, eins das andre übersteigend
aus einem alten runden Marmorrand,
und aus dem obern Wasser leis sich neigend
zum Wasser, welches unten wartend stand,

dem leise redenden entgegenschweigend
und heimlich, gleichsam in der hohlen Hand,
ihm Himmel hinter Grün und Dunkel zeigend
wie einen unbekannten Gegenstand;

sich selber ruhig in der schönen Schale
verbreitend ohne Heimweh, Kreis aus Kreis,
nur manchmal träumerisch und tropfenweis

sich niederlassend an den Moosbehängen
zum letzten Spiegel, der sein Becken leis
von unten lächeln macht mit Übergängen.

Rainer Maria Rilke

Ja, es ist ein Sonett; allerdings halten sich Reimschema und Struktur der Gedanken nicht an das klassische Schema.

Zeile 1 und 2 enthalten einen elliptischen Hauptsatz, der nur aus dem Subjekt (zwei Becken) besteht, an den ein Partizipialsatz angehängt ist.

In den Zeilen 3–8 wird der Partizipialsatz mit neuem Subjekt (*Wasser*) fortgesetzt, wobei noch zwei weitere Partizipialsätze (mit den Partizipien *entgegenschweigend* und *zeigend*) angehängt sind. In dieses Gebilde, das einer Satzreihe ähnlich ist, sind zwei Gliedsätze (Z. 4 und 6) eingeschoben.

In den Zeilen 9–14 gibt es wieder zwei gereihte Partizipialsätze, deren Subjekt immer noch *Wasser* ist. In Zeile 10 ist ein verkürzter Gliedsatz eingeschoben und in den Zeilen 13/14 ein voller Gliedsatz angehängt.

Es fehlen also die Prädikate. Dadurch sind die Subjekte (*zwei Becken* und *Wasser*) besonders hervorgehoben. Da das Partizip als Wortart zwischen Verb und Adjektiv steht, ist das beschriebene Geschehen weniger als Tätigkeit aufgefaßt, sondern mehr dem Statischen angenähert.

Ein einziges finites Verb kommt vor, allerdings in einem Gliedsatz; dazu ein Infinitiv, ansonsten nur Partizipien.

Die verschiedenen Enjambements verklammern die einzelnen Zeilen sehr stark und drücken das ständige Fließen und Hinübergleiten aus.

- Was kann man unter *Sprachmagie* verstehen?

Sprachmagie schließt als Oberbegriff Klang, Geräusch und gedanklichen Zauber der Sprache ein. Gemeint ist die Wirkung, die die Sprache als Denk-Bild-Ton-Einheit auf den Hörer/Leser hat. Es wirken nicht nur Begriff und Vorstellung, sondern die dadurch hervorgerufenen (evozierten) Klang- und Sinn-Verbindungen (Assoziationen). Daß die Sprache beschwörenden Charakter haben kann, weiß jeder Hypnotiseur, jede Mutter, jeder Märchenerzähler und jeder Politiker. Dieser Charakter wird meist hervorgerufen durch Rhythmus, Variation oder Monotonie in der Tonhöhe und -stärke sowie durch Lautmalerei: Massierung oder Abfolge besonderer Laute. Daß das *Wort* (griech. logos) das schöpferische Prinzip schlechthin ist, läßt sich im Prolog zum Johannes-Evangelium nachlesen.

- Der Rhythmus kann in völlig gleich gebauten Strophen ganz verschieden sein: Deuten Sie ihn in den beiden folgenden (nicht zusammengehörenden) Strophen als geschwungene Linie über dem Text an! Bei erhobenem oder verstärktem Ton wird die Linie nach oben gehen.

Verschneit liegt rings die ganze Welt,
ich hab' nichts, was mich freuet,
verlassen steht ein Baum im Feld,
hat längst sein Laub verstreuet.

Hans Adam war ein Erdenkloß,
den Gott zum Menschen machte,
doch bracht' er aus der Mutter Schoß
noch vieles Ungeschlachte.

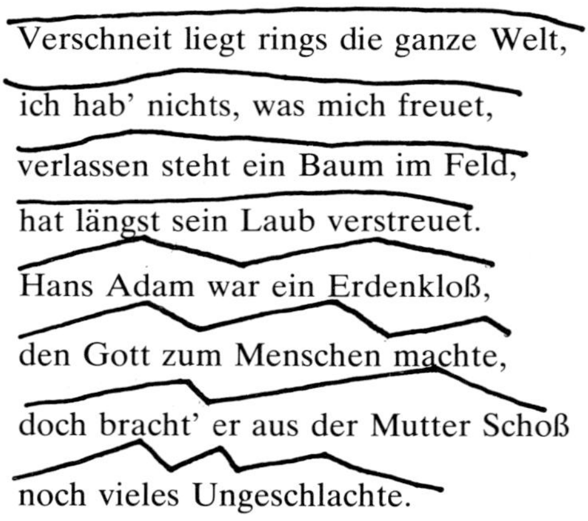

Man sieht: Die erste Strophe hat einen ruhigen, die zweite einen bewegten Rhythmus.

● Welche Elemente der Lautmalerei (Vokalismus, Konsonantismus) finden sich in der folgenden Strophe?

Die Heinzelmännchen

Wie war zu Köln es doch vordem
mit Heinzelmännchen so bequem!
Denn, war man faul – man legte sich
hin auf die Bank und pflegte sich.
Da kamen bei Nacht,
ehe man's gedacht,
die Männlein und schwärmten
und klappten und lärmten
und rupften
und zupften
und hüpften und trabten
und putzten und schabten.
Und eh' ein Faulpelz noch erwacht',
war all sein Tagewerk bereits gemacht.
. . .

August Kopisch

Die Zeilen 5–12 haben einen (auch durch Druck und Länge der Verse bereits hervorgehobenen) anderen Rhythmus als die ersten vier und die beiden letzten Zeilen. Eingang und Schluß sind im ruhigen Erzählton gehalten, ohne besondere lautliche Merkmale.
In den betonten Silben der Zeilen 5–12 findet sich folgende Vokalreihe: a a a a ä ä a ä u u ü a u a. Gewisse Laute sind also konsequent ausgespart, andere oft wiederholt. Zusammen mit den schleifenden und stoßenden Konsonantenhäufungen und dem sich steigernden Tempo wird die Geschäftigkeit des kleinen Volkes veranschaulicht.

● Welche drei Zeilen der folgenden Strophe malen den dargestellten Vorgang besonders deutlich? Stellen Sie die Vokale der betonten Silben zusammen! In welcher Zeile ist der Konsonantismus am eindringlichsten gestaltet?

Hochzeitslied

So rennet nun alles im vollen Galopp
und kürt sich im Saale sein Plätzchen;
zum Drehen und Walzen und lustigen Hopp
erkieset sich jeder ein Schätzchen.
Da pfeift es und geigt es und klinget und klirrt,
da ringelt's und schleift es und rauschet und wirrt,
da pispert's und knistert's und flüstert's und schwirrt;
das Gräflein, es blicket hinüber,
es dünkt ihn, als läg' er im Fieber.

Johann Wolfgang von Goethe

Es sind die Zeilen 5–7.
Z. 5: ei ei i i
Z. 6: i ei au i
Z. 7: i i ü i
In Zeile 7 ist dreimal ein s mit Verschlußlaut zu hören; darauf folgt ein Doppel-r mit hartem Verschlußlaut. Das Wort *pispern* dürfte eine Neuschöpfung sein.
(Situation: Ein Graf erlebt im Traum eine Zwergenhochzeit.)

● Untersuchen Sie das Lautgewebe des folgenden Gedichts!

Juli

Klingt im Wind ein Wiegenlied,
Sonne warm herniedersieht,
seine Ähren senkt das Korn,
rote Beere schwillt am Dorn,
schwer von Segen ist die Flur –
junge Frau, was sinnst du nur?

Theodor Storm

Die Führung der Melodie ist sehr kunstvoll; in den betonten Silben sieht das so aus:

1. Z.: i i i
2. Z.: o a i i
3. Z.: ei ä e o
4. Z.: o e i o
5. Z.: e e i u
6. Z.: u au i u

Der Ton senkt sich behutsam von den i-Lauten zu den volleren Mittellauten o a ei e; aber in den drei letzten Zeilen erscheint immer wieder an derselben Stelle das i, das verschieden eingerahmt wird. Die Schlußzeile wird beherrscht von einem behäbigen u-Laut.

Der Dichter beginnt also „in den höchsten Tönen". Diese Intensität der Innigkeit wird dunkler variiert, aber stets unterstützt durch weiche, schmeichelnde Konsonanten, wie ng, nd, g, l usw.; in den ersten drei Zeilen unterstreicht je eine Alliteration den bannenden Klang.

● Das folgende Gedicht hat keinen großen poetischen Wert; aber es lassen sich an ihm Lautmalereien studieren.

An eine Sonnenblume

Blühst du nicht mehr, wenn sich die Gärten neigen
dem Sommer, der im Bienensummen tönt?
Es hat das Jahr in seinem reinen Reigen
an Ernte sich und reifes Obst gewöhnt.
Noch leuchtest du, wenn auch die Sonne bleiern
im Blau des Himmels auf den Nebel drückt.
Föhnfahnen winken froh zu Wein und Feiern,
und Trauben treiben prall sich, hochbeglückt
im Morgentau, den alle Halme saugen.
Verlisch noch nicht, sei unser Bild von Licht,
das auf uns strahlt aus tausend güt'gen Augen!
Und steh als Stamm, bis deine Frucht dich bricht!

Alliterationen: Z. 2,3,4 (**E**rnte – **O**bst), 7,8,10 (ver**l**isch – **L**icht), 11, 12; über die Zeilen hinweg: 5/6 (bleiern – Blau)

Vokalserie: Z. 3,9 (dazu noch *prall* aus Z. 8)

Konsonantenserie: Z. 12 (cht – ch – cht)

Klangspiel Z. 8: Trauben – treiben

• Mit welchen Mitteln erzeugt Christian Morgenstern welche Stimmung?

Das Fest des Wüstlings (zu flüstern!)

Was stört so schrill die stille Nacht?
Was sprüht der Lichter Lüsterpracht?
Das ist das Fest des Wüstlings!

Was huscht und hascht und weint und lacht?
Was cymbelt gell? Was flüstert sacht?
Das ist das Fest des Wüstlings!

Die Pracht der Nacht ist jach entfacht!
Die Tugend stirbt, das Laster lacht!
Das ist das Fest des Wüstlings!

Christian Morgenstern

Das Flüstern soll von Anfang an eine gruselige Atmosphäre schaffen. Auf fünf anaphorische Fragen antworten zwei anaphorische Ausrufe. Viele Alliterationen! Das Wort Nacht klingt nach in Pracht (zweimal), lacht, jach, entfacht. Vokalserie in Z. 7. Das Wort Wüstling klingt an in Lüster- und klingt nach in flüstert. Lautspiele: huscht – hascht; Lüster – Laster

• Ist der folgende Reim rein?

Alles schreit laut Gloria;
herrlich war, was da geschah!

Der Reim ist für das Ohr rein, weil das h nicht hörbar ist.

• Sind die folgenden Reime rein?

Auf einer Burg

Eine Hochzeit fährt da unten
auf dem Rhein im Sonnenschein,
Musikanten spielen munter,
und die schöne Braut, die weint.

Joseph Freiherr von Eichendorff

Die Reime sind nicht rein; es sind Assonanzen, d.h., die Vokale sind gleich, aber die folgenden Konsonanten sind verschieden. Die Abweichung fällt hier kaum auf.

• Untersuchen Sie die Reime der folgenden Verse!

Es war einmal ein König,
der hatt' einen großen Floh,
den liebt' er gar nicht wenig,
als wie seinen eignen Sohn.

Johann Wolfgang von Goethe

König – wenig: unreiner Reim
Floh – Sohn: Assonanz
(Aus: Faust I, Auerbachs Keller)

• Stellen Sie im folgenden Gedicht das Reimschema fest!

Kophtisches Lied

Geh! gehorche meinen Winken,
nutze deine jungen Tage,
lerne zeitig klüger sein:
Auf des Glückes großer Waage
steht die Zunge selten ein;
du mußt steigen oder sinken,
du mußt herrschen und gewinnen,
oder dienen und verlieren,
leiden oder triumphieren,
Amboß oder Hammer sein.

Johann Wolfgang von Goethe

Das Reimschema der zehn Zeilen: a b c b c a d e e c
Man sieht: es ist recht willkürlich. Der d-Reim ist eine sogenannte Waise, das Reimwort im letzten c-Reim ist identisch mit dem Reimwort im ersten c-Reim (in der strengen Poetik verpönt).

• Stellen Sie das Reimschema fest!

Herbsttag

Herr: es ist Zeit. Der Sommer war sehr groß.
Leg deinen Schatten auf die Sonnenuhren,
und auf den Fluren laß die Winde los.

Befiehl den letzten Früchten voll zu sein,
gib ihnen noch zwei südlichere Tage,
dränge sie zur Vollendung hin und jage
die letzte Süße in den schweren Wein.

Wer jetzt kein Haus hat, baut sich keines mehr.
Wer jetzt allein ist, wird es lange bleiben,
wird wachen, lesen, lange Briefe schreiben
und wird in den Alleen hin und her
unruhig wandern, wenn die Blätter treiben.

Rainer Maria Rilke

Das Schema: a b a c d d c e f f e f. Der Reim f ist also ein Schweifreim; der Reim b scheint eine Waise zu sein; er hat aber seine Entsprechung in der Mitte der nächsten Zeile. In der strengen Poetik gilt das als nicht einwandfrei.

• Ein Witzbold hat einmal die wichtigsten fünf Versmaße zu einem Gedicht verarbeitet. Bestimmen Sie jede Zeile!

Draußen, wo der Regen geht,	Trochäus
da liegt die Wühlmaus im Gebet.	Jambus
Rufet das Mäuslein mit zuckendem Munde:	Daktylus
Hör doch auf, hör doch auf! Denn sonst geh' ich zugrunde.	Anapäst
Der Regen, der hört es, doch auf hört er nicht,	Amphibrachys
weil ihm es an Mitleid und Anstand gebricht.	Amphibrachys

• Bestimmen Sie bei den folgenden Gedichtausschnitten das Versmaß (die Versmaße)!

Rührend schöne Herzgeschichten,
die ihm vor der Seele schweben,
weiß der Dichter zu berichten,
Wovon aber soll er leben?

Wilhelm Busch: Auch er (Auszug)

Trochäus, vier Takte

Ein Dichter darf mit seinen Sachen
uns wütend, darf uns rasend machen,
wir stecken's schließlich ruhig ein,
wer wird denn immer »Kreuzigt!« schrein?

Arno Holz: Die achte Todsünde (Auszug)

Jambus, vier Takte

...
Antwort gab ihr da Zeus, der Wolkentürmer, und sagte:
»Du mein Kind, welch ein Wort entschlüpfte dem Zaun deiner Zähne?
Wie nur könnt' ich des hehren Odysseus jemals vergessen?
Sterblichen ist er voraus an Verstand, den unsterblichen Göttern
brachte er Opfer in Fülle, den Herren im breiten Himmel.
...

Homer: Odyssee (Auszug)

Daktylus, sechs Takte, untermischt mit Spondeen (Hexameter)

Komm zu mir, komm zu mir, du mein süßestes Kind!
Deine Flechten, die fliegen im Winde.
Wenn die Wälder, die Wiesen, ein gold'nes Netz sind,
dann weiß ich, daß das Glück ich bald finde.

Anapäst, vier und drei Takte im Wechsel. (Im 4. Vers muß man das dritte Wort – *ich* – betonen.)

Wunsch eines kleinen Mädchens

Ach, fände für mich
ein Bräutigam sich!
Da braucht' man zum Nähen,
zur Schul' nicht zu gehen,
da kann man befehlen,
hat Mägde, darf schmälen,
da schickt man zum Schneider,
gleich bringt der uns Kleider.
Da läßt man spazieren,
auf Bälle sich führen
und fragt nicht erst lange
Papa und Mama.

Johann Wolfgang von Goethe

Amphibrachys, zwei Takte; die beiden ersten und die letzte Zeile gehen stumpf aus; hier fehlt eigentlich eine unbetonte Silbe. (Es handelt sich hier um ein Jugendgedicht Goethes.)

Warum kann der lebendige Geist dem Geist nicht erscheinen?
Spricht die Seele, so spricht, ach! schon die Seele nicht mehr.

Friedrich von Schiller:
Aus den »Votivtafeln«: Sprache

Distichon (Hexameter und Pentameter)

Aus: **Hektors Abschied**

Will sich Hektor ewig von mir wenden,
wo Achill mit den unnahbarn Händen
dem Patroklus schrecklich Opfer bringt?
Wer wird künftig deinen Kleinen lehren
Speere werfen und die Götter ehren,
wenn der finstre Orkus dich verschlingt?

Friedrich von Schiller

Trochäus, fünftaktig

Aus: **Würde der Frauen**

Ehret die Frauen! sie flechten und weben
himmlische Rosen ins irdische Leben,
flechten der Liebe beglückendes Band,
und in der Grazie züchtigem Schleier
nähren sie wachsam das ewige Feuer
schöner Gefühle mit heiliger Hand.
...

Friedrich von Schiller

Daktylus, viertaktig

Häslein hüpft' einmal allein
weit in einen Fluß hinein;
doch da kam ein Krokodil,
das fraß von dem Häslein viel.
Häslein schreit:
»Grausamkeit!
Das geht doch zu weit!«

Die ersten vier Zeilen: Trochäus, vier Takte; Zeile 5 und 6: Trochäus, zwei Takte; Zeile 7: Trochäus, drei Takte

Übers Jahr ist's wie heut', und wir zwei
haben Treu' zueinander im Sinn;
und das Jahr ist für mich nur noch Mai,
weil ich selig und stets bei dir bin.

Anapäst, dreitaktig

Du bist wie eine Blume
so hold und schön und rein;
ich schau' dich an, und Wehmut
schleicht mir ins Herz hinein.

Heinrich Heine

Jambus, dreitaktig

Aus: **Der Triumph der Liebe**

Liebe rauscht der Silberbach,
Liebe lehrt ihn sanfter wallen;
Seele haucht sie in das Ach
klagenreicher Nachtigallen –
Liebe, Liebe lispelt nur
auf der Laute der Natur.
...

Friedrich von Schiller

Trochäus, viertaktig

Aus: **An die Menschengesichter**

Ich habe was Liebes, das hab ich zu lieb;
was kann ich, was kann ich dafür?
Drum sind mir die Menschengesichter
nicht hold:
Doch spinn ich ja leider nicht Seide
noch Gold,
ich spinne nur Herzeleid mir.

Gottfried August Bürger

Amphibrachys; die Zeilen 1,3 und 4 haben vier Takte; die Zeilen 2 und 5 je drei Takte; überall fehlt am Schluß eine unbetonte Silbe.

Aus: **Venetianische Epigramme**

Diese Gondel vergleich' ich der sanft
einschaukelnden Wiege,
und das Kästchen darauf scheint ein
geräumiger Sarg.
Recht so! Zwischen der Wieg' und dem
Sarg wir schwanken und schweben
auf dem großen Kanal sorglos durchs
Leben dahin.

Johann Wolfgang von Goethe

Distichen (je ein Hexameter und ein Pentameter; die Daktylen sind mit Spondeen untermischt.)

Aus: **Das Lied von der Glocke**

Festgemauert in der Erden
steht die Form, aus Lehm gebrannt.
Heute muß die Glocke werden!
Frisch, Gesellen, seid zur Hand.
Von der Stirne heiß
rinnen muß der Schweiß,
soll das Werk den Meister loben;
doch der Segen kommt von oben.

Zum Werke, das wir ernst bereiten,
geziemt sich wohl ein ernstes Wort;
wenn gute Reden sie begleiten,
dann fließt die Arbeit munter fort.
...

Friedrich von Schiller

Die Zeilen 1–4 und 7/8 sind viertaktiger Trochäus; die Zeilen 5 und 6 sind dreitaktiger Trochäus; die Zeilen 9–12 viertaktiger Jambus.

Eine Gegend heißt Schlaraffenland,
den faulen Leuten wohlbekannt.
Da sind die Häuser gedeckt mit Fladen,
Lebkuchen Türen sind und Laden,
von Speckkuchen Deck' und Wand man
find't,
von Schweinebraten die Balken sind.

Knittelvers: vier Hebungen im Vers bei Freiheit der Senkungen. Es können also Verse vorkommen, die genau jambisch oder trochäisch gebaut sind. Der Knittelvers ist ein altdeutscher Vers; er reimt.

Seufzer eines Dorfwirts

Die Sau muß ich mit Eicheln mästen,
mit meinem Schweiß den Amtshauptmann.
Ha! Schade, daß ich meinen Gästen
sein Fett nicht auch verspicken kann.

Gottfried Konrad Pfeffel

Viertaktiger Jambus im Wechsel von männlicher und weiblicher Endung.

Eis-Lebens-Lied

Sorglos über die Fläche weg,
wo vom kühnsten Wager die Bahn
dir nicht vorgegraben du siehst,
mache dir selber Bahn!
Stille, Liebchen, mein Herz,
kracht's gleich, bricht's doch nicht!
bricht's gleich, bricht's nicht mit dir!

Johann Wolfgang von Goethe

Freie Rhythmen, vorwiegend daktylisch; es kommen auch Trochäen vor.

Die Schnupftabaksdose

Es war eine Schnupftabaksdose,
die hatte Friedrich der Große
sich selbst geschnitzelt aus Nußbaumholz
und darauf war sie natürlich stolz.

Joachim Ringelnatz

Mischung aus Jamben und Anapästen:

xx́ / xxx́ / xxx́ / x
xx́ / xx́ / xxx́ / x
xx́ / xx́ / xxx́ / xx́
xx́ / xx́ / xxx́ / xx́

Die Jahre

Die Jahre sind allerliebste Leut':
Sie brachten gestern, sie bringen heut',
und so verbringen wir Jüngern eben
das allerliebste Schlaraffenleben.
Und dann fällt's den Jahren auf einmal ein,
nicht mehr wie sonst bequem zu sein;
wollen nicht mehr schenken, wollen nicht mehr borgen,
sie nehmen heute, sie nehmen morgen.

Johann Wolfgang von Goethe

Knittelvers

Rhythmus und Metrum decken sich oft nicht. Metrum ist der starre Takt, Rhythmus der Atem des Gedichts. Meist umspielt der Rhythmus das Metrum; manchmal entsteht auch eine Spannung.

- Setzen Sie in den folgenden Versen die rhythmischen Akzente! Die metrischen werden Ihnen angegeben.

Sommernacht

(viertaktiger Jambus)
Es wallt das Korn weit in die Runde
und wie ein Meer dehnt es sich aus;
doch liegt auf seinem stillen Grunde
nicht Seegewürm noch and'rer Graus.
...

Gottfried Keller

Es wallt das Kórn wéit in die Runde,
und wie ein Méer déhnt es sich aus;
doch liegt auf seinem stíllen Grúnde
nicht Séegewürm noch ánd'rer Graus.

Abendrot im Walde
(viertaktiger Trochäus)
In den Wald bin ich geflüchtet,
ein zu Tod gehetztes Wild,
da die letzte Glut der Sonne
längs der glatten Stämme quillt.
Conrad Ferdinand Meyer

In den Wáld bin ich geflűchtet,
ein zu Tód gehetztes Wíld,
da die létzte Glút der Sónne
längs der glatten Stằmme quíllt.

(viertaktiger Trochäus)
Eine Seefahrt, die ist lustig,
eine Seefahrt, die ist schön;
hei, da kann man was erleben,
hei, da kann man etwas sehn.

Eine Séefahrt, die ist lústig,
eine Séefahrt, die ist schőn;
héi, da kann man was erlében,
héi, da kann man etwas séhn.

Bekanntlich gibt es eine Stelle im deutschen Vers, wo eine Tonversetzung nicht nur richtig, sondern sogar gut ist. Es handelt sich um die erste Silbe eines jambischen Verses; diese müßte an sich unbetont sein. Muß sie, weil die natürliche Betonung das verlangt, den Ton tragen, so folgen diesem zwei unbetonte Silben. Dadurch wirkt die erste Silbe besonders hervorgehoben. Eine Tonversetzung oder -beugung in der Mitte der Zeile gilt als schlecht.

● Finden Sie in den folgenden Versen die Tonversetzungen heraus!

Abschied
O Täler weit, o Höhen,
o schöner, grüner Wald,
du meiner Lust und Wehen
andächt'ger Aufenthalt!
. . .
Joseph Frh. v. Eichendorff

In der dritten Zeile wird das *du* etwas zu betonen sein, so daß eine schwebende Betonung entsteht. In der vierten Zeile ist der Ton auf die erste Silbe zu versetzen, wodurch das ganze erste Wort stark herausgehoben wird.

Lobe die Sonne! Gold der grünen Wiesen.
Trompetenblau strahlt auf der frühe Tag.
Im Schimmer recken sich die Bergesriesen,
daß jeder bis zum hellen Himmel rag'.

Die erste Silbe der ersten Zeile bekommt einen herrlichen Hauptton. Wollte man das Metrum einhalten, wäre umzustellen: Die Sonne lobe! – Das ergäbe aber nicht diesen schönen vollen Klang.

Er, der einzige Gerechte,
will für jedermann das Rechte.

Die metrisch notwendige Betonung *einzigé* ist unschön. Natürlich kann der Rhythmus diese Stelle etwas überspielen.

Hat mit Ehren sich das Mieder
unschuldig geschmückt,
sich den Hut verlegen nieder
in die Stirn gedrückt.

In der strengen Verslehre ist die Betonung abzulehnen, die das Wort *unschuldíg* hier erleiden muß.

Er stehe fest und sehe hier sich um:
Dem Tüchtigen ist diese Welt nicht stumm.

Der Ton auf der letzten Silbe von *Tüchtigén* ist nicht gerade mißlungen, aber schön ist er auch nicht.

Wahr ist's, mein Kind, wo ich bei dir nicht bin,
geleitet Sehnsucht alle meine Wege,
zu Berg und Wald, durch einsame Gehege
treibt mich ein irrer, ungeduld'ger Sinn.

Die Hervorhebung des *Wahr* ist wundervoll gelungen. Gar nicht schön ist aber die Betonung des Wortes *einsamé* in der dritten Zeile.

Still ruht der See. Die Enten waten
im Gänsemarsch hin durch den Schlamm.
Am Ufer stehen wie Soldaten
die Weidenbäume stumm und stramm.
Die Enten waten durch den Schlamm.

Das Wort *Still* an diese Stelle zu setzen war eine glänzende Idee.

Und die Kastanienbäume blühn,
mit Kerzen, himmlisch hoch;
Birken und Weiden grüßen grün,
Firnfelder frösteln noch.

Das *Und* der ersten Zeile trägt ein leichtes Übergewicht im Ton über *die*. Die klare Tonversetzung in der ersten Silbe der dritten und vierten Strophe ist sehr gut gelungen.

Herbsttag

Herr: es ist Zeit. Der Sommer war sehr groß.
Leg deinen Schatten auf die Sonnenuhren,
und auf den Fluren laß die Winde los.

Befiehl den letzten Früchten voll zu sein,
gib ihnen noch zwei südlichere Tage,
dränge sie zur Vollendung hin und jage
die letzte Süße in den schweren Wein.

Wer jetzt kein Haus hat, baut sich keines mehr.
Wer jetzt allein ist, wird es lange bleiben,
wird wachen, lesen, lange Briefe schreiben
und wird in den Alleen hin und her
unruhig wandern, wenn die Blätter treiben.

Rainer Maria Rilke

Rilke hat das Prinzip der geglückten und aussagekräftigen Tonversetzung in der ersten Silbe eines Verses hier fünfmal angewandt: Z. 1, 2, 4, 5, 12. Weniger gut ist die Tonbeugung in Zeile 5: *südlichére*

Die wichtigste Art des Bildes ist die Metapher. Sie schafft neue Verbindungen, Bezüge, Sichtweisen; sie kann enthüllend, aber auch verrätselnd sein. Am einfachsten ist es, wenn das tertium comparationis (= der dritte Begriff oder Gegenstand, der den unausgesprochenen Vergleich begründet) auffindbar ist.

- Stellen Sie bei den folgenden Metaphern diesen Bezugspunkt fest!

Die riesigen Bäume trugen den Himmel.

Vorstellung: Der Himmel ruht auf riesigen Säulen.

Eine Flut von Eindrücken

Das Einströmen wie bei einem Fluß

- Unter den folgenden sechs Bildern ist eines mißlungen. Suchen Sie es heraus!

Die duftende Nacht umschmeichelte die Liebenden.
Der Tag tanzte vom Himmel hernieder.
Das sieht der Dichter mit rosigen Augen.
Die Schatten duckten sich erschrocken unter die Bäume.
Der Mond goß seinen weißen Honig über die nächtlichen Berge aus.
Es klopft der Wind an die Scheiben der Welt.

Das dritte Bild ist mißlungen, weil Augen – auch im übertragenen Sinne – nicht rosig sein können. Die »rosige Brille« stand hier Pate.

- Deuten Sie das folgende Bild:

An ihren bunten Liedern klettert
die Lerche selig in die Luft.

Neben der Synästhesie (bunte Lieder) ist das mühelose und singende Emporsteigen sinnfällig gemacht. Es handelt sich um eine Metapher.

- Warum ist das folgende Bild stimmig?

Das Herz erstarrt in schneeiger Stille.

Alles paßt gut zusammen: starr, kalt und lautlos. Unsere Phantasie wird zu einer plastischen Vorstellung angeregt.

- Ist die folgende Formulierung ein überzeugendes Bild?

Der Abend umschiffte mit zwielichtfarbenen Segeln die Welt und trieb gelassen dem unermeßlichen Meere zu.

Der Abend ist als riesiges Schiff gesehen (Metapher), das um die Welt fährt und diese dann verläßt. Das Bild überzeugt nicht ganz, da das um die (ganze?) Welt fahrende Schiff höchstens eine Vision sein kann.

- Halten Sie die folgenden Bilder für gelungen oder mißlungen?

Die Birken machen einen grünen Knicks.
Das Mädchen ruhte in einer Sänfte aus Sonnenstrahlen.
Die mit Weidenruten geschlagene Windstille seufzt.
Ich will allein in den Brennesseln der Schmerzen zurückbleiben.
Der Abend schmolz sein Gold über dem Golf.
Dunkel schlug seine Stimme den Gong meines Herzens.
Die Sonne goß ihre weißen Krüge auf die Schultern der Berge aus.

Sie sind alle gelungen.

• Wie viele Bilder finden Sie in diesem Ausdruck?

Ein Schleier – fein wie gesponnener Schnee

1. Vergleich: wie...
2. Metapher: gesponnener Schnee (tertium comparationis: Faden)

• Benennen und deuten Sie die Bilder (geben Sie die Assoziation) in den folgenden Gedichten!

Chopin

Schütte wieder ohne Wahl
über mich die bleichen, großen
Lilien deiner Wiegenlieder,
deiner Walzer rote Rosen.
Flicht darein den schweren Hauch
deiner Liebe, die im Welken
Duft verstreut, und deines Stolzes
schaukelschlanke Feuernelken.

Hermann Hesse

1. Schütte... Wiegenlieder... Rosen: Metapher/Assoziation: Klangfluten
2. Lilien deiner Wiegenlieder: Metapher/Assoziation: Zartheit, Reinheit
3. Deiner Walzer rote Rosen: Metapher/Assoziation: Duft, Erotik
4. Flicht darein den schweren Hauch: Metapher/Assoziation: Fäden, Stränge
5. Hauch deiner Liebe: Allegorie/Assoziation: Liebe als lebendes Wesen
6. Die im Welken Duft verstreut: wie bei **5.**
7. Deines Stolzes... Feuernelken: Allegorie/Assoziation: starker Duft und optischer Reiz
8. schaukelschlanke: zwei Bilder zusammengezogen (schaukelnd und schlank); kommt einer Chiffre nahe, da logisch nicht nachvollziehbar

Schwerer Abend

Die Tore aller Himmel stehen hoch
dem Dunkel offen,
das lautlos einströmt,

wie in bodenlosen Trichter
Land niederreißend.
Schatten treten dichter
aus lockren Poren
nachtgefüllter Schollen.
Die Pappeln,
die noch kaum von Sonne troffen,
sind stumpf wie schwarze Kreuzesstämme
übers Land geschlagen.

Metapher: Himmel als Haus, Palast
zweifache Metapher: Dunkel als flüssige Masse, trotz des Strömens nicht hörbar
Vergleich: in die Tiefe ziehen, Sog
Metapher: gewaltige Strömung
Personifizierung: Verlebendigung
Metapher: Schwärze
Metapher: Licht und Strahlen als Tropfen
Vergleich: Trauer, Qual, Wendung zum Religiösen

Die Äcker wachsen grau und drohend –	Personifizierung: das Bedrängende, Riesige
Ebenen trüber Schlacke.	Metapher: Betonung des Teich-, Sumpfartigen
Nacht wirbelt aus den Wolkengruben,	Personifizierung: das Schnelle, Jähe, Unberechenbare Metapher: Landschaft über der Landschaft
über die die Stöße rollen schon kühler Winde, und im dämmrigen Gezacke	Pers.: Winde als gewaltige Wesen (Synästhesie) Metapher: Konturen, Zeichnung
hellgrüner Weidenbüschel, drin es rastend sich und röchelnd eingeschlagen,	Personifizierung: Licht als sterbendes Wesen
verglast das letzte Licht *Ernst Stadler*	Metapher: Licht als chemischer Prozeß

● Vieldeutigkeit einer Chiffre – welche Möglichkeiten sehen Sie?

Mein Frühlingsfreund, laß uns die Tage jäten!	Frühlingsfreund: **a)** Freund des Frühlings, **b)** Freund, gewonnen im Frühling Tage jäten: **a)** Objekt: Tage säubern oder ausreißen **b)** Adverbiale = in diesen Tagen

● Was können folgende Topoi bedeuten?

Frühling	Beginnendes Leben, Jugend, Blüte, Fröhlichkeit, Hoffen, Liebe
Herbst	Endendes, sterbendes Leben; Alter, Reife, Gram, Düsternis, Zweifel bis zur Verzweiflung, Abschied, Ende einer Liebe
Morgen	Erwachen, Glaube an Zukunft, Erwartung, Glücksgefühl, Jugend
Abend	Ermatten, Rückschau, Besinnung, Bangen vor Nacht und Tod, Alter
Tag	Helligkeit, Wirken, Arbeit, Klarheit, Leben
Nacht	Dunkelheit, Ruhe, Eintauchen in das Unterbewußte, Tod; Schlaf, Vision (Traum)

• Erläutern Sie, welche sprachliche Figur vorliegt:

Du Traum meiner schlaflosen Nächte!	Fügung: vertauschte Beziehung; denn nicht die Nächte sind schlaflos, sondern der Mensch Wortstellung: Oxymoron; denn *schlaflos* und *Traum* stehen unmittelbar nebeneinander und widersprechen sich. Gedanke: Paradoxon = Widerspruch Geste: Apostrophe (= Anrede)

• Welche poetischen Elemente stellen Sie in dem folgenden Vers fest? (Rhythmus, Versmaß, Sinngehalt, Laut- und Bildelemente)

Was ist die Welt? Nur eine flücht'ge Bleibe!	Der Rhythmus hebt *Welt* und *Bleibe* stark, *flücht'ge* halbstark hervor. Es handelt sich um fünf Jamben und eine unbetonte Silbe (Kadenz weiblich). Die Antwort folgt der Frage unverbunden (parataktisch), als Ellipse. Das christliche Weltbild ist klar erkennbar: Der Mensch ist ein Wanderer (homo viator). Alliteration: Was – Welt Die beiden betonten ei in der zweiten Hälfte des Verses bekräftigen vielleicht die Stärke der Aussage. Dem gegenüber steht aber das Oxymoron *flücht'ge Bleibe*. Diese Fügung ist auch aufzufassen als Personifizierung oder als eine Verschiebung in der Wortbeziehung. (Nicht die Bleibe ist flüchtig, sondern der Mensch!)

• Welche sprachliche Figur ist das? Welche Vorstellung will der Dichter hervorrufen?

Wacher Traum	Personifizierung; Oxymoron Der Traum ist eine Macht, die ganz bewußt Bilder und Gedanken gestaltet.

• Wie viele Enjambements sind in der folgenden Strophe festzustellen, und was bewirken sie?

Dann laß die Tage reisen
als Engel übers Land
auf ihren silberweißen
Schwingen in Gottes Hand!

Die Strophe besteht aus einem einzigen Satz, weist also drei Enjambements auf.
Sie leisten zusammen eine sehr dichte, fast spannungsgeladene Aussage.

• Analysieren Sie poetische Elemente, die Ihnen auffallen!

Ein Kleid, gewebt aus Flaum und Traum,
aus Sonnenstaub unterm Mondenbaum.

Binnenreim in der ersten Zeile: Flaum – Traum
Kreuzung von Abstraktem mit Konkretem: Flaum und Traum
Wiederholung des Vokalklangs in der zweiten Zeile: o au – o au
Zusammen mit dem Rhythmus ergibt das eine Sprachmagie, die den Leser in Bann schlägt.

• Was ist an der folgenden Aussage dichterisch? (Es handelt sich um einen Seemann.)

Er trank den Sonnenuntergang.

Ein nicht ausgeführter Vergleich: einen optischen Eindruck *wie* eine Flüssigkeit einsaugen.
Weitere Assoziationen: Schönheit des Farbenspiels – Schönheitsdurst des Beschauers; die Sonne als Lebenselixier – Labetrank; dankbares Abschiednehmen vom lebenspendenden Gestirn.

• Analysieren Sie den poetischen Gehalt:

Wind ist der Welle lieblicher Buhle.

Verschränkung von Wortschatz aus Natur und menschlichem Fühlen
archaisches Wort *Buhle* (= Freund, Liebender)
verallgemeinernde Aussage
Alliteration
Spiel des weichen l-Lauts
Spiel der Vokale
der metrische Bau zeigt die Symmetrie: x́xx x́x / x́xx x́x (jeweils ein Daktylus und ein Trochäus; der letztere steht für einen Spondeus)

• Durch welche poetischen Elemente finden Sie die folgende Strophe am meisten geprägt?

Du liebes Kind, komm, geh mit mir!
Gar schöne Spiele spiel' ich mit dir;
manch' bunte Blumen sind an dem Strand,
meine Mutter hat manch' gülden Gewand.

Das dominierende Element sind die Alliterationen; die Wortwiederholung (Spiele spiel' ich), die vorwiegend weichen Konsonanten (m, l) und die vielen i-Laute der ersten beiden Strophen erzeugen eine schmeichelnde Melodie, die einen Zauber bewirkt.

• Suchen Sie alle dichterischen Qualitäten des folgenden Verses heraus:

Silber stiebt von jedem Stern.

Kostbare Wörter;
das Wort *Silber* verstärkt zunächst den (optischen) Eindruck vom glänzenden Stern; es ist aber in verblüffender Weise dynamisch verwendet;
Verallgemeinerung: von *jedem* Stern
Alliteration
rhythmische Intensität
klarer vierhebiger Trochäus ohne Abtakt – eine sehr feste statische Aussage im Gegensatz zum dynamischen Inhalt;
Spiel der Vokale bei betonten Silben: i i e e

• Analysieren Sie die poetischen Elemente:

Schwarze Damen, schwarze Herren
wandeln durch Bolognas Straßen.
Werden sie zur Leiche gehen?
Wen bringt man so spät zu Grabe?

viertaktiger Trochäus mit weiblicher = klingender Kadenz
in der ersten Zeile Parallelismus,
keine reinen Reime, sondern Assonanzen,
erste und zweite Zeile durch Enjambement verbunden,
im Vokalismus herrscht das a vor, das in der zweiten Zeile durch u und o abgedunkelt wird und die letzte betonte Silbe darstellt.

• Welche poetischen Merkmale fallen Ihnen an dem folgenden Gedicht besonders auf?

Abendständchen

Hör, es klagt die Flöte wieder,
und die kühlen Brunnen rauschen.
Golden weh'n die Töne nieder,
stille, stille, laß uns lauschen!

Holdes Bitten, mild' Verlangen,
wie es süß zum Herzen spricht!
Durch die Nacht, die mich umfangen,
blickt zu mir der Töne Licht.

Clemens Brentano

Die Richtung des Gedichts geht vom Ton zum Sinn des Tons (= Licht); der Dichter wird sich der zauberhaften Umgebung als ein wahrnehmendes Ich bewußt (erste Strophe: außen; zweite Strophe: innen). Die Synästhesie des Schlusses ist vorweggenommen durch die Synästhesie der dritten Zeile. Diese ist sogar eine doppelte: die Töne werden als Farbwert (und sakraler Wert) und als sich bewegendes Element gesehen.

Die Personifizierung in der ersten Zeile entspricht der in der letzten Zeile: hier Flöte, dort Licht der Töne als lebendiges Wesen. Eine dritte Synästhesie begegnet in den Zeilen 5/6: Verlangen spricht *süß*. Ein Bild: die umfangende Nacht in Zeile 7.

Der parataktischen Form der ersten Strophe stehen zwei hypotaktische Gefüge in der zweiten Strophe gegenüber (Zeilen 5/6: Hauptsatz und Appositionen; Zeilen 7/8: Hauptsatz und Gliedsatz); das drückt schon äußerlich die Verflechtung der Eindrücke aus. Dieses Ineinander-Übergehen wird noch betont durch das Enjambement zwischen den Zeilen 7/8, das allerdings vom Relativsatz fast verdeckt wird.

Zum Klangkörper: Die rhythmusbetonten Vokale der ersten Zeile (ö ö i) sind in der achten Zeile ins Helle moduliert (i ö i).

• Benennen Sie alle Form-, Bild und Klang-Elemente, die Sie erkennen! (Es handelt sich um die letzten beiden Terzette eines Sonetts.)

An die Geliebte

...
...
Von Tiefe dann zu Tiefen stürzt mein Sinn,
ich höre aus der Gottheit nächt'ger Ferne
die Quellen des Geschicks melodisch
rauschen.

Betäubt kehr' ich den Blick nach oben hin,
zum Himmel auf – da lächeln alle Sterne;
ich knie, ihrem Lichtgesang zu lauschen.

Eduard Mörike

Fünffüßiger Jambus im Reimschema abc, abc; die a-Verse sind männlich.
Z. 1: dynamische Verwendung des Wortes *Sinn*
Z. 2: Metapher: *der Gottheit nächt'ge Ferne*
Z. 3: Metapher: *Quellen des Geschicks*
Z. 5: Pers.: Sterne *lächeln*
Z. 6: Synästhesie: *Lichtgesang*
Eine besondere Lautgestalt ist wohl vom Dichter nicht angelegt. Schön wirkt das Echo der hellen i-Laute in der ersten Zeile, die in der sechsten Zeile wiederkehren.

• Analysieren Sie poetische Elemente! Was fällt Ihnen am meisten auf?

Schwarz
Nacht ohne dich.
Wer wird mein Herz bewahren?
Der Mond erblich.
Die Vogelwolken fahren.
Vorüberstrich
Ein Schwarm von schwarzen Jahren.

Georg von der Vring

Die sechs Zeilen reimen paarig; die Kadenzen wechseln als männlich (i) und weiblich (a–e) ab; der Reim ist rein.
Ebenso wechseln zwei- und dreitaktige jambische Verse. Die Ellipse der ersten Zeile weist auf die fast sprachlose Gebärde der Angst. Die drei letzten Sätze werden immer länger, so daß zwischen den Zeilen 5 und 6 ein Enjambement nötig wird.
Der hier dunkel wirkende a-Laut eröffnet die Melodie; Zeile 2 ist noch weitgehend hell gehalten; dann mischen sich immer mehr o-Laute ein, bis in der letzten Zeile die drei Tonträger nur noch a haben. Der Gleichlaut der Vokale wird gesteigert durch die Alliteration.
Zwei Bilder fallen sofort ins Auge: *Der Mond erblich*, die *Vogelwolken*. Eine weitere komplexe Metapher ist *der Schwarm von schwarzen Jahren*; durch diesen Ausdruck werden gleichzeitig noch die Vogelwolken gedeutet. Sind die zukünftigen oder die vergangenen Jahre gemeint?

• Lesen Sie das Gedicht. Die Fragen dazu werden anschließend gestellt.

Abends am Zaun

Am Abend duftet holder die Kamille
vom Feldrain her. Der Posten bläst ein Lied
auf seiner Okarina. Gottes Wille
im Glanz des Abendsternes sich vollzieht.
Wie viele sind doch nun für immer stille,
die gerne sich erfreut an Stern und Lied!
Nun sind sie selbst darin, und Gottes Wille
in Glanz und Duft und solcher Abendstille
geschieht.

Günter Eich

1. Welche Wörter bezeichnen die äußere Situation?
2. Welche Wörter bezeichnen die innere Situation?
3. Welche poetischen Mittel erzeugen die Stimmung?

1. Der Posten bläst auf der Okarina; ein Posten bewacht gewöhnlich Menschen. Es dürfte sich hier um ein Kriegsgefangenenlager handeln; denn wir sind im Freien. Der Posten oder der Gefangene (die Gefangenen) stehen am Zaun.

2. Die Fügung *Gottes Wille* erscheint zweimal, das Wort *Abend* (mit der Überschrift) viermal; die Wörter *Lied, Glanz, Duft, Stille* je zweimal. Das lyrische Ich taucht am Abend in einen seelischen Frieden ein. In der zweiten Strophe denkt es an andere Menschen, die bereits dieses Leben verlassen haben.

3. Das volltönige Wort *Okarina* bestimmt in erster Linie das Klanggewand. Man glaubt dieses Wort öfter nachklingen zu hören. Die Reime der fünffüßigen Jamben enden alle als betonte i, denen zuweilen unbetonte e nachklingen. Unreiner und identischer Reim werden durch Enjambements überspielt. Die letzte Zeile hat besonderes Gewicht, weil sie nur aus einem einzigen Jambus besteht. Sie stellt die dritte Bitte des Vaterunsers als Ereignis eindringlich vor uns hin.

• Lesen Sie das folgende Gedicht und beantworten Sie dann den Arbeitsvorschlag. Das Gedicht ist entnommen dem »Stundenbuch« (2. Teil »Das Buch von der Pilgerschaft«). Rilke war, als er das Gedicht veröffentlichte, 26 Jahre alt. Er sucht Gott und ringt mit der Sprache.

Aus dem Stundenbuch

Alle, welche dich suchen, versuchen dich.
Und die, so dich finden, binden dich
an Bild und Gebärde.

Ich aber will dich begreifen
wie dich die Erde begreift;
mit meinem Reifen
reift
dein Reich.

Rilke gestaltet die vier gedanklichen Ansätze als Strophen; sie sind in ihrem Umfang nur annähernd gleich.
Der Vers unterliegt einer gewissen Willkür, hinter der ein eigenwilliges Kunstprinzip waltet.
Bedeutsame Reime, in denen das reimende Wort Sinnträger ist, sind selten.

Ich will von dir keine Eitelkeit,
die dich beweist.
Ich weiß, daß die Zeit
anders heißt
als du.

Tu mir kein Wunder zulieb,
gib deinen Gesetzen recht,
die von Geschlecht zu Geschlecht
sichtbarer sind.

Rainer Maria Rilke

Zeilenenden sind oft überspielt, oder das Wort am Ende reimt mit einem anderen Wort in der Mitte oder sogar am Anfang einer Zeile (*du*, Zeile 13, reimt auf *tu*, Zeile 14) oder auch gar nicht. Freie Rhythmen und Enjambements gestalten ein weitgehend ungebundenes Sprechen, das von der inneren Bewegung gelenkt wird.

● Zeigen Sie, wie Rilke mit den traditionellen Formen spielt: Strophe, Vers, Reim, Metrum. – (Man hat gesagt, Rilke verhexe die Wörter.)

Das Karussell – Jardin du Luxembourg

Mit einem Dach und seinem Schatten dreht
sich eine kleine Weile der Bestand
von bunten Pferden, alle aus dem Land,
das lange zögert, eh' es untergeht.

Zwar manche sind an Wagen angespannt,
doch alle haben Mut in ihren Mienen;
ein böser roter Löwe geht mit ihnen
und dann und wann ein weißer Elefant.

Sogar ein Hirsch ist da, ganz wie im Wald,
nur daß er einen Sattel trägt und drüber
ein kleines blaues Mädchen aufgeschnallt.

Und auf dem Löwen reitet weiß ein Junge
und hält sich mit der kleinen heißen Hand,
dieweil der Löwe Zähne zeigt und Zunge.
Und dann und wann ein weißer Elefant.

Und auf den Pferden kommen sie vorüber,
auch Mädchen, helle, diesem Pferdesprunge
fast schon entwachsen; mitten in dem Schwunge
schauen sie auf, irgendwohin, herüber –
und dann und wann ein weißer Elefant.

Und das geht hin und eilt sich, daß es endet,
und kreist und dreht sich nur und hat kein Ziel.
Ein Rot, ein Grün, ein Grau vorbeigesendet,
ein kleines kaum begonnenes Profil –.
Und manchesmal ein Lächeln, hergewendet,
ein seliges, das blendet und verschwendet
an dieses atemlose blinde Spiel...

Rainer Maria Rilke

1. Deuten Sie die Farbsymbole.
2. Wie ist das Kreisen sprachlich gestaltet?
3. Erinnert die Wortmusik des Gedichts an die leierhafte Karussell-Musik?
4. Ermitteln Sie die Enjambements und ihre Wirkung!
5. Das Karussell ist ein Dingsymbol. Wofür kann es stehen?

1. bunt: Vielfalt des Daseins, Freunde am Leben;
roter Löwe: Wildheit, Gefährlichkeit;
weißer Elefant: exotisch, rein;
blaues Mädchen: Traum, magischer Bann, Überwirklichkeit;
weißer Junge: jung, rein;
helle Mädchen: jungfräulich, am Anfang des Frauenlebens;
Rot und Grün: starke Primärfarben;
Grau: Misch-, Sekundärfarbe.

2. Durch den Refrain; dieser erscheint dreimal, wobei der zweite Abstand wesentlich kürzer ist. In den letzten sieben Zeilen gibt es keine einzelne Figur mehr.

Das anaphorische *Und* erscheint neunmal und weist auf die Wiederkehr des Gleichen.

Die vorüberhuschenden Eindrücke sind zuerst klar in Einzelheiten gesehen; später verschwimmen sie zu einem *das* und *es* in Zeile 21.

Statt der individualisierenden Alliteration in Zeile 14 steht gegen Ende der Gleichklang *-endet*.

3. Sich wiederholende Laute erscheinen (Zeilen 2 und 5); insgesamt überwiegt eine verfeinerte Musikalität.

4. Die sieben Enjambements unterstreichen das Nicht-zur-Ruhe-Kommen.

5. Für die große Intensität des kindlichen Erlebens, das in sich selbst kreist; für die Verachtung alles zielgerichteten Strebens der Erwachsenen; für das Einerlei des Alltags- und Menschenlebens.

III. Kriterien der Wertung und des Verständnisses

1. Kitsch oder Kunst?

Nun verstehen wir ein wenig das Handwerkliche an einem Gedicht. Die einzelnen poetischen Elemente sind aber nicht das Entscheidende. Wer einen Schnitzaltar des berühmten Künstlers Tilman Riemenschneider bewundert, wird sich kaum bei Holzart und Schnitztechnik aufhalten.

Nicht alle Gedichte sind gleich gut gelungen. Empfindungskraft und Sprachgewalt sind nicht jedem Menschen in gleichem Maße gegeben. Es wäre für einen Laien vermessen, über Dichter oder Gedichte zu Gericht zu sitzen. Andererseits sind gesunder Menschenverstand und natürliches Empfinden durchaus berechtigt, sich ein Urteil zu bilden.

Hören wir den Dichter Wilhelm Lehmann (1882–1968): »Alles muß Erfahrung geworden sein, ehe es ins Gedicht rücken kann. Zart und zäh zugleich, ähneln gelungene Gedichte einer bestimmten Gruppe von Schmetterlingen, von denen es heißt, daß sie kaum totzudrücken sind. In Gedichten können Naturgeister eingefangen sein. Sie einzubannen, darin besteht die lyrische Tat. Das Bleibende ins Bild stellen, das ist die Aufgabe des Dichters heute und morgen. Ein wahres Gedicht ist Ausdruck einer individuellen Vision.«

Es gibt selbstverständlich auch andere Ansichten darüber, was ein Gedicht sein und sagen soll (siehe oben, S. 16f.). Vor allem viele moderne Gedichte seit 1950 streben andere Ziele an; darüber werden wir später ausführlich handeln. Hier geht es uns um die Frage: Wann brechen *Kitsch*-Elemente in ein Gedicht ein, ohne daß der Autor das will oder merkt? Freilich bewegen wir uns da auf schwankendem Boden; aber es gibt doch gewisse Kriterien, nach denen die Spreu vom Weizen zu sondern ist. Manche Gedichte gestalten nicht Eindrücke, sondern Wort- und Vorstellungs-Schablonen werden nach mehr oder weniger bewährtem Muster und entsprechend einem bewußt oder unbewußt nachgeahmten Vorbild einfach aneinandergereiht. Abziehbild wird zu Abziehbild geklebt; das Gummi liefert eine ebenso geläufige »Stimmung«. Der Schutthaufen ausgedienter Sprache begräbt den Verfasser unter sich.

Prüfen wir einige zweit- und drittrangige Gedichte auf Herz und Nieren!

Die kleine Birke

Eine kleine Silberbirke
stand in einem Waldgebirge
unter Tannen, Fichten, Eichen
und dergleichen.

Birkchen, dieser nette Kerle,
sprühte Frühlingslichtgeperle
über seine Krone hin
immerhin: immer hin.

- Welchen Sinngehalt finden Sie? Ist ein Erlebnis oder eine Idee gestaltet?

Der Sinngehalt ist gleich Null; weder ein Erlebnis noch eine Idee wird gestaltet.

- Wird eine Stimmung erzeugt?

Nein; im Verfasser klingt nichts; also kann er kein Klanggefüge verwirklichen.

- Was halten Sie vom Wortschatz und vom Reim?

Der Wortschatz ist banal, die Aussage sprachlich ungekonnt. Durch das neue Wort in Zeile 6 wird der Nachvollziehende überstrapaziert. Die letzte Zeile enthält dumme Geistreichelei. Die Reime sind (in ihrer Reihenfolge) unrein, dumm, gesucht und identisch, also kunstlos.

Sommer

Vom fernsten Feldgehöft ruft uns der Hahn
noch an in der erfüllten Sommereinsamkeit.
Wie hält der Liebe Wunder uns umfahn,
und alle Welt ist weit, unendlich weit.

Die Sommerbläue über uns, der Duft
von Thymian, Salbei am Wiesensaum.
Wir liegen glückgewiegt in grüner Gruft
und träumen in den Wolkensilberschaum.

Im Laube flimmern Kringel. Trunk'ner Tanz
der Falter flirrt im Blick. Durchs Lauschen dringt
der Grillen Raspel tief, und reifer Glanz
uns Kronen um die heißen Schläfen schlingt.

- Erkennen Sie einen tragenden Grundgedanken?

Sicher; der Verfasser will sein persönliches Sommergefühl gestalten, allerdings weicht er in die Mehrzahl aus. Dazu bemüht er verschiedene Eindrücke, die er am Schluß als plastische Idee zusammenfassen will.

- Sind die Erlebnisse und Gedanken zu einer überzeugenden Komposition geformt?

Vor lauter vollmundiger Sprache wird das Erlebte nicht individuell gestaltet; aus Empfindungs- und Wortkehricht wird ein Häuflein zusammengefegt, das beeindrucken soll.

- Empfindet man den zum Hymnus gesteigerten Ton als angemessen?

Zunächst fallen einem die gereimten Wortschälle ins Ohr. Die Sprache zeigt Quetschwunden, altertümliche Wendungen (der Liebe Wunder, umfahn = umfangen) und Inversion (letzte Zeile). Der insgesamt schmalzige Ton erhebt sich am Schluß zu einer Vision, die mehr zusammengebastelt als echt wirkt: eine blasse Gedankenkonstruktion.

- Gefallen Ihnen einige Wörter und Ausdrücke besonders?

Der Verfasser verläßt sich darauf, daß abgestandene Wörter noch ein Düftlein ergeben. Vokabeln wie *Thymian* und *trunken* schaffen noch nicht die sommerliche Atmosphäre. Das Wort *Sommereinsamkeit* ist klischeehaft. *Wolkensilberschaum* kann man sich wirklich vorstellen – eine gute Prägung! Ebenso gelungen ist: *glückgewiegt in grüner Gruft.*

- Sind Klangelemente organisch ins Ganze verwoben?

Die Häufung von Alliterationen wirkt etwas aufdringlich. Andere Wörter, wie *flimmern, Kringel* und *flirrt*, malen Situation und Empfindung recht anschaulich. Die Reime sind ausgeleiert.

Südlicher Mittag (1970)

Der Mittag hat sein Tor geöffnet –
ich trete ein in den Bereich
der höchsten Sonne, größten Hitze,
fast tausend spitzen Pfeilen gleich.

Und doch voll Wunder, diese Stunde.
Unter der Sonne höchstem Blick
verhält im Treiben alles Leben
und findet zu sich selbst zurück.

Wenn anderswo, in fernen Welten
die Menschen eilen, hetzen, rasen,
hör' ich den Pan auf der Schalmeien
für mich die schönste Stille blasen.

Während die Sonne weiterwandelt,
schon mildes, gold'nes Licht verstreut,
verfliegt der Mittag. Ich versuche,
zurückzukehren in die Zeit.

- Glauben Sie, daß es sich um ein individuelles Erleben handelt?

Ja, hier ist wirklich ein griechischer Mittag in Worte eingefangen.

- Empfinden Sie das Gedicht als formgewandt?

Man wird dem Verfasser formales Können nur in Ansätzen bescheinigen können. (Es handelt sich um eine damals 17jährige Schülerin.)

- Sind Erlebnis und Stimmung ehrlich wiedergegeben?

Die Verfasserin vermeidet hochgestochene Ausdrücke und spricht meist schlicht. Die poetischen Wörter *Pan* und *Schalmei* (wohl verunglückter Dativ!) fügen sich zwanglos ein.

- Ist die Komposition in sich stimmig, gerundet?

Von einer Meisterschaft kann keine Rede sein. Auch war ein in sich ruhendes Gedicht um 1970 keine Selbstverständlichkeit mehr. Hier ist eine Rundung versucht: Der Schluß bezieht sich auf den Ausgangspunkt.

Welkes Blatt

Jede Blüte will zur Frucht,
jeder Morgen Abend werden;
Ewiges ist nicht auf Erden
als der Wandel, als die Flucht.

Auch der schönste Sommer will
einmal Herbst und Welke spüren.
Halte, Blatt, geduldig still,
wenn der Wind dich will entführen.

Spiel dein Spiel und wehr dich nicht,
laß es still geschehen!
Laß vom Winde, der dich bricht,
dich nach Hause wehen!

Hermann Hesse

- Nehmen wir die Botschaft des Dichters willig an?

Sie ist zu aufdringlich, ja massiv; das ist mehr ein Wink mit dem Zaunpfahl als ein zartes Gebilde, das durch sich selbst überzeugt.

- Wie läßt sich die Botschaft des Dichters prosaisch sagen?

Lehnt euch nicht auf gegen die Gesetze des Lebens! Auch die Natur tut das nicht. – (Das ist allerdings eine Binsenweisheit.)

- Inwiefern wirken die Sentenzen peinlich?

Blüte und Morgen haben gar nicht die Möglichkeit, etwas zu *wollen*; ebensowenig der Sommer. Das sind die ehernen Naturgesetze, die nicht Vorbild sein können für die (willentliche) Ergebung des Menschen in Gottes Willen.

- Was wirkt im Inhalt epigonal?

Das Gedicht entstand 1934. Vor allem der Schluß erinnert aufdringlich an Eichendorff; ihm glaubt man, daß er den christlichen Himmel als unser Zuhause ansieht; bei Hesse (1877–1962) empfindet man das als Nachahmung.

- Stört Sie irgendein Wort?

Die Neuprägung *Welke* wirkt durchaus nicht überzeugend.

- Finden Sie einen schlecht gebauten Takt?

In Zeile 3 ist der zweite Takt (*-gés ist*) in unmöglicher Weise zu betonen.

Jahreszeiten

Sag, wo soll der Winter weilen,
wenn der Frühling mich begreift?
Gold'ne Äpfel will ich teilen,
ungeseh'n und ungereift.

Und aus finstrer Täler Gatter
fegt der Föhn die Berge blau.
Grüne Wiese, Gansgeschnatter:
Sommer, Herbst und Sonnentau.

- Was an diesem Gedicht kann Ihnen gefallen?

Es weht ein poetischer Atem durch diese Mini-Visionen; auch die Klänge sind nicht übel.

- Was ist die Aussage des Gedichts?

Vorgetäuschter Sinn und Tiefsinn in einem sinnlosen Reimgeklingel; pomphafte Plattitüden auf hohem Kothurn: mehr scheinen als sein.

Die Nacht

Aus dem Walde tritt die Nacht,
an den Bäumen schleicht sie leise,
schaut sich um im weiten Kreise,
nun gib acht!

Alle Lichter dieser Welt,
alle Blumen, alle Farben
löscht sie aus und stiehlt die Garben
weg vom Feld.

Alles nimmt sie, was nur hold,
nimmt das Silber weg des Stromes,
nimmt vom Kupferdach des Domes
weg das Gold.

Ausgeplündert steht der Strauch:
Rücke näher, Seel' an Seele,
o die Nacht, mir bangt, sie stehle
dich mir auch.

Hermann von Gilm

● Welche Gedankenbewegung stellen Sie fest?

Die Nacht, ein übermächtiges Wesen, nimmt die Dinge des Tages hinweg. Das lyrische Ich bangt letztlich um den geliebten Mitmenschen, daß auch er weggenommen, entfremdet werde.

● Welche poetischen Elemente halten Sie für besonders gelungen?

Die vier Strophen, die mit äußerster Genauigkeit gebaut sind, schildern in ihrer Anordnung ein kleines Drama. Die Mahnung am Ende der ersten Strophe kehrt am Ende der letzten Strophe viel stärker wieder. Die jeweilige letzte (kurze!) Zeile jeder Strophe ähnelt einem effektvollen Szenenschluß. Gilm (1812–1864) bemüht sich um seltene Reime: *Farben – Garben*, – *Stromes – Domes*. Das Gedicht ist ziemlich kunstlos; der Dichter ist kein Genie.

Der weinende Mond

Es scheidet von blühenden Bäumen
der Mond mit seinem Licht,
und Tränen mit schmerzlichen Träumen
zittern durch sein Gesicht.

Der Mond sinkt bei den Klippen
tief in sein eigenes Weh
und küßt mit bebenden Lippen
die fernher wogende See.

Julius Mosen

● Welche Grunderfahrung des Dichters drängt zum Ausdruck?

Ein Gefühl der Trauer, das entsteht, weil das lyrische Ich, das sich wohl mit dem Mond identifiziert, das Abschiednehmen, die Vergänglichkeit, empfindet. Das Schöne läßt sich nicht halten.

● Was empfinden Sie als unfreiwillig komisch?

Schon die Überschrift läßt Schmunzeln aufkommen; daß aber Tränen auch noch durch das Gesicht des Mondes zittern müssen und er in sein eigenes Weh sinkt, ist übertriebenes, gekünsteltes Pathos.

● Gelingt es dem Dichter, eine einheitliche Stimmung zu erzeugen?

Die Melodie setzt zwar zum romantischen Originalton an; aber Gefühl und Gedanke sind keine Einheit geworden. Es dominiert der konstruierende Verstand.

Falter und Rosen

Sprach eine wilde Ros' am Zaun:
Bei mir waren alle Falter traun
und alle Bienen und Immen
mit ihren süßen Stimmen.

Sprach eine andere wilde Ros':
Nur einem bot ich meinen Schoß,
einem jungen Schmetterlinge;
vor ihm sind alle geringe.

Am Tag darauf war keine mehr,
die Falter trieben hin und her
fern von den blätterlosen;
sie dachten an junge Rosen.

Martin Greif

- Will uns der Dichter eine Lehre geben?

Ja, er prangert der Reihe nach an: Hochmut, Eifersucht und Untreue. Dazu erfahren wir noch, wie vergänglich die Schönheit ist.

- Wie beurteilen Sie den Wortschatz?

Am Anfang versucht sich der Dichter (1839–1911) im hymnischen Ton. (Das archaische *traun* = fürwahr ist heute nicht mehr verständlich.) Dann fällt er unter das Durchschnittsniveau der lyrischen Sprache des 19. Jahrhunderts.

- Ist die Bildersprache eingängig?

Es handelt sich im Grund um verkehrte Symbolik, weil Rosen und Faltern menschliches Verhalten (Sprechen und Denken) unterstellt wird. Das wirkt verkrampft, weil es eine Rückübersetzung ins eigentlich Gemeinte nötig macht.

Ein Hornton schallet das Tal entlang

Im Glockenstübchen vom Klosterhaus,
da läuten zwei Schwestern Gebet,
die junge schaut sehnend zum Fenster hinaus,
gefühllos die alte steht.

Ein Hornton schallet das Tal entlang,
leis, leiser – jetzt ist er entfloh'n.
Die Alte hängt ruhig hinauf den Strang,
die Junge lauscht noch auf den Ton.

Karl Schultes

- Was ist der Hauptgedanke des Gedichts?

Der Gegensatz alt – jung; das Alter ist verknöchert, die Jugend noch voller Unruhe und Sehnsucht.

- Welche Nachklänge der Romantik finden Sie? (Schultes lebte 1822– 1904.)

Eine Atmosphäre, die Frömmigkeit und Feierlichkeit schafft; der Hornton, der Welt und Fernweh hereinklingen läßt.

- Sind Sie ergriffen durch die Gestaltung der menschlichen Schicksale?

Wenn auch Liebesverlangen und verlorene Lebenschancen in Untertönen mitschwingen, kann die banale Sprache nicht ergreifen. Ein besonders schlimmes Beispiel bietet Zeile 4: Die hilflose Inversion macht die Aussage langweilig, und das Wort *gefühllos* zerstört die feierliche Stimmung.

2. Persönlicher und gesellschaftlicher Hintergrund

Manche Gedichte sind nur zu deuten, wenn wir um den persönlichen Hintergrund des Dichters oder um dessen Bezug zu den Zeitströmungen wissen. Kenntnislükken können hier fatal sein, denn sie ziehen unweigerlich eine Fehldeutung nach sich. Wir geben fünf Beispiele für Gedichte, die aus sich allein nicht verständlich sind.

Freiheit

Wie wenig weiß ein Volk die Freiheit zu gebrauchen!
Es wähnt, wenn nur von Blut die Mörderfäuste rauchen,
wenn es den Peiniger mit Tigergrimm zerfleischt,
so sei es frei. O Volk, du hast dich selbst getäuscht!

Die Freiheit, die *du* suchst, ist Wut, ist Mordgetümmel;
sie wird verflucht von Gott, verflucht vom ganzen Himmel.
Ein Volk, bespritzt mit Blut, verdient nicht frei zu sein,
in härtre Sklaverei stürzt es sich selbst hinein.

Christian Friedrich Daniel Schubart

Biographisch-zeitgeschichtlicher Hintergrund: Schubart (1731–1791) war wegen seiner liberalen, vor allem gegen die Jesuiten gerichteten Artikel vom Herzog von Württemberg in den Jahren 1777–1787 auf der Festung Hohenasperg gefangengehalten worden. Nach seiner Begnadigung 1787 wurde er wieder Theater- und Musikdirektor am Stuttgarter Hof. Er wirkte auf die Dichter des »Sturm und Drang«, vor allem auf Schiller. Er kämpfte für politische Freiheit und Geistesfreiheit, aber er lehnte die Greuel der Französischen Revolution ab. Das Gedicht ist 1789 entstanden.

Urworte Orphisch/Dämon

Wie an dem Tag, der dich der Welt verliehen,
die Sonne stand zum Gruße der Planeten,
bist alsobald und fort und fort gediehen
nach dem Gesetz, wonach du angetreten.
So mußt du sein, dir kannst du nicht entfliehen,
so sagten schon Sibyllen, so Propheten,
und keine Zeit und keine Macht zerstückelt
geprägte Form, die lebend sich entwickelt.

Johann Wolfgang von Goethe

Sibylle = Prophetin; die Antike kannte zehn Sibyllen; von ihnen waren Orakel- und Spruchbücher bis ins 4. Jahrhundert n. Chr. erhalten.

Von Goethe (1749–1832) wissen wir aus seinem Tagebuch, daß er am 8. Oktober 1817 fünf Stanzen »Urworte Orphisch« ins reine geschrieben hat. 1820 ließ er seinen Kommentar zu den Gedichten folgen. Im Anschluß an altgriechische Mythen stellt er den Einfluß von fünf Geistwesen auf das Leben eines Menschen dar. Goethe verdeutscht die griechischen Wörter selbst:

Dämon = Individualität, Charakter
Tyche = Zufälliges
Eros = Liebe, Leidenschaft
Ananke = Beschränkung, Pflicht
Elpis = Hoffnung

In der orphischen Literatur gab es ähnliche Vorstellungen. Orpheus war für die Griechen ein sagenhafter Sänger und Mysterienstifter; seine Lehren waren nicht genau überliefert; in der an ihn sich knüpfenden Tradition waren Dichtung und religiöse Weltanschauung noch völlig verschmolzen. Was der Dichter formt, sind *heilige Worte*. Goethe bildet daraus seinen Ausdruck *Urworte*. Die Bezeichnungen, die er aufnahm, waren nicht fest umgrenzt, waren halb begrifflich, halb allegorisch und gestatteten es, von ihm weitgehend mit eigenem Gehalt erfüllt zu werden.
Zu beachten ist die feine Ironie, mit der Goethe sich selbst als ein Geschenk für die Welt hinstellt. Er kommentiert: »Diese wenigen Strophen enthalten viel Bedeutendes in einer Folge, die, wenn man sie erst kennt, dem Geiste die wichtigsten Betrachtungen erleichtert. Der Bezug der Überschrift auf die Strophe selbst bedarf einer Erläuterung. Der Dämon bedeutet hier die notwendige, bei der Geburt unmittelbar ausgesprochene, begrenzte Individualität der Person, das Charakteristische, wodurch sich der einzelne von jedem anderen bei noch so großer Ähnlichkeit unterscheidet. Diese Bestimmung schrieb man dem einwirkenden Gestirn zu, und es ließen sich die unendlich mannigfaltigen Bewegungen und Beziehungen der Himmelskörper, unter sich selbst und zu der Erde, gar schicklich mit den mannigfaltigen Abwechslungen der Geburten in Bezug stellen. Hiervon sollte nun auch das künftige Schicksal des Menschen ausgehen, und man möchte, jenes Erste zugebend, gar wohl gestehen, daß angeborne Kraft und Eigenheit mehr als alles übrige des Menschen Schicksal bestimme. Deshalb spricht diese Strophe die Unveränderlichkeit des Individuums mit wiederholter Beteuerung aus. Das noch so entschieden Einzelne kann, als ein Endliches, gar wohl zerstört, aber, solange sein Kern zusammenhält, nicht zersplittert noch zerstückelt werden, sogar durch Generationen hindurch.«

Aus: **Lieder der Griechen**

Ohne die Freiheit, was wärest du, Hellas?
Ohne dich, Hellas, was wäre die Welt?

Kommt, ihr Völker aller Zonen,
seht die Brüste,
die euch säugten
mit der einen Milch der Weisheit! –
Sollen Barbaren sie zerfleischen?

Seht die Augen,
die euch erleuchteten
mit dem himmlischen Strahle der Schönheit! –
Sollen sie Barbaren blenden?

Seht die Flamme,
die euch wärmte
durch und durch im tiefen Busen,
daß ihr fühltet,
wer ihr seid,
was ihr wollt,
was ihr sollt,
eurer Menschheit hohen Adel,
eure Freiheit! –
Sollen Barbaren sie ersticken?

Kommt, ihr Völker aller Zonen,
kommt und helfet frei sie machen,
die euch alle frei gemacht!

Ohne die Freiheit, was wärest du, Hellas?
Ohne dich, Hellas, was wäre die Welt?

Wilhelm Müller

Wilhelm Müller (1794–1827) wurde mit seinen »Liedern der Griechen« in Deutschland der dichterische Wortführer der sogenannten Philhellenen (= Griechenfreunde). Viel bekannter ist er heute als der Dichter der von Franz Schubert vertonten Liederzyklen »Die schöne Müllerin« und »Winterreise«. Die Philhellenen in ganz Westeuropa und Rußland unterstützten den Freiheitskampf der Griechen gegen die Türken (1821–1829). Sie verherrlichten die griechische Antike und das christliche Griechenland gegenüber den mohammedanischen Türken.

Die Ursprünge der abendländischen Philosophie, der Wissenschaften und Künste liegen im klassischen Griechenland. Winckelmann hatte auf das griechische Schönheitsideal hingewiesen; die deutsche Klassik schloß sich eng an das verehrte Vorbild an. Das griechische Denken, vor allem Platon und Aristoteles, hat klare Kategorien der Philosophie erarbeitet: in der Ontologie (Lehre vom Sein), in der Logik (Lehre vom Denken) und in der Ethik (Lehre vom sittlich Gebotenen).

Auswanderungslied

Unsre Fürsten hatten viel versprochen,
doch das Halten schien nicht ihre Pflicht.
Haben *wir* denn nun so viel verbrochen,
daß *sie* hielten ihr Versprechen nicht?

Schlimmer wird es jetzt von Tag zu Tage,
Schweigen ist nur unser einzig Recht:
Untertanen ziemet keine Klage,
und gehorchen muß dem Herrn der Knecht.

Unsre Brüder werden ausgewiesen,
mehr als alles Recht gilt Polizei.
Heute trifft es jenen, morgen diesen,
jeder, jeder Deutsch' ist vogelfrei.

Deutsche Freiheit lebet nur im Liede,
deutsches Recht, es ist ein Märchen nur.
Deutschlands Wohlfahrt ist ein langer Friede –
Voll von lauter Willkür und Zensur.

Darum ziehn wir aus dem Vaterlande,
kehren nun und nimmermehr zurück,
suchen Freiheit uns am fremden Strande –
Freiheit ist nur Leben, ist nur Glück.

August Heinrich Hoffmann von Fallersleben

Hoffmann von Fallersleben (1798–1874) wurde 1830 Professor in Breslau, 1842 aufgrund seiner »Unpolitischen Lieder« entlassen und des Landes verwiesen. Sechs Jahre war er auf Wanderschaft; erst 1848 (nach der Märzrevolution) wurde er rehabilitiert und mit einer Pension bedacht. 1841 hatte er auf der (damals zu England gehörenden) Insel Helgoland das »Lied der Deutschen« (»Deutschland, Deutschland über alles«) geschrieben.
Das »Auswanderungslied« ist 1846 entstanden. Hoffmann von Fallersleben ist – mit Recht – erbittert über die rücksichtslose Unterdrückung der liberalen und patriotischen Bestrebungen, die seit den Freiheitskriegen gegen Napoleon ein freies und einiges Deutschland erreichen wollten. Die meisten Fürsten aber verharrten in brutaler Restauration, sie verweigerten Verfassungen und ließen die liberal und patriotisch Gesinnten verfolgen. So wanderten viele Deutsche aus.

Frohe Stunden

Jedesmal, wenn frohe Stunden
mir im Herzen stattgefunden,
haben sich mir vorgestellt
auch die Leiden dieser Welt.

Schon, daß gar so sehr verschieden
unsre Lose sind hienieden –
Goethe zwar fand nichts dabei,
doch mir scheint's nicht einwandfrei.

Pilz des Glücks ist dieser eine,
jener Stiefpilz des Geschicks;
einem sind als O die Beine,
andern wuchsen sie als X.

Sorglos aalen sich die Reichen,
andern sind die Gelder knapp,
und noch ungestorb'ne Leichen
senkt zum Orkus man hinab.

Wißt ihr nicht, wie weh das tut,
wenn man wach im Grabe ruht?

Friederike Kempner

Friederike Kempner (der »schlesische Schwan«, 1836–1904) schrieb eine Fülle von ernst gemeinten, aber unfreiwillig komisch wirkenden Gedichten. Viele von ihnen sind mehr als Predigt denn als Kunstwerk gedacht. Die Dichterin war stark engagiert, die Leiden ihrer Zeit zu mildern; deshalb beachtete sie die ästhetische Qualität ihrer Verse nicht so sehr.
Sie kämpfte nicht nur gegen alle Zeitübel, gegen Unsoziales, Vivisektion, Alkohol, Luftverschmutzung, Jagd, Singvogelmord, Einzelhaft auf Lebenszeit, eilfertige Verscharrung (!) der Toten usw.; sie hatte auch – im Gegensatz zu den heutigen engagierten Dichterinnen und Dichtern – praktischen Erfolg! Mit ihren Gedichten und mit zahlreichen Denkschriften an den Kaiser erreichte sie die Abschaffung der lebenslänglichen Einzelhaft und die Errichtung von Leichenhäusern zwecks mehrtägiger Aufbahrung zwischen Tod und Beerdigung. Wilhelm I. nahm bei seiner Anordnung ausdrücklich Bezug auf ihre Denkschriften.
An dem hier abgedruckten Gedicht ist vieles mißraten: »Doch mir scheint's nicht einwandfrei« (unpoetische Sprache), »ungestorb'ne Leichen« (lächerlich wirkender Widerspruch). Am verblüffendsten aber sind die beiden letzten Zeilen; hier ergibt sich trotz der makabren Realität die zum Schmunzeln reizende Frage: War die Dichterin wohl selbst schon in dieser bedauernswerten Lage, wie es ihre Formulierung nahelegt?

3. Ebenen der Deutung

Die Schichten der Bedeutung und Deutung eines dichterischen Werkes korrespondieren mit dem Welt- und Menschenbild des Dichters. So läßt sich ein Gedicht in verschiedenen Ebenen interpretieren. Der extrem naturalistische Dichter sieht das Sein nur als Vielheit von Dingen, Menschenherz und -hirn nur als Organe des Lebewesens Mensch. Eine solch rein materialistische Sichtweise ist selten. Fast alle Dichter haben das innere Wissen, daß diese Welt der Sinne und des Verstandes nicht die einzige Ebene des Daseins ist.
Der Mensch ist Körper-, Sinnen-, Seelen- und Geistwesen. Er reicht mit Organen, die allerdings nicht in allen Menschen entwickelt sind, in höhere Ebenen hinauf; die Schichten seines Wesens lassen sich nicht trennen. So wird ihm vieles auf dieser Erde und in diesem Leben ein Gleichnis. Topos, Symbol und Chiffre im dichterischen Werk lassen Zusammenhänge aufleuchten, die der Leser nachvollziehen muß. Goethe brachte diesen Vorgang auf die Formel: »Was der poetische Geist erzeugt, muß von einem poetischen Gemüt empfangen werden.«
Mit Hilfe seines Wissens und seiner Erfahrungen aus christlicher und antiker Tradition soll der Leser Winke und Anspielungen verstehen und selbst Assoziationen schaffen. Auch Ober- und Untertöne haben ihre Bedeutung. Um diese zu hören, bedarf es eines feinen inneren Ohres. Mancher Dichter verschweigt mehr, als er sagt. –
Wenn Sie bei den folgenden Gedichten mit Gewinn arbeiten wollen, dann decken Sie die Antworten auf die Erschließungsfragen zu, bis Sie selbst Antworten (vielleicht sogar schriftlich) formuliert haben. Die Antworten stehen diesmal *unter* den Fragen.

Spatz und Spätzin

Auf dem Dache sitzt der Spatz,
und die Spätzin sitzt daneben;
und er spricht zu seinem Schatz:
»Küsse mich, mein holdes Leben!

Bald nun wird der Kirschbaum blühn;
Frühlingszeit ist so vergnüglich!
Ach, wie lieb' ich junges Grün
und die Erbsen ganz vorzüglich!«

Spricht die Spätzin: »Teurer Mann,
denke doch der neuen Pflichten!
Fangen wir noch heute an,
uns ein Nestchen zu errichten!«

Spricht der Spatz: »Das Nesterbaun,
Eier brüten, Junge füttern
und dem Mann den Kopf zu kraun,
liegt den Weibern ob und Müttern.«

Spricht die Spätzin: »Du Barbar,
soll ich bei der Arbeit schwitzen,
und du willst nur immerdar
zwitschern und herumstibitzen?«

Spricht der Spatz: »Ich will dir hier
mit zwei Worten kurz berichten:
Für den Spatz ist das Pläsier,
für die Spätzin sind die Pflichten!«

Karl Mayer

a) Woran erkennen wir sofort, daß es sich nicht um ein »Tiergedicht« handelt?
b) Ist das nun ein echtes Emanzipationsgedicht, oder macht der Dichter (er lebte von 1786 bis 1870) sich über die »Emanzen« lustig?
c) (Für die Belesenen:) Finden Sie einen literarischen Anklang oder sogar einen Widerhall auf eine kleine Ballade, die ein Zeitgenosse des Dichters geschrieben hat?

a) Das Gedicht weist zunächst einmal Züge der Fabel auf: Die Tiere reden, sie reflektieren, wie es Menschen tun. Die letzten vier Strophen werden immer eingeleitet durch die Ankündigung des Sprechens. Es findet ein streng abgemessener Dialog statt.
b) Der Dichter karikiert die typisch männlichen Eigenschaften, nur dem Vergnügen nachzugehen und alles Unangenehme der Frau zu überlassen. Der Mann hat das erste und letzte Wort, dieses in epigrammatischer Zuspitzung. Gerade dadurch reizt der Dichter zum Widerspruch; es sieht so aus, als kämpfe er ehrlich für die Emanzipation. Andererseits verlegt er sein Streitgespräch in ein Milieu, das alles »Reden« als lächerlich entlarvt. Dieser Dichter legt sich nicht fest; er ist kein Kämpfer. Er kennt seinen Horaz und will nützen und erfreuen.
c) Conrad Ferdinand Meyer (1825–1898) schrieb die Ballade »Mit zwei Worten«. Hier wird in einer rührenden Geschichte erzählt, wie zur Zeit der Kreuzzüge ein sarazenisches Fürstentöchterlein *mit zwei Worten* (London – Gilbert) ihren Geliebten, dem sie zur Flucht verholfen hat, sucht und findet; wie also die wahre Liebe alle Hindernisse überwindet – selbstlos und rein.

Sie war ein Blümlein...

Sie war ein Blümlein hübsch und fein,
hell aufgeblüht im Sonnenschein.
Er war ein junger Schmetterling,
der selig an der Blume hing.
Oft kam ein Bienlein mit Gebrumm
und nascht und säuselt da herum.
Oft kroch ein Käfer kribbelkrab
am hübschen Blümlein auf und ab.
Ach Gott, wie das dem Schmetterling
so schmerzlich durch die Seele ging.
Doch was am meisten ihn entsetzt,
das Allerschlimmste kam zuletzt.
Ein alter Esel fraß die ganze
von ihm so heiß geliebte Pflanze.

Wilhelm Busch (1832–1908)

a) Fällt hier das Gleichnishafte von Anfang an stärker ins Auge?
b) Empfindet man den Schluß als zu derb?

a) Ja, die erste und dritte Zeile erklären bündig, daß es sich um ein Mädchen und einen Burschen handelt.
b) Der Schluß ist etwas vorbereitet durch Biene und Käfer und vor allem durch die Ankündigung in der drittletzten Zeile. Tragik und brutales Schicksal sind hier mit unnachsichtigem Spott relativiert.

Im Park

Ein ganz kleines Reh stand am ganz kleinen Baum
still und verklärt wie im Traum.
Das war des Nachts elf Uhr zwei.
Und dann kam ich um vier
morgens wieder vorbei.
Und da träumte noch immer das Tier.
Nun schlich ich mich leise – ich atmete kaum –
gegen den Wind an den Baum
und gab dem Reh einen ganz kleinen Stips.
Und da war es aus Gips.

Joachim Ringelnatz (1883–1934)

a) Handelt es sich hier um eine Miniatur-Ballade, die eine Sinnestäuschung anmutig erzählen will?
b) Auf welche Ebenen können wir transponieren?

a) Darum handelt es sich auch; aber einige Wörter lassen uns aufhorchen: zweimal in der ersten Zeile *ganz klein*; Zeile 2: *still und verklärt*; Zeile 6: *träumte*.
b) Zunächst auf die Ebene der Quantität: *Ganz klein* braucht eben durchaus nicht ganz süß, ja ätherisch zu sein (Schmuckstücke, kleines Kind); dann auf

die Ebene der Qualität: Manche menschliche Wesen geben sich hold, lieblich und romantisch, sind aber hart wie Gips, ja seelenlos. Sicher liegt die Ursache für die Sinnes- und Erkenntnistäuschung meist beim Betrachtenden: Der äußere Schein lähmt sein gesundes Unterscheidungs- und Denkvermögen.

Zwei Segel

Zwei Segel erhellend
die tiefblaue Bucht!
Zwei Segel sich schwellend
zu ruhiger Flucht!

Wie eins in den Winden
sich wölbt und bewegt,
wird auch das Empfinden
des andern erregt.

Begehrt eins zu hasten,
das andre geht schnell,
verlangt eins zu rasten,
ruht auch sein Gesell.

Conrad Ferdinand Meyer (1825–1898)

a) Kommen Ihnen diese drei Strophen wie ein kurzer Filmausschnitt vor, den ein Beschauer vom Ufer aus gedreht hat?
b) Welche Wörter geben Ihnen einen Wink, daß es sich bei den Segelschiffen um Dingsymbole handeln könnte?
c) Wenn Sie den Gedanken des Symbols zu Ende führen – wofür stehen also wohl die Segel?

a) Conrad Ferdinand Meyer ging immer von der Realität aus. Er hat dieses Bild sicher so gesehen, und zwar von seinem Haus in Kilchberg hoch über dem Zürcher See.
b) Schon das Wort *ruhige Flucht* drückt Willen aus; die Wörter *empfinden, begehren, verlangen* und *Gesell* gehören dem menschlichen Sprachbezirk an.
c) Die Segel stehen für zwei Menschen, die im Leben zusammengefunden haben. Der Wind ist ein alter Topos für den Anhauch des (göttlichen) Geistes. Der Eigenwille des einzelnen ist aufgehoben in der Unterordnung unter die allumfassende Harmonie. So sieht Conrad Ferdinand Meyer den Gleichklang zweier Seelen.

In der Traumstadt...

In der Traumstadt ist ein Lächeln stehngeblieben.
Niemand weiß, wem es gehört.
Und ein Polizist
hat es schon dreimal aufgeschrieben,
weil es den Verkehr
dort, wo es stehngeblieben,
stört.
Und das Lächeln weiß auch nicht,
wem es gegolten.
Immer müde lächelnd steht es da.

Kaum beachtet
und gescholten und geschubst und weggedrängt –
nun ja...
Langsam schleicht es sich von hinnen.
Doch auf einmal wird es licht,
verklärt,
und dann geht es ganz nach innen,
und du weißt,
wem es gegolten und gehört.

Peter Paul Althaus

a) Bei der *Traumstadt* handelt es sich um Schwabing (Stadtteil von München), zu deren Bürgermeister sich Peter Paul Althaus (1892–1965) selbst erkoren hatte. – Empfinden Sie die Zeilen als eine Hymne oder eine Elegie?
b) Was soll die surrealistische Einkleidung?
c) Wie deuten Sie die letzten fünf Zeilen?

a) Das Gedichtlein ist ein Zwitterding: Es drückt Liebe, Glück der Erinnerung und Wehmut aus; diese schlägt dann in innere Freude um.
b) Der Dichter will die seelische Atmosphäre dieses Münchner Stadtteils nachempfinden lassen, diese kaum greifbare, in sich versunkene, weltfremde Heiterkeit, die nicht mehr in unsere Zeit paßt.
c) Schwabing, das mit seiner verträumten und verrückten Atmosphäre für viele Künstler nicht ein Stadtteil, sondern eine Lebensform war – dieses alte Schwabing gibt es nicht mehr. Der Genius Loci ist unsterblich und wirkt in denen weiter, die gleicher Gesinnung sind.

Venetianische Epigramme, Nr. 6

Diese Gondel vergleich' ich der sanft einschaukelnden Wiege,
und das Kästchen darauf scheint ein geräumiger Sarg.
Recht so! Zwischen der Wieg' und dem Sarg wir schwanken und schweben
auf dem großen Kanal sorglos durchs Leben dahin.

Johann Wolfgang von Goethe (1749–1832)

a) Was wissen Sie über das Wesen des Epigramms?
b) Kennzeichnen Sie kurz die äußere Form, und leiten Sie daraus den Gedankengang ab!
c) Goethe hat dieses Epigramm im Frühjahr 1790 in Venedig geschrieben; er mußte die Herzogin Anna Amalie aus Italien abholen. Zu Hause wartete auf ihn seine Lebensgefährtin Christiane mit dem kleinen Sohn August, der im Dezember 1789 geboren war. Sehen Sie Zusammenhänge?

a) Ursprünglich war das Epigramm eine Aufschrift auf Gebäuden, Kunstwerken, Weihegeschenken, Grab- und Denkmälern zur Erläuterung ihrer Bedeutung; noch im alten Griechenland vollzog sich eine Wandlung, und diese Dichtart wurde benutzt »zur einprägsamen Ausformung von Gefühlen, Stimmungen und geistreichen Gedanken um den bezeichneten Gegenstand« (Gero von Wilpert).

b) Es handelt sich um zwei Distichen (jeweils Hexameter und Pentameter). Das erste Distichon bezeichnet die Situation (die Kasten der Gondeln sind auch heute noch mit schwarzem Tuch beschlagen), das zweite deutet sie knapp aus.

c) Selbstverständlich erinnert das Bild der Wiege an das kleine Wesen zu Hause. Die Assoziation geht noch weiter, nämlich zum Wasser als Topos des lebenspendenden Mütterlichen; der Kanal wird die Lebensstraße; die Wiege trägt bereits den Sarg in sich; unser Leben ist, biologisch gesehen, ein langsames Sterben.

Ein großer Teich war zugefroren

Ein großer Teich war zugefroren,
die Fröschlein, in der Tiefe verloren,
durften nicht ferner quaken noch springen,
versprachen sich aber, im halben Traum,
fänden sie nur da oben Raum,
wie Nachtigallen wollten sie singen.
Der Tauwind kam, das Eis zerschmolz,
nun ruderten sie und landeten stolz,
und saßen am Ufer weit und breit
und quakten wie vor alter Zeit.

Johann Wolfgang von Goethe

a) An Goethes Alterswerken (dieses Gedicht hat er mit etwa 75 Jahren geschrieben) hat man hervorgehoben, daß er »jedem Ereignis etwas Allgemeines abgewinnen oder hinzufügen könne« (Erich Trunz). Wo sehen Sie hier das Allgemeine?

b) Könnte dieses Gedicht auch eine Kritik einzelner Personen oder eine Gesellschaftskritik sein?

a) Ein Frosch bleibt ein Frosch; kein Geschöpf kann über sein innerstes Wesen hinauskommen; dieses ist festgelegt, bestimmt. (Vgl. »Urworte Orphisch, Dämon«, oben S. 59)

b) Es ist bekannt, daß im Alterswerk Goethes gesellschaftskritische Gedichte und Gedichte an Personen eine große Rolle spielen. Viele hat Goethe unterdrückt und nicht für den Druck freigegeben. Andererseits hatte er keinen Grund, seine eigene Gesellschaft, die Weimarer, grob anzugreifen. Dieses Gedicht ist sicher ein verhüllter Spott auf Emporkömmlinge, Großtuer und Wichtigmacher, die sich selbst maßlos überschätzen. Die Gebildeten um Goethe kannten aus den Fabeln der Weltliteratur den aufgeblasenen Frosch und wußten, daß er immer wieder in die »Suhl« (Reich des Frosches) springt, »und säß' er auch auf gold'nem Stuhl«.

Die zwei Parallelen

Es gingen zwei Parallelen
ins Endlose hinaus,
zwei kerzengerade Seelen
und aus solidem Haus.

Sie wollten sich nicht schneiden
bis an ihr seliges Grab:
Das war nun einmal der beiden
geheimer Stolz und Stab.

Doch als sie zehn Lichtjahre
gewandert neben sich hin,
da war's dem einsamen Paare
nicht irdisch mehr zu Sinn.

War'n sie noch Parallelen?
Sie wußten's selber nicht, –
sie flossen nur wie zwei Seelen
zusammen durch ewiges Licht.

Das ewige Licht durchdrang sie,
da wurden sie eins in ihm;
die Ewigkeit verschlang sie
als wie zwei Seraphim.

Christian Morgenstern

a) Chr. Morgenstern (1871–1914) bedient sich einer surrealistischen Einkleidung. Will er schockieren, Erkenntnisse vermitteln oder predigen?

b) Was alles könnten die Parallelen symbolisieren? Gibt uns der Dichter selbst Hinweise?

a) Chr. Morgenstern verwendet die Chiffre der Parallele vieldeutig. Er wußte: »Gottes materielle Erscheinung ist notwendig grotesk.« Er suchte den Sinn hinter der platten Wirklichkeit unserer Sinne und unseres Verstandes. Seine Überzeugung war, daß »die Schwerfälligkeit des sogenannten physischen Plans, der heute mit dem ganzen bitteren Ernst einer gott- und geistlos gewordenen Epoche als die alleinige und alleinseligmachende Wirklichkeit dekretiert wird, heiter behoben werden muß.« So kann er mit diesem kleinen Gedicht den Leser schockieren, er kann seine enge Weltsicht erschüttern und ihm predigen: Erkenne dich selbst und das Wesen der Dinge! Denke nach über die Sinnlosigkeit der Logik!

b) Die Parallelen könnten zwei Menschen symbolisieren, die (vielleicht in der Ehe) lange nebeneinander hergehen, bis sie sich als nicht mehr getrennt Existierende erkennen. Hinweise zur Deutung kommen vom Dichter aus der religiösen Sphäre, so daß klar wird, daß letztlich ein mystischer Prozeß gemeint ist; dieser spielt sich in der höchsten Geistsphäre Gottes ab und kommt in seiner unmittelbaren Nähe zu Ende (Seraphim!). »Morgenstern lebt in einer Sphäre, an der wir nur mit meditativ zu entwickelnden übersinnlichen Organen bewußt teilnehmen können« (Martin Beheim-Schwarzbach).

Preislied auf eine Seifenblase

Seifenblase, himmelwärts verloren,
aus Entzücken an der Welt geboren
und aus eines Kindes Vaterhand
in den Wind auf Wanderschaft gesandt.

Schaumgeborene und Schaumgesäugte,
in der Taufe wunderlich Erzeugte,
mühelos geboren durch ein Kind:
Adamsatem, Gottesatem, Wind.

Du Gestalt aus nichts als heiler Hülle,
du aus Leere übervolle Fülle,
Wiederholung des verlornen Alls,
Wiederheilung seines Sündenfalls.

Durchsichtbare Haut und selber sehend,
Äußeres als Inneres verstehend,
mit der Milch der Mutter schlafgestillt,
Ebenbild aus lauter Ebenbild.

Auf dem Meeresgrunde einer Schüssel
schliefst du, Himmelsschloß und Himmelsschlüssel,
Herz, in dem das Herz des Himmels schlief,
bis dich dein Beruf ins Licht berief.

Sieh, und wo wir Menschen uns mit Jammern
jämmerlich an einen Strohhalm klammern,
makellos und nabellos, ein Ei,
gibst du ihn um Gottes Willen frei.

Peter Gan

a) Lösen Sie Ihren Blick für eine kurze Zeit von dem Gedicht! – Welche Vorstellungen verbinden Sie mit einer Seifenblase?

b) Wir stehen etwas ratlos vor der Bilderfülle und dem wuchernden Assoziationsgeflecht dieses Gedichts. Wir wollen hier nicht alles auflösen; aber den drei wichtigsten Reihen von Gedankenbildern wollen wir nachgehen:

α) Was sagt der Dichter P. Gan (1894–1974) über die Gestalt der Seifenblase aus, und was symbolisiert diese?

β) Welche Assoziationen verbindet er mit der Entstehung der Seifenblase?

γ) Inwiefern kann die Seifenblase uns den Weg zum ewigen Heil weisen?

c) Was ist wohl die letzte, die hintergründigste Absicht des Dichters? (Man hat Peter Gans Poesie eine »neue Variante der deutschen Innerlichkeit« genannt.) Geht es hier um aufdringliche Tiefgründelei?

a) Das Bunte, Schimmernde, Schillernde der zerbrechlichen, hauchdünnen, glasähnlichen Kugel – schließlich ihr lautloses Platzen; Kinderzeit, glückliches Jauchzen, Bangen, Erschrecken.

b) α) Die Gestalt ist eine Kugel; diese ist Symbol der vollkommenen Form, der Vollkommenheit schlechthin. Die Seifenblase kann nur bestehen, wenn die Hülle heil ist. Sie hat keine eigene Farbe; ihr Wesen ist es, ihre Umgebung zu spiegeln.

β) Die Entstehung der Seifenblase läßt sich nur paradox darstellen: Ein Kind ist der Vater; wie Gott dem Adam, so bläst ein Adamskind (also Gotteskind) dem Kugelwesen den Atem ein; Atem = Wind; Wind = Topos für den Geist Gottes. Die Hülle ist aus Schaum geboren (Hinweis auf die Geburt der Aphrodite, der Göttin der Schönheit!); die Schüssel ist für sie der Meeresgrund.

γ) Die erste und die letzte Zeile sagen es ganz deutlich: Die Seifenblase hat keinen eigenen Willen; sie erfüllt den Willen Gottes. So steht es bei Dante

(Paradiso, 3. Gesang, Vers 85: »In seinem Willen ist unser Friede.«), und dieser hat die für einen Christen einzig mögliche Einstellung aus dem Evangelium. Auch der Mensch ist wie die Seifenblase zum Ebenbild erschaffen; auch er wirkt nicht, sondern Gott wirkt durch ihn. Die Seifenblase ist geboren aus Wasser und Geist und zeigt somit dem Menschen, wie der Sündenfall geheilt werden kann (vgl. Joh. 3,5). Der Mensch klammert sich ans Materielle, sprichwörtlich oft an einen Strohhalm. Erst wenn wir alles loslassen, können wir Gott finden.

c) Hier ist ein Dichter, der den Schleier der Maya (indisches Wort für die unerklärliche kosmische Illusion, die dem in Nichtwissen Befangenen die Erkenntnis seiner Identität mit dem Allwesen verhüllt) gewaltig beutelt. Er läßt sich nicht täuschen von Oberflächen; er sieht, wie alles sich berührt, aufeinander einwirkt, sich wechselseitig spiegelt und erhellt. Dazu gibt der Dichter einen guten Schuß Humor. Knirschender Ernst ist nicht seine Sache. Jede Aussage, auch über die Seifenblase, bleibt in der Schwebe – wie die Seifenblase selbst. Deshalb auch die vielen Wortspiele, die schwanken zwischen Kauzigkeit und Hintersinn.

Es ist Feuer unter der Erde

Es ist Feuer unter der Erde,
und das Feuer ist rein.

Es ist Feuer unter der Erde
und flüssiger Stein.

Es ist ein Strom unter der Erde,
der strömt in uns ein.

Es ist ein Strom unter der Erde,
der sengt das Gebein.

Es kommt ein großes Feuer,
es kommt ein Strom über die Erde.

Wir werden Zeugen sein.

Ingeborg Bachmann

a) Kann die Dichterin wirklich Feuer unter der Erde, den glutflüssigen Magma-Brei um den Eisen-Nickel-Kern, gemeint haben?

b) In einem anderen Gedicht dieses Zyklus erwähnt die Dichterin auch das *Festland*. Der Doppelsinn dieses Wortes (gemeint ist dort Italien; aber auch ein sicheres Land, das nicht bebt, auf das man sich verlassen kann) ist klar. Wo hört aber der Leser dieses kurzen Gedichts, daß Ingeborg Bachmann (1926–1973) an eine zweite Ebene der Aussage denkt?

c) Läßt sich das Gedicht auch als Mahnung verstehen, die Unbeständigkeit des menschlichen Lebens zu bedenken?

a) Ja; dieses Gedicht ist das letzte einer locker gereihten Kette von Gedichten, die unter der Überschrift »Lieder von einer Insel« von Glück und Abschied zweier Menschen sprechen, die sich auf einer Insel im Mittelmeer aufhielten. Die Insel, die mit ihrer heidnisch-christlichen Festlichkeit vorgestellt wird, dürfte Ischia sein, wo Ingeborg Bachmann längere Zeit weilte. Und diese Insel ist vulkanisch! Hier erleben die Liebenden, »daß die Krater nicht ruhen«. Auch das »Festland« solle das hören.

b) Zunächst leuchtet nicht ein, warum das Feuer »rein« ist; ebenso unklar ist, wie der flüssige Gesteinsstrom in uns einströmt und das Gebein sengt. Dann aber gewinnt die Aussage apokalyptische Wucht. Ob wir *Zeugen* eines Vulkanausbruchs oder eines Weltuntergangs sein werden oder ob das Jüngste Gericht gemeint ist, läßt die Dichterin offen.

c) Ja, selbstverständlich; das wäre die Verallgemeinerung der speziellen Befürchtung: Das Los des Menschen und der ganzen Menschheit ist ungewiß.

Der Augenblick des Fensters

Jemand schüttet Licht
aus dem Fenster.
Die Rosen der Luft
blühen auf,
und in der Straße
heben die Kinder beim Spiel
die Augen.
Tauben naschen
von seiner Süße.

Die Mädchen werden schön
und die Männer sanft
von diesem Licht.
Aber ehe es ihnen die anderen sagen,
ist das Fenster von jemandem
wieder geschlossen worden.

Karl Krolow (geb. 1915)

a) Welches sind die Schlüsselfragen für das Verständnis?
b) Wie ist das Licht beschaffen, das *ausgeschüttet* wird?
c) Steht das Wort *Licht* für eine andere Wirkkraft?
d) Wofür kann das *Fenster* stehen?
e) Wer könnte der *Jemand* sein?

a) Wer ist dieser Jemand, der zuerst Licht ausschüttet und das Fenster so schnell wieder schließt?
Um welche Art von Licht handelt es sich?

b) Die Eigenschaften des Lichts werden nicht weiter beschrieben, jedoch die Wirkungen: Das Licht fördert, hilft, macht reicher, schöner und besser.

c) Es steht für Liebe. Sie verleiht den Dingen und Lebewesen einen helleren Glanz und verwandelt die Menschen in engelhafte Geschöpfe.

d) Für die Erfahrung, daß es nur ab und zu glückliche, glückerfüllte Augenblicke im Leben gibt, in denen beseligende Fülle einströmt.

e) Es kann ein Mensch sein, der Glück und Liebe spendet; aber auch ein überirdisches Wesen. Die Griechen kannten den Kairos, den glücklichen Augenblick. Christen kennen die Gnade Gottes, die den Menschen als Leib- und Geistwesen erhält. Aber die Geschöpfe sind der Zeitlichkeit verhaftet; darum ist Glück von kurzer Dauer. Wenn dieser Jemand, der am Schalthebel des Segens sitzt, zu benennen wäre, hätte ihn der Dichter benannt. Das Unsagbare ist eben nur anzudeuten.

IV. Erschließung von traditionellen Gedichten

Ebenbild unseres Lebens

Der Mensch, das Spiel der Zeit, spielt, weil[1] er allhie lebt
im Schauplatz dieser Welt; er sitzt, und doch nicht feste.
Der steigt, und jener fällt, der suchet die Paläste
und der ein schlechtes Dach; der herrscht, und jener webt.

Was gestern war, ist hin; was itzt das Glück erhebt,
wird morgen untergehn; die vorhin grüne Äste
sind nunmehr dürr und tot; wir Armen sind nur Gäste,
ob[2] den' ein scharfes Schwert an zarter Seide schwebt.

Wir sind zwar gleich am Fleisch, doch nicht von gleichem Stande:
Der trägt ein Purpurkleid, und jener gräbt im Sande,
bis nach entraubtem Schmuck der Tod uns gleiche macht.

Spielt denn dies ernste Spiel, weil es die Zeit noch leidet,
und lernt, daß, wenn man vom Bankett des Lebens scheidet,
Kron, Weisheit, Stärk und Gut sei eine leere Pracht!

Andreas Gryphius

a) Beschreiben Sie die Gestalt des Gedichts: Form, Strophen und Verse.
b) Welche der im Text vorkommenden Gedanken und Motive sind typisch für die Barockdichtung? (Andreas Gryphius lebte von 1616 bis 1664.)
c) Weisen Sie an Wortwahl und Stil typische Kennzeichen der Barocklyrik nach!
d) Verfolgen Sie das Hauptmotiv und seine antithetische Gestaltung! Beachten Sie die Überschrift!
e) Welche Absicht verfolgt der Autor?

a) Gryphius wählte die beliebteste Gedichtform des Barocks, das Sonett. Diese Form unterstützt die rationale Denkweise und die genau austarierte Aussage am besten. Die erste Strophe, ein Quartett, bringt die These: Der Mensch ist das Spiel der Zeit. Im zweiten Quartett wird diese These durch Vergleich variiert: Wir sind Gäste = Gastspieler auf dieser Erde. Das erste Terzett betont die Gleichheit aller Menschen hinter aller Ungleichheit. Das ist hinter allem Auf und Ab des Spiels eine konstante Größe; hier wirkt dieser Gedanke wie eine Antithese. Im zweiten Terzett, der Abschlußstrophe, faßt der Dichter in einer Synthese Spiel, Genuß und Nichtigkeit des Daseins zusammen. – Auch der Vers ist dem Bedürfnis des Dichters, klar, rational und antithetisch zu formulieren, angemessen. Es handelt sich um den Alexandriner (sechsfüßiger Jambus), der fast immer in der Mitte (nach der dritten Hebung) eine Zäsur aufweist. So läßt sich mancher Gegensatz in einem einzigen Vers mit großer Eindringlichkeit zur Sprache bringen. – Das Reimschema des Sonetts, das Ausgezirkelte und Litaneihafte, verstärkt die Aussage: Die beiden Quartette kom-

1 weil = solange 2 ob = über

men mit zwei Reimen aus, die sich viermal wiederholen. Im Terzett weicht der Dichter etwas vom Petrarca-Sonett ab und reimt statt cdc dcd in einer leichten Variante ccd eed. Am Ende jeder Strophe steht jeweils ein stumpfer Reim, der den Worten besonderen Nachdruck verleiht; diese Funktion hat vor allem das starke Wort *Pracht* in der letzten Zeile des Gedichts.

b) Das Motiv der Vergänglichkeit kehrt in vielen Barockgedichten wieder. Die meisten Menschen jener Zeit lebten im Genuß des Augenblicks; dabei sehnten sie sich nach Dauerhaftigkeit. Der Gedanke des Spiels durchzieht das ganze Gedicht; die Welt ist eine Bühne, ein großes Welttheater. Dazu gehört auch das Festmahl, das man noch im Angesicht des Todes genießt. Zur Zeit des Dreißigjährigen Krieges waren den Menschen Schrecken aller Art nur zu bekannt.

c) Zunächst fallen die scharfen Gegensätze auf (Zeilen 3, 4, 5, 6/7, 10); dann die Oxymora (*ernstes Spiel*, Zeile 12; *leere Pracht*, Zeile 14). Diese zeigen auf engstem Raum die Täuschung des Lebens. Dem Dichter kommt es nicht darauf an, ein individuelles Erlebnis darzustellen; er variiert literarische Vorbilder. So liebt Gryphius geistreiche Metaphern (*der Mensch, das Spiel der Zeit*), Bilder (*der steigt, und jener fällt*) Preziosenmotive (*entraubter Schmuck, Purpurkleid, Bankett, Pracht*) und Parallelismen (Zeilen 3 und 4). Selbstverständlich läßt er auch eine Anspielung auf die Antike nicht aus (Zeile 8: Schwert des Damokles). So zeigt der Dichter Gelehrsamkeit, geistige Beweglichkeit und Spielfreude – Ausflüsse eines geschliffenen Witzes, wie er an den Höfen der damaligen Zeit sehr beliebt war.

d) Das Hauptmotiv ist die Stellung des Menschen zu der Zeit. Die Zeit wird als Macht angesehen, die dem Menschen eine Rolle in dieser Welt zuweist. Sein Dasein vollzieht sich wie auf einer Bühne. Er kann nicht in sein Schicksal eingreifen: »*Der steigt, und jener fällt.*« Das Theater ist das Abbild unseres Lebens. Das erste Terzett variiert diesen Gedanken ins Soziale: Jedem Menschen ist eine Rolle in seinem Stande zugewiesen; in diesen wird er hineingeboren oder emporgehoben. Das letzte Terzett kehrt das Verhältnis vom Menschen zur Zeit um. Jetzt wird der Mensch aufgerufen, aktiv zu sein; aber das gelingt auch nur, solange die Zeit es duldet. Die Antithese bezeichnet also die Spannung zwischen Mensch und Zeit: Die Zeit ist entweder des Menschen Herr, oder der Mensch ist Herr der Zeit. Der Tod ist stärker als beide; er beendet unser Leben und die Zeit.

e) Der Autor will uns das oben geschilderte Spannungsverhältnis bewußt machen. Er will uns aufrütteln: Denkt an die Vergänglichkeit des Irdischen! Meistert das Leben! Er mahnt den Leser, im Trubel des Lebens den Tod nicht zu vergessen. Dann ist das Spiel aus. So läßt das letzte Terzett einen Kanzelton anklingen und weist uns auf die Moral dieser Vorstellung hin. Hinter dem Prunk der Verse und Formen steht eine nüchterne Predigt.

Auf dem See

Und frische Nahrung, neues Blut
saug' ich aus freier Welt;
wie ist Natur so hold und gut,
die mich am Busen* hält!
Die Welle wieget unsern Kahn
im Rudertakt hinauf,
und Berge, wolkig himmelan,
begegnen unserm Lauf.

Auf', mein Aug', was sinkst du nieder?
Goldne Träume, kommt ihr wieder?
Weg, du Traum, so gold du bist:
Hier auch Lieb' und Leben ist.

Auf der Welle blinken
tausend schwebende Sterne,
weiche Nebel trinken
rings die türmende Ferne;
Morgenwind umflügelt
die beschattete Bucht,
und im See bespiegelt
sich die reifende Frucht.

Johann Wolfgang von Goethe (1749–1832)

a) Was fällt bei diesem Gedicht äußerlich zuerst auf?
b) Welche Blickrichtung (Perspektive) des Dichters läßt sich in den einzelnen Strophen feststellen?
c) Welche gegensätzlichen Motive erkennen Sie?
d) Beschreiben Sie, wie die verschiedenen Rhythmen und Metren aus dem äußeren und inneren Erlebnis hervorgehen!
e) Geben die vier letzten Verse einen Eindruck oder mehr?
f) Wie wird das Wasser in diesem Gedicht zum Sinnträger?

a) Das Gedicht hat 20 Verse von unterschiedlicher Länge. Jedoch ist die Einteilung in drei Strophen (8, 4, 8 Verse) symmetrisch. Beim Lesen merkt man, daß sich der Rhythmus stark ändert. Das ist sehr ungewöhnlich.
b) Der Dichter ist in der ersten Strophe ganz Auge für die ihn umgebende Natur; er schaut hinauf in die Berge und Wolken. In den Zeilen 1 bis 4 sieht er die Natur als die große, liebe Mutter an, die er stürmisch preist. Dann nimmt er sie wahr als See- und Bergwelt. Die zweite Strophe beginnt mit einer Reflexion: Der Dichter schaut in sich hinein. Aber er reißt sich sofort in die Wirklichkeit zurück. In der dritten Strophe blickt er gelassen in die nähere Umgebung; er schaut in die Runde; eine Art Kreisbewegung ist zu spüren (*umflügelt*); der Dichter erkennt einen fast idyllischen Frieden.
c) Die entscheidenden Motive sind Außen und Innen: Landschaft als See und Gebirge einerseits und Seelenlandschaft andererseits. Damit verknüpft sind Gegenwart und Erinnerung. Die beiden Außenstrophen, die Erlebnis und

*Busen = damals noch: Brust

Wahrnehmung nachzeichnen, rahmen symmetrisch mit je acht Zeilen die kurze Reflexionsphase ein. Diese ist in sich wieder symmetrisch geteilt: zwei Verse Erinnerung und zwei Verse Abkehr davon. – Weitere Gegensatz-Motive sind: Hingegebensein (Zeilen 1–4) und Wille (Zeile 11); Heiterkeit und Schmerz.

d) Die ersten acht Zeilen sind im steigenden Rhythmus geschrieben (abwechselnd drei- und vierhebige Jamben mit jeweils stumpfer Kadenz); sie beginnen wie ein Jubelruf, noch dazu mit einem höchst ungewöhnlichen *und*, so, als fühle der Dichter hörbar weiter, was in ihm bisher vorgegangen ist. Er läßt den Leser auch sofort am Geschehen teilhaben. Die drei- und vierfüßigen Jamben entsprechen dem Takt der Ruderschläge, das Schwanken spüren wir vielleicht in der Alliteration *die Welle wieget*. Die kurzen Zeilen mit den Enjambements zwischen 1 und 2, 5 und 6 und 7 und 8 verdeutlichen das schnelle Dahingleiten des Boots. – Der fallende Rhythmus der zweiten Strophe gibt eine entgegengesetzte Richtung des Sehens an. Bei den beiden ersten Versen wird der schwankende Zweifel in den weiblichen Kadenzen sichtbar, den festen Entschluß zeigen die kurzen männlichen Endreime in den beiden nächsten Versen. – Die dritte Strophe besteht aus freien Rhythmen, die sich weitgehend aus metrischen Fesseln gelöst haben. Jeder Vers trägt zwei Sinngipfel; alle Reime klingen, mit Ausnahme der Verse 18 und 20. Diese setzen hinter die gehobene Seelenstimmung einen markanten Schlußpunkt.

e) Die vier letzten Zeilen geben über den Eindruck einer in sich ruhenden glücklichen Landschaft hinaus ein Symbol für ein zukünftiges harmonisches Leben. Das Ich des Schauenden fehlt hier; und doch ist gerade dieser Abschnitt »reine« Anschauung. Der Mensch scheint geläutert, mit sich eins; so tritt er neu der Natur gegenüber und sieht diese mit anderen Augen: Sie ruht in sich, bespiegelt sich in einer (fast seligen) Harmonie. Das Feste und das Bewegte sind gemischt; alles wirkt gelöster. Äußere und innere Unruhe sind verschwunden. Logisch ist die dritte Strophe eine Synthese aus Hochstimmung, Nachdenklichkeit und Entschluß: Ruhe, äußerer und innerer Friede. Fügen wir ein Wort von Goethe an: »Der Dichter verwandelt das Leben in ein Bild. Die Menge will das Bild wieder zu Stoff erniedrigen.«

f) Das Wasser als Topos für das Flüssige, Lebendige bringt den Dichter zunächst in gewaltige Bewegung; von dieser wird er geschüttelt. Dann aber erfüllt sich das Wasser mit Licht, es wird durchsichtig und zum glänzenden Abbild des Himmels; so wird es Licht und weist den Weg zum harmonischen Ausgleich.

Mondnacht

Es war, als hätt' der Himmel
die Erde still geküßt,
daß sie im Blütenschimmer
von ihm nun träumen müßt'.

Die Luft ging durch die Felder,
die Ähren wogten sacht,
es rauschten leis die Wälder,
so sternklar war die Nacht.

Und meine Seele spannte
weit ihre Flügel aus,
flog durch die stillen Lande,
als flöge sie nach Haus.

Joseph Frh. v. Eichendorff

a) Was überwiegt in diesem Gedicht: Bild, Gedanke oder Ton?
b) Welche Grundhaltung des Dichters erkennen Sie?
c) Welches Motiv wird jeweils in einer Strophe gestaltet?
d) Ändert sich die Blickrichtung des Dichters während des Gedichts?
e) Eichendorff (1788–1857) gehörte der sogenannten zweiten Generation der Romantiker an. Ist das Gedicht typisch romantisch?
f) Welche Rolle spielt das lyrische Ich?
g) Inwiefern ist der Rhythmus der Aussage angemessen?
h) Entsprechen Metrum und Reim dem Rhythmus?
i) Welche besonderen sprachlichen Figuren entdecken Sie? Was bewirken diese?
j) Finden Sie volksliedhafte Elemente?
k) Halten Sie es für wahrscheinlich, daß dieses Gedicht vertont wurde?
l) Handelt es sich um »Bekenntnislyrik«?

a) Das Ton-Element tritt vor dem bildlichen Gehalt zurück. Bild und Gedanke sind eine Einheit geworden. Und doch hat Adorno über Eichendorff-Gedichte gesagt: »Sie klingen oft, als seien sie mit dem Bogenstrich gespielt.«

b) Der Dichter ist ein frommer Mensch; er steht der Natur liebend und bewußt gegenüber. Seine Seele denkt an die himmlische Heimat.

c) 1. Strophe: Umfassender Blick in die Weite: Himmel und Erde
2. Strophe: Blick in die nähere Umgebung mit Aufblick zu den Sternen
3. Strophe: Flug der Seele

d) Er schaut zunächst zum sichtbaren Himmel; am Ende denkt er an den unsichtbaren Himmel. Das letzte Wort von Vers 1 ist *Himmel*, das letzte Wort des letzten Verses ist *Haus* (= ewige Seligkeit).

e) Das Gedicht ist typisch romantisch; denn über allem Schwärmen in der Mondnacht (was auch schon romantisch ist) steht die Sehnsucht nach der ewigen Heimat. Das Diesseits kann der Menschenseele nicht genügen. Allerdings wird kein reiner Einklang erreicht; die Ambivalenz von Freude und Trauer (ein weiterer Zug der Romantiker) ist am deutlichsten zu erkennen in dem zweimaligen *als ob*: Weder kann die Erde den Himmel erreichen, noch der Mensch in einem sehnsüchtigen Aufschwung die ewige Heimat.

f) In den beiden ersten Strophen registriert der Dichter fast unpersönlich, was um ihn herum vorgeht. In der letzten Strophe empfindet er sich als Teil der Natur und zugleich als Teil der Übernatur. Der Dichter sieht mit den Augen des Körpers und der Seele.

g) Der Rhythmus ist klar, fest, bauend. In jeder Zeile sind zwei besonders zu betonende Silben. Diese fast gesetzmäßige Strenge ist Ausfluß der beherrschten Haltung des Dichters. Ausladende Gefühlsseligkeit ist nicht anzutreffen.

h) Formal betrachtet, steht das Metrum dem Rhythmus entgegen, denn das Metrum ist ein dreifüßiger Jambus. Die jeweils erste und dritte Zeile hat eine klingende Kadenz. So überspielen die zwei Betonungen des Rhythmus die drei Hebungen des Metrums. Die klingenden Endungen sind unrein; das ist kaum beabsichtigt, aber der Dichter nimmt dies wohl nicht wichtig. Die Zeilen mit dem stumpfen Reim geben dem Gedicht ein festes Gerüst. Der Dichter hat sich also in souveräner Art des Metrums und des Reims bedient.

i) In der ersten Strophe könnten die vielen i- und ü-Laute nicht ganz unabsichtlich die mondbeglänzte Landschaft malen. Die Enjambements zwischen den Zeilen 1 und 2, 3 und 4, 9 und 10 verdeutlichen die innere Bewegung, die nicht in einer einzigen Zeile auszudrücken ist. Auch das Spiel der betonten Endvokale ist reizvoll: Es geht von ü über a zu au. Das *so* am Anfang der 8. Zeile ist unlogisch. Stimmung ist eben logisch nicht zu fassen. – Himmel und Erde sind personifiziert, ebenso die Luft. Diese Ansicht des Dichters wirkt sogar noch weiter auf Felder, Ähren und Wälder. Die Luft (Wind) läßt sich auffassen als Atem und Manifestation Gottes.

j) Die einfache, schlichte Sprache läßt an das Volkslied denken. Eichendorff traf mit bewußter Artistik diesen Ton.

k) Das Gedicht wurde oft vertont; die bekanntesten Vertonungen stammen von Robert Schumann und Johannes Brahms.

l) Das Wort »Bekenntnislyrik« ist etwas hoch gegriffen. Das Gedicht ist das fünfte in einem Liederkreis, wie sie damals sehr beliebt waren. Rollenlyrik und Aussprechen eigener Gedanken und Gefühle gehen wohl ineinander über. Das Gedicht vermittelt den Gesamteindruck, daß das Draußen selbst zu Wort und Klang wird und das Lied der erlösten Seele singt.

• Überlegen Sie, wie folgende *Mißdeutungen* zustande kommen konnten. (Dekken Sie zunächst die rechte Hälfte der Seite zu!)

»Aus diesen herrlichen Wörtern hört man die Klänge der Nacht duften.«	Verunglückte, um poetische Ausdrucksweise bemühte Bemerkung! Über Gedichte soll man nicht selbst dichten!
»Der Dichter sehnt sich nach Glück und nach seinem Haus; wahrscheinlich auch nach seiner Frau; denn der Mond scheint herunter.«	Der Verfasser hat die letzte Strophe nicht verstanden. Der Mond ist natürlich nicht der *Grund* für diese (hier allzu spießbürgerlich gedeutete) Sehnsucht.

»Der naturverbundene Dichter träumt romantisch in den Mond hinauf.«	Ein verschwommenes Schlagwort soll eine genaue Untersuchung ersetzen, die erweisen muß, wie sich die Motive ablösen.
»In der Nacht fehlen dem Dichter die Kontaktpersonen; jetzt gibt er sich halt mit sich ab.«	Soziologische Begriffe und psychologische Deuteleien können Gefühle und künstlerische Gestaltung nicht erfassen!
»Es ist laufend was los in dieser Nacht. Am Schluß fliegt sogar die Seele.«	So primitiv vordergründig kann man Gedichte nicht lesen; und so primitiv kann man nicht darüber reden.
»Der Dichter läßt nun seine ganze Stimmung ab.«	Kein Gefühl für Lyrik! Hoffnungslos unzureichende Ausdrucksweise!
»Der Dichter hat sich entschlossen, mit der Natur eine Einheit zu bilden.«	So stellt es sich der kleine Maxl vor, wenn der Dichter von der Muse geküßt wird.
»Um ihn herum tut sich nichts; es ist alles problemlos, so daß der Dichter am liebsten fortfliegen will.«	Ein derart hölzernes Gemüt kann mit Dichtung nichts anfangen. Für manche Leute ist es besser, die Finger von Gedichten zu lassen.
»*Die Luft geht* ist eine Personifizierung; denn die Luft hat kein Bein.«	Ein richtiger Gedanke ist unerträglich primitiv formuliert.
»Die Welt ist so friedlich, daß man den Mond förmlich hören kann.«	Der Dichter hat hier den Interpreten zu einer Synästhesie (Verschmelzung verschiedener Empfindungen) verführt. Die Aussage wirkt komisch.

Das Fräulein stand am Meere

Das Fräulein stand am Meere
und seufzte lang und bang,
es rührte sie so sehre
der Sonnenuntergang.

»Mein Fräulein! Sei'n Sie munter,
das ist ein altes Stück;
hier vorne geht sie unter
und kehrt von hinten zurück.«

Heinrich Heine

a) Heine (1797–1856) bezeichnet sich als den »letzten und abgedankten Fabelkönig der Romantik«. Inwiefern ähnelt das Gedicht formal und inhaltlich einem Volkslied?

b) Vergleichen Sie innere Haltung und Aussage beider Strophen!

c) Wie kommt die Ironie zum Ausdruck? Beachten Sie vor allem, aus welchem Bereich Heine die Wendungen der zweiten Strophe nimmt und was er damit aussagen will.

d) An welchen Leserkreis richtet sich wohl Heine, und was ist seine Absicht?

a) Das Motiv ist romantisch (vgl. Caspar David Friedrich!), ebenso die Stimmung, die sich einstellen kann, wenn ein junges Mädchen beobachtet, wie die Sonne schimmernd im Meer untergeht. Der kurze dreihebige Vers in Kreuzreimbindung ist ein typischer Volksliedvers. Die Worte sind einfach und könnten aus der Gedichtsammlung »Des Knaben Wunderhorn« stammen; auch die Reime sind durchaus nicht gesucht, sie klingen schön und sind durchaus rein. Die Syntax (mit drei Enjambements) ist elegant und zwanglos in das Metrum eingepaßt.

b) Die erste Strophe beschreibt eine Szene im Präteritum: *Das* Fräulein ist von *dem* Sonnenuntergang ergriffen. In der zweiten Strophe wird das Fräulein von jemandem (wohl vom Dichter) angeredet. Er macht sich im Präsens über sie lustig. Es stehen sich antithetisch in parallelem Aufbau gegenüber: Illusion und Desillusionierung.

c) Die Ironie tritt nicht erst massiv in der zweiten Strophe auf, sondern sie setzt schon in der ersten Strophe an: *Das* Fräulein meint eine bestimmte Gattung verschrobener junger Damen. Ein *Seufzer* bei einem selbstverständlichen Naturereignis ist unangebracht. *Lang und bang* läßt an lang und breit denken; damit ist das Zuviel des Gefühls ironisiert. Vor allem trifft einen das altmodische *sehre*, das nicht nur aus Reimgründen hier erscheint. Warum der Sonnenuntergang sie *rührt*, ist unverständlich. Das Fräulein ist also eine in falscher (damals weitgehend überholter) Romantik schwärmende und schwelgende verbildete junge Dame.

Die zweite Strophe zeigt nun in derbem Zufassen, daß das Mädchen wirklich bloß Theater spielt. Die Szene, die bisher in ihrem Innern lag, wird vom Dichter ins grelle Licht des Spottes herausgehoben: Schon die Anrede *mein Fräulein* ist eine entlarvende Anbiederung; das Wort *munter* ist unangemessen, wenn jemand gerührt ist. Vor allem aber drückt der Sprecher das Theater-, ja Possenhafte aus, wenn er den Sonnenuntergang *ein Stück* nennt. Die Sonne wird einem Helden verglichen, der auf der Bühne zugrunde geht und nach der Vorstellung quietschvergnügt wieder da ist. Worüber das Fräulein *seufzt*, das ist also nichts als ein abgespielter Kulissenzauber. Deshalb ist auch in der letzten Zeile grob das glatte alternierende Versmaß durch eine zweisilbige Senkung (von hin*ten zu*rück) verletzt, um das rumpelnde Verschieben der Theaterrequisiten anzuzeigen.

d) Heine hatte, etwas derb ausgedrückt, den sentimentalen Ton der märchenhaften Naturschwärmerei à la Eichendorff (und früher Heine!) satt und wollte die Literaturgebildeten darauf hinweisen, daß eine ewige Nachahmung der überkommenen Töne zu einem monotonen Geleier führen würde. Ihm war die Endlichkeit menschlicher Gefühle, die Fragwürdigkeit aller Ekstase aufgegangen. Die romantische Ironie hatte das irdische Leben als Spiel aufgefaßt; der mittlere Heine entlarvt nachempfundene Gefühle als unecht. Das irdische Leben mit seiner unerbittlichen Härte ist ihm sehr wirklich. – In der literaturgeschichtlichen Entwicklung ist Heine dem Realismus ein großes Stück nähergekommen.

Juli

Klingt im Wind ein Wiegenlied,
Sonne warm herniedersieht,
seine Ähren senkt das Korn,
rote Beere schwillt am Dorn,
schwer von Segen ist die Flur –
junge Frau, was sinnst du nur?

Theodor Storm

a) Welches ist der beste Zugang zu diesem Gedicht?
b) Welche Gedanken und Vorstellungen werden bei Ihnen durch die Überschrift hervorgerufen (evoziert)?
c) Wie wird im Aufbau der Sinngehalt deutlich?
d) Wie ist die Natur dargestellt?
e) Inwiefern erzielt Th. Storm (1817–1888) einen magischen Bann durch die Klanggestalt?
f) Empfinden Sie die Aussage des Gedichts als aufdringlich?

a) Dieses Gedicht ist ganz reiner Klang *und* ganz klare Bilderfolge *und* ganz inniges Empfinden. Die drei Komponenten eines vollkommenen Gedichts sind hier glücklich vereint. Trotzdem steigen wir vielleicht am besten beim Sinngehalt ein.
b) Juli ist der Monat der Hitze, der stärksten Sonne, des Reifens – unmittelbar vor der Ernte.
c) Der erste und sechste Vers, die im Menschlichen spielen, umrahmen vier Verse, die Naturbilder geben. Zeile 2 zeigt das Wesen der Sonne: schöpferisch, mütterlich, Vertreterin Gottes (Metapher und Synästhesie); die Zeilen 3 und 4 führen das Reifen in der Natur konkret vor; Zeile 5 faßt das Geschehen unter einem sakralen Begriff zusammen. Der Gedankenstrich setzt von dieser Vorstellungsebene ab und leitet wieder zum Menschlichen über. Natur und Mensch sind gesegnet im Reifen des (jungen) Lebens.
d) Die Natur ist das große Haus des Menschen – vor allem seine sichtbare Heimat, in der er sich geborgen fühlen kann.
e) Die Melodieführung und die einzelnen Lautwerte sind bereits auf Seite 32 dargestellt. Dem intensiven Klangcharakter der Verse steht ein strenger Reimbau mit nur stumpfen Kadenzen entgegen. Dadurch wirkt das in sich klingende Gedicht als Ganzes fest und plastisch, wie gemeißelt.
f) Der Dichter vermeidet bewußt, in zurückhaltender Verhüllung, eine klar umrissene Aussage, die den Zauber aus dem Zusammenklingen von Sommerlandschaft und seelischem Schwingen stören könnte. Neben den kräftigen, anschaulichen Naturbildern ist das Geheimnis des Reifens und Daseins nur als intensiver Ton anwesend. Wir wissen nicht, ob die junge Frau ein Kind erwartet oder ob sie eines haben will. Das Wissen tritt hinter das Erleben zurück.

Zwei Meilen Trab

Es sät der Huf, der Sattel knarrt,
der Zügel jankt, es wippt mein Bart
im immer gleichen Trabe.

Auf stillen Wegen wiegt mich längst
mein alter Mecklenburger Hengst
im Trab, im Trab, im Trabe.

Der sammetweichen Sommernacht
Violenduft und Blütenpracht
begleiten mich im Trabe.

Ein grünes Blatt, ich nahm es mit,
das meiner Stirn vorüberglitt
im Trabe, Trabe, Trabe.

Hut ab, ich nestle wohlgemut,
Hut auf, schon sitzt das Zweiglein gut,
Ich blieb im gleichen Trabe.

Bisweilen hätschelt meine Hand
und liebkost Hals und Mähnenwand
dem guten Tier im Trabe.

Ich pfeif' aus Flick und Flock ihm vor,
er prustet, er bewegt das Ohr,
und sing' ihm eins im Trabe.

Ein Nixchen, das im nahen Bach
sich badet, planscht und spritzt mir nach
im Trabe, Trabe, Trabe.

Und wohlig weg im gleichen Maß,
daß ich die ganze Welt vergaß,
im Trabe, Trabe, Trabe.

Und immer fort, der Fackel zu,
dem Torfahrtlicht der ewigen Ruh,
im Trabe, Trabe, Trabe.

Detlev von Liliencron

(Flick und Flock ist eine Zauberposse mit Gesängen und Tänzen von Gustav Raeder. Anscheinend war das Stück damals bekannt und beliebt.)

a) Um welche Art von Gedicht handelt es sich?
b) Welcher Zugang bietet sich an?
c) Setzen Sie die Aussage und die äußere Form in Parallele!
d) Verändert sich die Perspektive während des Rittes?
e) Gibt es nur eine horizontale oder auch eine vertikale Bewegung?
f) Finden Sie auch hier den alten Topos *homo viator* (der Mensch ist ein Wanderer)?
g) Man hat Liliencron (1844–1909) einen sinnenfrohen, weltoffenen Impressionisten genannt. Nehmen Sie Stellung!
h) Wäre die Überschrift des Gedichts überinterpretiert, wenn man sie in Beziehung setzte zu dem Bibelwort: »Und so dich jemand nötigt *eine* Meile, so gehe mit ihm zwei«?

a) Wir haben ein Erlebnisgedicht vor uns. Der Dichter berichtet von seinen Eindrücken und Gedanken.
b) Das Gedicht lebt vom Rhythmus; dieser imitiert das Reiten. Liliencron spricht vom Trab; aber der Rhythmus entspricht mehr einem Galopp.
c) Die Unaufhaltsamkeit des Rittes manifestiert sich im regelmäßigen Rhythmus. Die dauernde Vorwärtsbewegung wird ausgedrückt durch den peinlich genau eingehaltenen jambischen Viertakter mit stumpfer Kadenz. In jeder Strophe reimen sich die ersten zwei Verse paarig; der dritte, der nur drei Hebungen aufweist und eine weiblich ausschwingende Kadenz, ist der immer wiederkehrende Refrain. Dieser malt vor allem die monotone Bewegung; er ist im ganzen Gedicht nur leicht abgewandelt. Eine einzige Tonversetzung ist festzustellen: in der sechsten Strophe bei *liebkost*; ansonsten ist der Takt fehlerfrei durchgehalten. Die Umgebung huscht unaufhaltsam an dem Reiter

vorbei. Er kann nicht stehenbleiben und verweilen. Sprachliche Figuren, wie Alliteration und Enjambement, unterstreichen das Rastlose und Rhythmische der Bewegung. Beim Nixchen gelingt dem Dichter eine hübsche Lautmalerei. Es ist wohl auch kein Zufall, daß in der letzten Strophe die Melodie wegen der dunklen Vokale nicht mehr ganz so lustig klingt. Die Stimmung schlägt jedoch nicht plötzlich um, sondern der Ernst nach all der Spielerei stellt sich unaufdringlich ein. Selbst bei der Nennung des unvermeidlichen Todes wird der Dichter nicht traurig oder schwermütig. So schnell ist die Schönheit des Augenblicks nun wieder nicht vergangen; dazu ist der Dichter viel zu unbekümmert.

d) Die Perspektive verändert sich sehr. Die erste Strophe hebt uns sozusagen in den Sattel. Wir dürfen mit dem Dichter mitreiten: in den Strophen zwei bis fünf durch die blühende Natur (oder ist es Sommer?), in den Strophen sechs und sieben durch die Stimmung des Dichters; in Strophe acht an einem Nixchen vorbei (ein Naturgeist? Wahrscheinlich ein Mädchen!), in den Strophen neun und zehn aus der Welt (im übertragenen Sinne) hinaus und auf das enge Tor des Todes zu. Insgesamt bleibt der Ausschnitt aus Leben und Landschaft schmal.

e) Der Reiter hat zunächst nur Augen und Ohren für die vegetative Natur; dann widmet er sich seinem Pferd, einem intelligenten Lebewesen; hierauf begegnet ihm ein Mensch, wenn auch ein kindischer, mutwilliger; zuletzt verlassen die Gedanken des Reiters das Irdische.

f) Die beiden letzten Strophen sprechen diesen Gedanken ganz klar aus. Allerdings wird Liliencron nicht sentimental, sondern: wenn es schon eine Art Pilgerfahrt sein soll, dann eine im Galopp. Der Ritt ist ein Gleichnis für das ganze Leben. Strophe acht ist vieldeutig. Sie kann bedeuten, daß der Dichter sich auf dem Rücken des Pferdes nach einem langen Lebensritt so wohl fühlt, daß er vor Glück alles vergißt; es kann aber auch sein, daß er sich so an die Monotonie des Lebens gewöhnt hat, daß ihm dieses gleichgültig geworden ist. Jedenfalls vermeidet Liliencron den seraphischen Ton und stellt recht nüchtern eine Fakkel an die finstere Einfahrt zur Burg. (Es ist wohl kaum an die antike Vorstellung der gesenkten Fackel zu denken, mit der der Genius den Tod anzeigt.)

g) Man kann das Gedicht mit einer naturalistischen Freilichtmalerei vergleichen oder die vielen Bilder, die sich in rascher Folge ablösen, mit der hintupfenden Lichtmalerei der Impressionisten. Auch das anschauliche, schwerelose, beschwingte Schreiben weist den Dichter als Impressionisten aus. Dabei strebt er größte Genauigkeit an; man betrachte die Wörter *sät* und *jankt* in der ersten Strophe. Bei *Säen* ist wohl gemeint, wie der Huf Sand nach allen Richtungen verstreut; *janken* ist niederdeutsch und bedeutet quietschen.

h) Das wäre angesichts des Kontexts eine klare Überinterpretation. Jesus meint nicht, man möge auf der kurzen Wegstrecke das Ziel nicht aus den Augen verlieren, sondern er meint, wir sollen dem Unrecht nicht entgegentreten; im Gegenteil: Man solle die Wünsche eines gierigen oder tyrannischen Menschen ohne Klage übererfüllen. Es geht um das Gebot bedingungsloser Liebe (vgl. Matth. 5, 38–48).

Ein Winterabend

Wenn der Schnee ans Fenster fällt,
lang die Abendglocke läutet,
vielen ist der Tisch bereitet
und das Haus ist wohlbestellt.

Mancher auf der Wanderschaft
kommt ans Tor auf dunklen Pfaden.
Golden blüht der Baum der Gnaden
aus der Erde kühlem Saft.

Wanderer tritt still herein;
Schmerz versteinerte die Schwelle.
Da erglänzt in reiner Helle
auf dem Tische Brot und Wein.

Georg Trakl

a) Welchen Eindruck macht das Gedicht auf Sie, von der Form her betrachtet?
b) Handelt es sich um einen konkreten Winterabend?
c) Es vollzieht sich hier ein seelisches Geschehen in Phasen. Versuchen Sie, Stichworte für jede Strophe zu finden, die diese charakterisieren.
d) Wir wollen die Bedeutungshöfe und Assoziationen um bestimmte Ausdrücke erkunden: *Wenn der Schnee... Tor / Baum der Gnaden / Schmerz versteinerte die Schwelle / Brot und Wein.*
e) Nach dieser Arbeit am Text stellt sich die Frage: Um welche Art von Gedicht handelt es sich?
f) Wo steht im Text der Dichter (das lyrische Ich)?
g) G. Trakl (1887–1914) wird als Expressionist bezeichnet. Die Kunsttheorie des Expressionismus lautet: Künstlerische Gestaltung erfolgt als rein geistiger Ausdruck innerlich geschauter Wahrheiten und seelischer Erlebnisse des Ich unter freier Benutzung der äußeren Gegebenheiten, wie Natur und Sprache. – Finden Sie Kennzeichen des Expressionismus in diesem Gedicht?

a) Die drei je vierzeiligen Strophen erinnern mit ihrem schlichten, regelmäßigen Versmaß (vier Trochäen) und ihren klaren, anspruchslosen Reimen (umarmender Reim männlich, dazwischen Paarreim weiblich) an ein Volkslied. In dieses Schema würde durchaus passen, daß der erste Paarreim (*läutet – bereitet*) unrein ist.
b) Die Überschrift läßt ein Stimmungsbild erwarten, eine lyrische Erinnerung vielleicht an Schnee und Dunkelheit, aber Wärme und Geborgenheit in der Stube. Die Worte *viele*, *mancher* und *Wanderer* geben Aufschluß darüber, daß es sich um eine typische, abstrakte Situation handelt, die der Dichter darstellen will.
c) Strophe 1: Schauplatz – Geborgenheit – Friede – Versorgtheit
Strophe 2: Wanderer an der Schwelle der paradiesischen Gastlichkeit
Strophe 3: Eintritt in das Heiligtum – mystische Gemeinschaft – Erlösung (?)

Oder:

Strophe 1: Hoffnung, Erwartung
Strophe 2: Im Vorhof – Wissen um das Ziel
Strophe 3: Zutritt zum Mysterium

d) *Wenn der Schnee...*: Einleitung und Tonfall erinnern an Verheißungen, z.B.: »Wenn der Herr die Gefangenen Zions erlösen wird.« Wir stehen also im seelischen Bereich der Hoffnung auf Gnade.
Tor: Es handelt sich um alle Arten von Eingängen. Jedes Tor ist aber auch ein Übergang, ein Verlassen des Alten, ein Offensein für Neues, ein Aufgehen in einer anderen Umgebung, ein Übertritt in eine andere Lebensphase, oft ein Aufgenommenwerden in eine neue Gemeinschaft.
Baum der Gnaden: Das ist ein schönes, aber unverständlich verschlüsseltes Bild; es ist logisch nicht auflösbar; wohl eine Chiffre für die Verbindung von Natur mit Gnade (Kreuz als Lebensbaum?).
Schmerz versteinerte die Schwelle: Es soll wohl ein äußerster Grad an Leiden ausgedrückt werden – Lebendiges wird zu Stein; die Schwelle bezeichnet das Hindernis beim Übergang.
Brot und Wein: Diese sakrale Chiffre mag eine Verheißung sein und auf mystische Einheit, die Anwesenheit des Göttlichen, weisen. – Freilich ist auch eine ganz nüchterne Deutung nicht auszuschließen: Wein (der kühle Saft der Erde) führt zum Rausch. (Trakl nährte sich, als er dieses Gedicht schuf, drei Tage nur von Brot und Wein!)

e) Wir haben festgestellt, daß es sich nicht um ein Volkslied handelt. Das Liedhafte ist aber nicht zu übersehen; auch die Fülle der volltönenden Vokale weist darauf hin. Nehmen wir den Inhalt ernst, so dürfen wir das Gedicht als ein geistliches Lied bezeichnen; denn auf seine Art stellt Trakl einen Weg zur Erlösung dar, und zwar in feierlichen Worten.

f) Das lyrische Ich ist zurückgetreten; der Schöpfer steht nicht in seinem Werk. Er steht außerhalb.

g) Die Sprachnot führt im Expressionismus zur Verfremdung der Wörter; sie gehen neue Verbindungen als Chiffren ein, die nicht ohne weiteres zu erschließen sind; sie sind mehr Andeutung als Aussage. Sinn und Wort sind nicht mehr identisch. Das Daseinsgefühl wird in ihnen mehr verborgen als ausgesprochen.

Astern

Astern – schwälende Tage,
alte Beschwörung, Bann,
die Götter halten die Waage
eine zögernde Stunde an.

Noch einmal die goldenen Herden
der Himmel, das Licht, der Flor,
was brütet das alte Werden
unter den sterbenden Flügeln vor?

Noch einmal das Ersehnte,
den Rausch, der Rosen Du –
der Sommer stand und lehnte
und sah den Schwalben zu.

Noch einmal ein Vermuten,
wo längst Gewißheit wacht:
Die Schwalben streifen die Fluten
und trinken Fahrt und Nacht.

Gottfried Benn

a) Haben wir ein Naturgedicht vor uns?
b) In welchem Erlebnisbereich bewegt sich das Gedicht?
c) Prüfen Sie, ob Rhythmus und Metrum übereinstimmen.
d) Untersuchen Sie Syntax und Wortwahl. Was fällt Ihnen auf?

e) Welche Assoziationen ordnen Sie folgenden Wörtern zu: *schwälende Tage/Bann/die goldenen Herden der Himmel/brütet unter den sterbenden Flügeln vor/der Rosen Du*?

f) Was erscheint unlogisch?

g) Welche Vorstellung wird in Ihnen durch Bilder, Klang und Rhythmus evoziert?

h) G. Benn (1886–1956) hat einmal gesagt: »Ein Gedicht entsteht nicht, es wird gemacht... Eine einzige Zeile wird dem Dichter geschenkt, das andere ist Fleiß und Schweiß.« – Scheint Ihnen diese Aussage hier erwiesen?

a) Ja, es handelt sich zweifellos um ein Herbstgedicht. Das ist aus jeder Strophe herauszulesen: von den Astern, den typischen Herbstblumen, bis zu den Schwalben, die südwärts ziehen.

b) Der Dichter gestaltet kein einmaliges Erlebnis, sondern er sieht die Naturkräfte als mythische Mächte, die den Gang des Jahres bestimmen.

c) Dieses Gedicht ist von einem strömenden Rhythmus beherrscht, der sinngemäß in jedem Vers drei Tongipfel setzt. Das Metrum ist kaum festgelegt; es kommen alternierende Takte und Dreitakter vor, wie es sich gerade aus dem Wortsinn ergibt. In den beiden letzten Strophen wird (mit Ausnahme des vorletzten Verses) nur noch der Jambus verwendet.

d) Die beiden ersten Verse jeder Strophe sind in geradezu konstruierter Weise jeweils Ellipsen. Ihnen antwortet in den beiden folgenden Versen jeweils ein vollständiger Satz. In den Ellipsen herrschen die Substantive vor, so daß die oberen Hälften der Strophen eine statuenhafte Festigkeit annehmen. (Benn ordnete das Gedicht seinen »Statischen Gedichten« zu.)

e) Die Tage schwelen (*schwälen* gibt es laut Duden gar nicht!), brennen, glühen; vielleicht spielt auch das Wort *schwären* (Geschwür!) herein.
Das Wort *Beschwörung* färbt ab: Die unsichtbare Grenze zwischen Sommer und Herbst wird auf das Wort der Götter hin aufgerichtet.
Wolken (Schäfchenwolken), angestrahlt von der Spätsommer- oder Frühherbstsonne.
Vorstellung von Neuem, verquickt mit der Vorstellung des Vergänglichen.
Die Rose als schönes, berückendes Gegenüber des Menschen, sein holdes Mitgeschöpf.
Diese und andere Ausdrücke haben einen »Wallungswert«, d.h., sie schaffen Visionen, die als Stimmungen und Gefühle wirken.

f) Eine *zögernde Stunde* ist eine Metapher, wobei die Stunde gleichzeitig personifiziert und mit einem falschen Attribut versehen wird; denn eine Stunde kann nicht zögern, allenfalls scheint es so. *Das alte Werden* ist ein Synonym für die Schöpfung, die sich immer wieder von alters her erneuert. *Vermuten* und *Gewißheit*: Diese beiden Wörter schließen sich eigentlich aus. *Die Schwalben streifen die Fluten*: Es kann sich nur um die Lüfte handeln; das Wort *streifen* evoziert wieder den Saum, die Grenze (der Zeiten).

g) Der Dichter stellt ein mythisches Geschehen dar, das er rauschhaft erlebt. Sein Weltverständnis ist nicht logisch-rational, sondern eine großartige (irrationale) Schau. Neben der rauschhaften Stimmung werden Sehnsucht und milde Resignation evoziert.

h) Vermutlich war der Ausgangspunkt für die Entstehung dieses Gedichts die großartige Vorstellung des Sommers, der im Menschen und in der Natur Abschied nimmt. Dieses Stehen auf der inneren und äußeren Schwelle ist in einprägsamen Bildern und Kompositionselementen immer wieder als Waage (Ambivalenz) gestaltet. Ereignis und Erfahrung haben den Dichter in eine rhythmische Bewegtheit versetzt, so daß seine vielschichtige Phantasiewelt der Darstellung von komplexen Gefühlsprozessen dient. – Benns Auffassung von Lyrik ist paradox: Bilder, Klänge und Stimmungen werden von einem scharfen Kalkül gebändigt. Der Dichter sieht sich als Ingenieur im Labor der Worte; er modelliert und fabriziert Ton- und Vorstellungsnuancen; er lädt die Worte durch überraschende Zusammenstellung mit geheimnisvollen Stimmungen auf, die rational nie ganz auslotbar sind. Jede dichterische Aussage reicht in unergründliche Tiefen. Und doch sagt Benn: »Oberstes Gesetz wird die Anordnung; das Inhaltliche der Fakten bleibt am Rande.«

Oberon

Durch den warmen Lehm geschnitten
zieht der Weg. Inmitten
wachsen Lolch und Bibernell.
Oberon ist ihn geritten,
heuschreckschnell.

Oberon ist längst die Sagenzeit hinabgeglitten.
Nur ein Klirren
wie von goldnen Reitgeschirren
bleibt,
wenn der Wind die Haferkörner reibt.

Wilhelm Lehmann

(*Lolch* kann durch eine narkotisch wirkende Substanz eine Trübung des Sehvermögens hervorrufen. *Bibernell* liefert ätherisches Öl, das auf die Schleimhäute des Mundes wirkt, also gewissermaßen die Sprache löst.)

a) In welche Gattung ordnen Sie dieses Gedicht ein?
b) Muß man zum Verständnis dieses Gedichts die Märchengestalt Oberons kennen?
c) Wie und mit welcher Absicht setzt der Dichter Wort, Klang und Bild ein?

a) Der Dichter ist hier zweifellos Sprachspieler, ja Gaukler. Doch ist ein gewisser Erlebnisinhalt, im Sinne eines ekstatischen Augenblicks, nicht zu übersehen. Mit dem analytischen Verstand allein ist dem Gedicht nicht beizukommen.

b) Der Dichter wird gewußt haben, warum er an den Elfenkönig Oberon anknüpft. Der Oberon-Stoff ist wiederholt in der Literatur gestaltet: Shakespeare (Sommernachtstraum: Streit mit Titania, der Frau Oberons) und Zeitgenossen, Wielands Epos und die Oper von Carl Maria von Weber. Dieser kleinwüchsige Herrscher der Feen und Herr des Puck, der mit zaubrischen

Kräften in der Natur regiert und in der Sage seinem ältesten Sohn unbedingt eine Prinzessin aus Konstantinopel verschaffen wollte (ursprünglich ist Oberon ja ein Sohn Cäsars und der Fee Morgue, die dieser am Hof des Königs Arthus kennengelernt hat) – kann dieser Oberon unsere Phantasie noch beflügeln?

Ja, schon oberflächliches Wissen oder Erinnern übt einen Reiz aus; dazu kommen die magisch monotonen Klänge des Namens. Natürlich steht Oberon für die naturmagische Fühlweise des Dichters.

c) In der ersten Strophe dieser Miniatur baut der Dichter die Szene auf; er schafft eine märchenhafte Wirklichkeit. Das tut er in bescheidener, unaufdringlicher Weise in spröder, knapper, fast berichtartiger Aussage. Er braucht nicht die große, tragisch-mythische Gebärde Benns. Das Koboldhafte der halb gesehenen, halb erdachten Erscheinung charakterisiert er eher durch Klangwitz: variable Verslänge, zufällig wirkende Reimbindung, vor allem »heuschreckschnell«; dieses Wort soll die huschende Hurtigkeit des Elfenwesens nachzeichnen.

In der zweiten Strophe bedient sich der Dichter anderer Mittel; zunächst drängt sich hier der nüchterne Intellekt vor – und dann gilt doch wieder die sinnliche Macht des zauberischen Augenblicks. Die Reime sind hier noch kühner und die Verse ungleichmäßiger gestaltet. Der Bann, in den der Dichter den Leser schlagen will, verliert sich ins Akustische, Leise, kaum Hörbare. Will uns der Dichter einen Blick ins geheimnisvolle Reich der Natur tun lassen, wenn wir uns und unser Schulwissen vergessen? Wenn wir nicht mehr analytisch scharf sehen – Oberon reitet durch Lolch und Bibernelle! – und uns die Schau mitten ins Wesen der Dinge die Zunge löst? Schlüssige Antworten mit Ja oder Nein sind hier unwichtig. Der Dichter will etwas evozieren. Ob der Leser sich angesprochen fühlt, liegt an seinem Temperament.

Gegen Verführung (Luzifers Abendlied)

1.
Laßt euch nicht verführen!
Es gibt keine Wiederkehr.
Der Tag steht in den Türen,
ihr könnt schon Nachtwind spüren:
Es kommt kein Morgen mehr.

2.
Laßt euch nicht betrügen!
Das Leben wenig ist.
Schlürft es in vollen Zügen!
Es wird euch nicht genügen,
wenn ihr es lassen müßt!

3.
Laßt euch nicht vertrösten!
Ihr habt nicht zu viel Zeit!
Laßt Moder den Erlösten!
Das Leben ist am größten:
Es steht nicht mehr bereit.

4.
Laßt euch nicht verführen
Zu Fron und Ausgezehr!
Was kann euch Angst noch rühren?
Ihr sterbt mit allen Tieren
und es kommt nichts nachher.

Bertolt Brecht

Das Gedicht steht in »Bertolt Brechts Hauspostille« (1927). Eine Postille ist (war) ein Andachtsbuch, eine Sammlung von Predigten und Bibeltexten. Das Gedicht steht in der »Hauspostille« als »Schlußkapitel«. Brecht (1898–1956) sagt darüber im Vorwort:

»Überhaupt empfiehlt es sich, jede Lektüre in der Hauspostille mit dem Schlußkapitel zu beschließen.«

a) Welche Aussage entnehmen Sie dem Gedicht? Zeichnen Sie die Struktur nach!
b) Wenn Sie den Dichter in die von uns erarbeitete Typologie einordnen, um welche Art der Aussage handelt es sich?
c) Untersuchen Sie die Form (Vers, Strophe, Klang, Rhythmus) und deren Funktion!
d) Untersuchen Sie die sprachlichen Mittel (Leitbegriffe, Syntax, stilistische Eigentümlichkeiten) und ihre Wirkung!
e) Legen Sie die Intention des Dichters dar!

a) Der Dichter schlüpft in die Rolle Luzifers, der ursprünglich als Lichtträger Gott am nächsten stand und wegen seiner Überheblichkeit verstoßen wurde. Dieser Luzifer hat etwas Schillerndes: Spricht er als Verführer? Oder spricht er als Warnender gegen Verführung? (Da Brecht alle überkommenen Werte umwertet, stellt er selbstverständlich auch das Dogma über Luzifer auf den Kopf!)
Brecht macht in jeder der vier Strophen eine zentrale Aussage:
– Nach dem Tod gibt es kein Leben mehr.
– Kostet dieses kurze Erdenleben aus!
– Wartet nicht auf ausgleichende Gerechtigkeit!
– Laßt euch nicht durch Drohung schrecken!
Es ist klar, daß sich diese Aufrufe gegen Kirche und Priesterherrschaft richten. Deswegen die Absage an *Fron* (= schwere Arbeit im Dienste eines Herren) und *Ausgezehr* (= Entbehrung, übermäßige Anstrengung, die zur Auszehrung, zum physischen Ruin führt), die man auch als Askese (Selbstkasteiung) verstehen könnte. Es wird keinen Tag der Rechenschaft geben, kein Jüngstes Gericht.
Der erste Vers der vier Strophen enthält jeweils den Aufruf. Wie sehr Brecht gegen die Verführung kämpft, zeigt sich in der Wiederholung des ersten Verses der ersten Strophe im ersten Vers der vierten Strophe. Die Verse 2 bis 5 veranschaulichen und präzisieren die Aufforderungen an den Leser.
b) Selbstverständlich will uns der Dichter belehren. Bei Brecht steht das Didaktische immer als wichtigstes Anliegen da, oft allerdings nicht im Vordergrund. Der Dichter glaubt daran, daß die Menschen zu überzeugen sind, daß ihre Sicht- und Handlungsweise geändert werden muß. Er ist ein überzeugter Rationalist und wendet für seine didaktischen Ziele alle Mittel an, mit denen er hofft, seine Leser beeinflussen zu können. Als Marxist hält er alle Religion, alles »Schielen auf das Jenseits«, für das »Opium des Volkes«, wie Marx ja Religion definiert hat. So lehrt Brecht seine Zuhörer mit dem Pathos aufklärerischer Unterweisung. Hinter dem erzieherischen Zeigefinger wird der Sozialrevolutionär sichtbar, der vor seiner Klasse steht. Das Wort *Klasse* sollten wir im doppelten Sinne verstehen: als Schulklasse und als soziale Kategorie, hier:

Arbeiterklasse. Der Dichter ist also nicht nur Lehrer, sondern auch Kämpfer; das Kämpferische ist hinter der lehrhaften Geste verborgen.

c) Brecht hat Form und Tenor des Kirchenliedes gewählt: Die Liedform (meist vierzeilig) ist leicht abgewandelt; der Satzbau ist einfach, durchsichtig, weil parataktisch (nebeneinandergereihte Hauptsätze). Insgesamt liegt diesen Ermahnungen ein eingängiger, leicht ins Ohr gehender Klang zugrunde.
Doch soll die Parodie (verzerrende Umbildung ernster Dichtung) den einlullenden Klang des typischen Kirchenliedes entlarven, und zwar durch dieselben Mittel: vier Strophen mit starker Ähnlichkeit in Aufbau, Wortwahl und Reim, im feierlichen, erbaulichen Klang.
Der Rhythmus ist durch seine Monotonie (gleichmäßiger Wechsel von Hebung und Senkung) litaneihaft, einschläfernd. Die Reimvokale der Anfangsstrophen erscheinen wieder in der Schlußstrophe; dieser Refrain betont das Liedhafte besonders und hämmert das mahnende Wort nachdrücklich ein. Die letzten beiden Verse des Gedichts haben in Klang und Rhythmus etwas Beruhigendes und Befreiendes: Der Hörer wird in ein irdisches Paradies entlassen.

d) Wir finden wenige Bilder. Die Aussage ist klar, leicht verständlich, unverschlüsselt; sie klingt an Redensarten an und immer wieder an den Tonfall der Predigersprache. Allenfalls die Chiffre *Nachtwind* müßte dekodiert werden; sie soll wohl bedeuten, daß sich das Ende des hellen, warmen Tages ankündigt, und zwar mit kühlem Wind, der frösteln macht.
Die vielen Ausrufe, die man als imperativische Sprache bezeichnen kann, betonen das Missionarische, das Predigen. Die direkte Anrede (*ihr*) soll den Leser im Innersten treffen. Die vielen negativen Aussagen lehnen sich an die Verbote des Dogmas an; dasselbe gilt für den teilweise altertümelnden Wortschatz (*Fron, Ausgezehr, lassen müssen, Erlöste*).

e) Der Dichter will vom falschen Glauben befreien; deshalb provoziert er den Leser durch parodistischen Gebrauch des Kirchenlieds und durch drastische Formulierungen. Typisch ist die Umkehrung der durch Titel und Form geweckten Erwartung. Brecht will überzeugen von seiner nihilistischen, antichristlichen Weltanschauung (materialistisch-biologistischer Atheismus). Dieser Nihilismus wird Rechtfertigung für einen unbeschränkten und von keiner Instanz eingegrenzten Lebensgenuß.
Das bei Brecht fast immer zu findende dialektische Prinzip ist die antiklerikale Verwendung einer überlieferten Form (Kirchenlied; Aufforderung zum Ungehorsam gegen Gott und Kirche; Verheißung der Erlösung und Gnade). Die Aussage, was nun eigentlich Verführung sei, wird umgewertet: Die Kirche steht jetzt da als die Verführerin; sie ist schuld daran, daß sich die Menschen unterdrücken lassen (ließen). Deshalb wird diese Predigt dem abgefallenen Engel, dem Gegenspieler Gottes, in den Mund gelegt. Die Kirche warnt vor ihm, daß er der Verführer zum Bösen sei. Hier entlarvt jedoch Luzifer die Priesterschaft als die Verführenden.
Auch das Wort *Abendlied* ist im dialektischen Umschlag zu verstehen: einerseits wirklich Lied am Ende des Tages, aber auch am Ende einer Epoche; andererseits ein einschläferndes Lied, das beruhigen soll; hier ruft es aber zum Umdenken, damit zur Unruhe auf. Letztlich will der Dichter durch die Aussa-

ge, daß »*nichts nachher kommt*«, befreien von falschen Hoffnungen, durch die die Kirche die Geister knebelt.
In der Einleitung zu Bertolt Brechts »Hauspostille« (Reinbek ^{3}1973) heißt es: »In jener berühmten Sammlung aus dem Jahre 1927, die den ironisch-provokanten Titel ›Hauspostille‹ trägt, wird die Anarchie, die Brecht hinter der Fassade der bürgerlichen Gesellschaft entdeckt, in eben den Formen entlarvt, mit denen die Bourgeoisie ihre Existenz verbrämt. Der erbauliche Choral, die vaterländische Ballade, das seichte konventionelle Liebeslied – sie alle werden durch neue Inhalte und raffiniert distanzierende Einschübe in ihrer poetisierenden Unwahrhaftigkeit bloßgestellt und damit radikal umgewandelt ...«
Freilich ergibt sich zum Schluß die Frage, ob Brecht nicht einer neuen Verführung das Wort redet: dem Glauben an ein sozialistisches Diesseitsparadies.

V. Ein Vergleich von Interpretationen

Hier werden Ihnen drei Interpretationen zu einem der berühmtesten und meistinterpretierten deutschen Gedichte vorgelegt. Es sei dem Herausgeber gestattet zu verschweigen, von wem die Interpretationen sind. Von der letzten wird nur der zweite (kürzere!) Teil abgedruckt, weil der erste Teil im großen ganzen der gesamten ersten Interpretation entspricht.
Den größten Gewinn werden Sie haben, wenn Sie zuerst das Gedicht studieren und eine Interpretationsskizze anfertigen. Dann können Sie zu den beiden folgenden Fragen Stellung nehmen.

1. Ist das Gedicht umfassend gedeutet, sind alle wesentlichen Elemente der Sprache und des Sinnes erfaßt?
2. Geht die Deutung aus dem Kunstwerk selbst hervor, oder liest sie eigene Gedanken hinein?

Der Spinnerin Lied

Es sang vor langen Jahren
wohl auch die Nachtigall;
das war wohl süßer Schall,
da wir zusammen waren.

Ich sing und kann nicht weinen
und spinne so allein
den Faden klar und rein,
solang der Mond wird scheinen.

Da wir zusammen waren,
da sang die Nachtigall;
nun mahnet mich ihr Schall,
daß du von mir gefahren.

Sooft der Mond mag scheinen,
gedenk ich dein allein;
mein Herz ist klar und rein,
Gott wolle uns vereinen.

Seit du von mir gefahren,
singt stets die Nachtigall;
ich denk bei ihrem Schall,
wie wir zusammen waren.

Gott wolle uns vereinen,
hier spinn ich so allein,
der Mond scheint klar und rein,
ich sing und möchte weinen.

Clemens Brentano (1778–1842)

Interpretation A

Dies ist kein schwieriges Gedicht. Es verlangt keinerlei Anstrengung des Gedankens oder Gefühls. Es gleitet mühelos ins Ohr, so mühelos, daß die Aufmerksamkeit eher eingeschläfert wird als angespannt, ein gleichmäßiger Wellenschlag ohne Spannungen oder Stauungen, ohne irgendwelche Änderungen der Tonhöhe oder Tonstärke, eintönig bis zum Ende. Einfach ist die Sprache: schlichte Worte und kurze, aneinandergereihte Sätze. Am Ende jeder Strophe (und nur da) steht ein Punkt, am Ende beinahe jedes Verses (und nur da) ein kleineres Satzzeichen.

Das Gedicht verlangt auch keine Vorkenntnisse. Man braucht durchaus nicht zu wissen, wer es gemacht hat. (Wer es weiß, weiß allerdings fortan auch, daß Brentano einer der großen deutschen Dichter ist.) Der Dichter behelligt uns nicht mit seiner Person, seinen Gedanken, Gefühlen, Erlebnissen. Wer hier »ich« sagt, ist nicht der Verfasser, noch auch nur eine vom Verfasser angenommene Maske, hinter der er sich versteckte, um sich so ungenierter ergießen zu können. Und damit ist nichts gesagt, als daß es reine lyrische Substanz ist ohne fremde Trübung.

Das Lied singt sich selber, es singt sich von selber; indem es einen Menschen singen läßt, von seinem Singen singen läßt und von dem der Nachtigall, wird es gesungen, ein wahrer Singsang.
Dieses Singen will gehört werden, denn es ist ein Wunder an Wohllaut, an Klängen und Widerklängen. Es ist beherrscht von dem Spiel der Vokale und der sonoren Konsonanten, die hier einmal wirklich »Mitlauter« sind, der Konsonanten, mit denen man singen kann. In den Reimen blühen sie auf, und an ihnen kann man zuerst ablesen, wenn man die Mühe nicht scheut, daß ihre Anordnung keineswegs so zufällig ist, wie sie mühelos erscheint.
Die Reime der ersten Strophe sind alle vier auf denselben Ton, auf a, gestimmt, ebenso wie die vier der zweiten auf den Ton ei. Und ebenso verhalten sich die Reime der dritten und der vierten, der fünften und der sechsten Strophe, so daß wir drei a-Strophen und drei ei-Strophen erhalten, die gleichmäßig wechseln und wiederkehren. Aber nicht nur die Reime kehren wieder, auch die Reimwörter jeder a-Strophe (mit Ausnahme der ersten) werden in den späteren a-Strophen wiederholt und die der ersten ei-Strophe in den folgenden ei-Strophen, so daß das Gedicht für seine 24 Reime nur 10 Reimwörter gebraucht, da dieselben Reimwörter mehrmals gepaart werden. Dreimal reimt sich *Schall* auf *Nachtigall*, dreimal *rein* auf *allein*, jedesmal an der gleichen Stelle, in den Strophenmitten.
Ebenso wie die Mitten sind die Ränder der Strophen aufeinander bezogen. *Da wir zusammen waren*, hört die erste Strophe auf, *da wir zusammen waren* fängt die dritte Strophe an; und der Anfang der fünften Strophe ist nur eine leichte Variation des Endes der dritten. Und wie bei den a-Strophen nimmt bei den ei-Strophen jede folgende das Stichwort auf, das die vorangegangene ihr hinterlassen hat. Man könnte das Gedicht auch anders anordnen. Man könnte die drei a-Strophen untereinander schreiben und daneben die drei ei-Strophen, ebenfalls untereinander. Dann könnte man es in beiden Richtungen lesen: vertikal (Strophe 1, 3, 5 und dann Strophe 2, 4, 6) und horizontal (1 und 2, 3 und 4, 5 und 6), also in der hier gegebenen Anordnung. In jedem Fall wäre eine der beiden Bewegungsrichtungen des Gedichts zur Geltung gebracht, einmal die zyklische (oder kreisende) und einmal die alternierende (oder schwingende), einmal die Wiederkehr, einmal der Wechsel.
Man könnte das Experiment noch weitertreiben. Man könnte die a-Strophen untereinander vertauschen oder die ei-Strophen; man könnte die Strophenpaare umstellen, ohne das Gedicht merklich zu verändern. Und es ist nichts als die kunstvolle Verschränkung der Reime und der Strophen, das uns hindern könnte, das Gedicht völlig umzukehren. Denn zwischen seinem Anfang und Ende ist nichts geschehen, was irgendeine Folge hätte und somit eine Reihenfolge der Strophen verlangte. Die Zeit selbst in diesem Gedicht ist umkehrbar, das heißt, sie steht still.
So muß das Gedicht auch nicht unbedingt da enden, wo es aufhört. Es könnte an jeder anderen Stelle enden, es könnte auch ohne Ende weitergehen. Es hat überhaupt kein Ende, so wenig wie es einen Anfang hat; und damit ist gesagt, daß die Zeit verrinnt. Stillstand der Zeit und Verrinnen der Zeit, es ist das gleiche. Was an diesem Gedicht Bewegung ist, ist eine solche, die ewig, schwingend oder kreisend, zum Ausgangspunkt zurückkehrt, ohne Fortschritt und darum ohne Ende.

Aber ist es nicht Zeit, endlich etwas über den Inhalt zu sagen? Es war von nichts anderem die Rede. Wechsel und Wiederkehr, Stillstand und Verrinnen der Zeit – nichts anderes ist das Thema des Gedichts. Sie sind gebannt in die Situation des verlassenen Mädchens am Spinnrad. In dem Gegensatz der a-Strophen und der ei-Strophen schwingt der Wechsel der Zeit. Den einen ist die verlorene Vergangenheit anvertraut, die seligen Nächte des Zusammenseins, an die die Nachtigall gemahnt; den andern die leere Gegenwart, die einsamen Nächte unter dem stillen Mond. Und wie dieser Wechsel in Reimen, Worten und Versen sich wiederholt, so wiederholen sich die Nächte, wiederholt sich das Scheinen des Mondes und das Singen der Nachtigall, die Erinnerung und die Hoffnung, das Singen und das Nichtweinen-können, heute wie gestern, morgen wie heute, endlos und eintönig, kreisend und stillstehend; wie das Rad sich dreht, so wiederholt sich der Spinnerin Lied.

Über alles das ist in dem Gedicht kein Wort gesagt, es braucht nicht gesagt zu werden, weil ein Gedicht das nicht erst zu sagen braucht, was es schon ist. Müssen wir noch hinzusetzen, daß es kein traurigeres Gedicht in der deutschen Sprache gibt? Wir haben nur zu zeigen versucht, daß es eines der einfachsten und zugleich eines der kunstvollsten ist, die wir haben, und darum eines der schönsten.

Interpretation B

Clemens Brentano hat mit seinem Freund Achim von Arnim Volkslieder gesammelt und diese in dem Werk »Des Knaben Wunderhorn« herausgegeben. So lernte er einfache, schlichte, aber herzergreifende Worte und Weisen kennen und lieben.

Das Gedicht »Der Spinnerin Lied« besticht durch seine Klänge. Das Geflecht der Töne und Reime geht ins Ohr und in den Blick. Die Situation des jungen Mädchens, das in der Stube beim Mondschein aus der Wolle den Faden dreht, wie es damals in vielen Häusern üblich war, muß Brentano in eine märchenhaft-romantische Stimmung versetzt haben. So schreibt er im Volksliedton mit raffiniertem Kunstverstand dieses schlichte Rollengedicht.

Wie gesagt, wir sind überwältigt von der Fülle und Schönheit der Töne. Die kurzen dreihebigen Jambenverse sind klar gebaut; insgesamt bloß zweimal werden die Zeilenenden durch Enjambements überspielt. Ein behutsamer, ruhiger Rhythmus fließt durch die Strophen. Das verblüffende Wunder ist der Reim: Der Dichter kommt mit vier Reimen aus; diese wiederholen sich fast wörtlich immer wieder und doch variiert. In den Strophen 1, 3 und 5 reimen a-Klänge, in den Strophen 2, 4 und 6 ei-Klänge. Dabei umrahmen die Randverse mit klingender Kadenz einen stumpfen Paarreim. Alles in den Endungen ist reine Melodie; denn nirgends stört ein harter Laut den Wohlklang der Töne: von den 24 Versen enden 18 mit einem singenden n, und die restlichen sechs mit einem fast ebenso klingenden l.

Die Lautmagie entsteht auch durch den Wechsel der a-Strophen mit den ei-Strophen. Das Tongeflecht ist aber noch viel enger. Die letzte Zeile jeder Strophe kehrt fast wörtlich als erste Zeile der übernächsten wieder. Auch inhaltlich hängen die paarweise einander folgenden Strophen eng zusammen: Die a-Strophen schauen meist in die Vergangenheit, die ei-Strophen schildern die Gegenwart.

Fast erliegen wir dem Zauber der Reime und könnten meinen, das Gedicht singe sich selber, sein Wesen sei reines Klingen. Wenn wir aber genau hinsehen und hinter die rauschenden Töne hören, dann gewahren wir, daß sich, fast verdeckt von dem Gespinst der Laute, die unsere Sinne betören, ein Sinn entfaltet. Man könnte fast von einem Seelendrama reden, das sich abspielt. Die Nachtigall, ein Symbol für Liebeserfüllung, *sang* in der ersten Strophe *wohl*, in der dritten heißt es: *da sang*; und am Schluß *singt* sie *stets*. Die klingende Inbrunst ist also gewachsen; sie übertönt in Strophe fünf die Wehmut.
Eine ähnliche Steigerung – diesmal der Klarheit in der Seele des Mädchens – erleben wir bei den Attributen *klar* und *rein*; sie stehen erst beim Faden, dann beim Herzen, zuletzt beim Mond. Die Entwicklung geht folgerichtig (nicht nach logischen, sondern nach lebendigen Gesetzen!) vom äußeren Ding über die Reinigung des Gefühls zum Höchsten, Jenseitigen. Der Mond ist ein Topos des Überirdischen und des Jenseits. So ist in Strophe sechs das Ende einer intensiven Entwicklung von der Verzweiflung zum Trost im Glauben erreicht.
Freilich hat der witzig-schalkhafte Brentano dies mit seinem tändelnden Spielgeist etwas verhüllt, und zwar durch die Nachahmung des immer in gleicher Bewegung vor sich gehenden Spinnens. Jedoch läuft die innere Bewegung des Mädchens nicht im Kreise wie das Spinnrad, sondern sie geht in eine höhere Dimension, wie sich ja auch der Faden (Faden = Symbol für den Lebensfaden?) von der Spindel löst. Auch das Singen im Gedicht bleibt nicht gleich; es wird stetiger, inniger; es verdrängt das Spinnen. Darum hört das Lied auch mit dem Singen auf – im Präsens! Dieser letzte Vers ist schon vorgedeutet in Strophe zwei; da ist aber das Mädchen noch erstarrt; ihr Schmerz ist noch hart. In der Schlußstrophe ist das Weinen nur noch die Andeutung eines Optativs.
Noch manche Feinheiten erschließen sich dem geduldigen Beschauer: Die Verszeilen 3, 10 und 17 zeigen ein Fortschreiten vom unverbindlichen Schwelgen im ernst erlebten Leid zum Überwinden, zum Glück, sich in Gottes Willen zu ergeben. Die Strophen 1, 3 und 5 stehen als »Wir«-Strophen kontrapunktisch zu den »Ich«-Strophen 2, 4 und 6. Durch die Betonung werden die wichtigen Wörter klar hervorgehoben: Von den fünf *Ich* ist keines betont; wohl aber tragen die *Wir* und *Du* Akzente. Der Sinn ergibt sich: Die Gedanken des Mädchens kreisen nicht um das eigene Fühlen; sie bleiben nicht einmal in der Vergangenheit. Ferner ist in den Versen 16 und 21 das Wort *Gott* durch die absichtliche Umstellung des Jambus in eine besonders kräftige Position gerückt. Dadurch bekommen diese Verse einen fallenden, gebetsähnlichen Rhythmus. Auch darin drückt sich wieder die Wendung vom Grübeln zum Hoffen aus. Die Seele beruhigt sich in dem Wissen, daß Gott da ist.
Brentano war wie alle Romantiker ein sehr gebildeter Mensch. Natürlich verehrte er als halber Italiener Dante. Aus dem Evangelium wissen wir, daß Gott die Liebe ist; er zieht die Menschen zu sich. So hat das Dante, der größte italienische Dichter, in seinem Riesenepos »Divina Commedia« gestaltet. Jede menschliche Liebe, die letztlich auf Harmonie, Vereinigung, zielt, ist ein mystisches Ereignis. Diese Seligkeit wird in der Schlußstrophe des Gedichts angedeutet. Freilich hört die Spinnerin hier mit ihrer Arbeit nicht auf. So geht auch die Bewegung der Seele weiter, bis sie (nach einem Wort des Augustinus) ruht in Gott.

Wir haben gesehen, daß dieses Gedicht verschiedene Dimensionen und äußere und innere Bewegungsabläufe hat. Abwechslung und Wiederholung im Äußeren widersprechen der kaum wahrnehmbaren zielstrebigen Entwicklung im Inneren. So ist dieses Gedicht nicht nur mit den äußeren, sondern auch mit den inneren Sinnen zu betrachten. Der nüchterne Verstand allein kann einem solchen Kunstwerk nicht gerecht werden. Hat nun Brentano all das, was wir gefunden und bestaunt haben, gedacht und bedacht? Das hat der Dichter sicher nicht, sonst wäre eine konstruierte, zusammengekleisterte Reimerei herausgekommen. Hier hat ein Genie in einem begnadeten Augenblick einen Ein-Fall bekommen und das Geschenk an uns weitergegeben.

Interpretation C

...

Insgesamt überlagern sich in diesem Lied viele Bewegungen: die in jeder Strophe gleichmäßig auf- und absteigende, die alternierende, die zyklische, deren Zentrum die jeweils zweiten und dritten Verse bilden, deren letztes Wort ja über das ganze Gedicht in jeder Gruppe konstant bleibt. Und noch eine Bewegung kommt dazu: die der ständigen Variation der kleinsten Sinneinheiten, wobei ich meine: *es sang die Nachtigall, wir zusammen waren, ich spinne, klar und rein.* Mit minimalem Wortschatz schafft Brentano eine immer neue Verknüpfung.

All diese Bewegungen werden so meisterhaft überlagert, alle Sinneinheiten so kunstvoll und zwanglos miteinander variiert, daß tatsächlich ein absolut harmonisches Ganzes entsteht.

Greifen wir noch einmal die Zweiteilung des Gedichts in zwei Strophengruppen auf, klären wir nun das, was sie inhaltlich unterscheidet. In der ersten Gruppe, beherrscht vom Vokal a, singt die Spinnerin von der Vergangenheit, träumt zurück. Überwiegende Erzählzeit ist das Präteritum; doch auch, wo Präsens steht, deutet der Sinn zurück in das Vergangene. Die zweite Gruppe, eher zu hellen Vokalen neigend, beschreibt die gegenwärtige Situation der Spinnerin, ja deutet manchmal sogar auf die Zukunft, auf das noch Mögliche (*solang der Mond wird scheinen – Gott wolle*). Selige Erinnerung an die Vergangenheit und sehnsüchtiges Hoffen auf die Zukunft stehen also der jetzigen Trennung gegenüber.

Doch meint Brentano sicher nicht nur die Trennung von irgendeinem Geliebten, was nach oberflächlichem Lesen vielleicht vermutet werden mag. Vielmehr wird ja gar nicht ausgesprochen, wer das Du ist, von dem das dichterische Ich – das ich hier aufgrund der Abstraktion für *Spinnerin* setze – schon so lange getrennt ist. Fällt nicht auch auf, daß die Spinnerin *allein* spinnen wird? *(»Solang der Mond wird scheinen«)* Oder daß die Vereinigung nur durch und in Gott geschehen kann? Das deutet doch darauf hin, daß hier mehr gemeint ist als die verhältnismäßig triviale Geschichte eines getrennten Liebespaares. Der tiefere Grund dieses Gedichts ist ein zentrales Thema der Romantik: das gespaltene Ich – mag man die Spaltung nun metaphysisch oder psychologisch auffassen. Gleichsam in einer Urerinnerung (*»vor langen Jahren«*) wird die Harmonie des noch nicht gespaltenen Ichs gesehen als bewußtlos eingebettet in die göttliche Ordnung der Natur. Und eben dieser paradiesische Zustand, die Vereinigung der inzwischen getrennten Hälften, ist Ziel des Strebens der Romantiker.

Freilich darf man darüber die Konkretisierung dieses allgemein menschlichen Problems in die Geschichte von der Spinnerin nicht vernachlässigen. Gerade die Trennung des Menschen in Mann und Frau ist von Theoretikern der Romantik als Ausdruck der inneren Gespaltenheit gedeutet, als Ideal die Androgynie (Vereinigung der männlichen und weiblichen Merkmale) angestrebt worden. Die letztgültige und vollkommene Wiedervereinigung kann allerdings erst in Gott geschehen; daher ist auch das *Gott wolle* durch die schwebende Betonung besonders hervorgehoben.
Trotz aller Zerrissenheit und Verlorenheit des Ichs aber in der Welt wird die Welt als Ganzes nicht negiert, doch ein Sinn darin gesehen, freilich nur in der Besinnung auf Gott. Ausdruck davon ist, daß »Der Spinnerin Lied« trotz der vielfältigen Bewegungen im Innern, trotz der Hin- und Hergerissenheit von Strophe zu Strophe als Ganzes harmonisch, ein Kosmos im kleinen ist.
So ist dieses Gedicht, künstlerisch objektiv durch seine ausgewogene innere Organisation, die Gefühle ansprechend und besänftigend durch seinen musikalischen Charakter, in zweierlei Hinsicht erhebend: als dichterisches Kunstwerk wie als Lied.

1. Der Interpretation A ist der Vorwurf der Oberflächlichkeit nicht zu ersparen. Auch ist sie einseitig ausgefallen: Der Verfasser hat sich von dem mitreißenden Klanggewebe verführen lassen, den Schleier der Töne nicht zu lüften, und er hat die innere Bewegung in der Seele des Mädchens nicht gesehen. Diese ist nicht kreisend (zyklisch) wie das nachgeahmte Spinnrad, das die äußere Folie bildet, sondern geht vertikal nach oben. Auch hat sich der Verfasser so sehr in Brentano eingelesen, daß er – wohl unbeabsichtigt – über das Gedicht einfach dichtet. Er singt fast hymnisch in Brentanos Melodie weiter. Der Gedanke, Strophen umzustellen, ist unsinnig.
Die Interpretation B bietet eine Fülle feinsinniger Beobachtungen und Einsichten, die unanfechtbar sind. Der Verfasser hat in bewußt nüchtern gehaltenem Ton Analyse-Arbeit geleistet und den Sinn *aller* sprachlichen Aussagen zu erfassen gesucht.
Interpretation C wäre die längste der drei Interpretationen. Die Beschreibung der poetischen Elemente ist in einem (nicht abgedruckten) ersten Teil nahezu vollständig. Allerdings hängt dieser Teil in der Luft, weil er die Erscheinungen bloß registriert. Der hier abgedruckte zweite Teil befaßt sich mit der Deutung und möchte das Gedicht epochengeschichtlich einordnen.

2. Die Interpretation A liest zwar keine eigenen Gedanken in das Gedicht hinein; aber sie erfaßt hier das tiefste Wesen von Brentanos Lyrik nicht. Er hätte ja später nicht jahrelang zu den Füßen einer Mystikerin gesessen, wenn der mystische Sinn nicht sein ganzes Leben durchzöge.
Interpretation B zeigt, wie genau man hinhören und hinsehen muß, um hinter den Tönen und Figuren die Botschaft des Dichters zu vernehmen. Wir werden eben nicht in eine wehmütige Trauer oder gar in hilflose Verzweiflung entlassen, sondern in den Trost der Geborgenheit bei Gott. Das hat die Interpretation B überzeugend herausgearbeitet und belegt.

Interpretation C ist manchmal in verquollener, wenn nicht verschrobener Sprache geschrieben. Der Verfasser gefällt sich in hochtönenden Phrasen. (Übrigens: Warum soll die Geschichte eines getrennten Liebespaares trivial sein? Liebe ist das Herz des ganzen Kosmos!) Die Interpretation bricht dann in eine Spekulation aus, die im Gedicht keine Grundlage hat. Hier geht es sicher nicht um das Ideal des Mann-Weib-Wesens. Diese Ideen (von Platon oder C. G. Jung) hat Brentano in dieses schlichte, volksliedhafte Gedicht nicht hineingelegt. Da ein Textbezug nicht herzustellen ist, sind derartige Gedanken verfehlt.

VI. Motivgleiche traditionelle Gedichte

Der Sinn des Vergleichens ist, daß die lyrischen Kunstwerke in ihrer individuellen Eigenart klarer erfaßt werden. Sie unterscheiden sich voneinander und machen verschiedene Möglichkeiten des Fühlens, Denkens und Gestaltens offenbar. Es wird sich auch zeigen, wie verschieden sich die Zeitstile auswirken und wie jeder Dichter ein Kind seiner Zeit ist. Die Maßstäbe des Empfindens, Denkens, ja Hörens und Sehens sind keine unveränderlichen Größen.
Die verschiedenartige Behandlung des gleichen (oft nicht ganz gleichen!) Motivs führt zu einer gegenseitigen Erhellung. So zeichnen sich Umriß und Sinngehalt der einander gegenübergestellten Gedichte schärfer ab.
Natürlich kann der Vergleich auch künstlerische Rangunterschiede andeuten und helfen, Echtes von Unechtem zu unterscheiden. Allerdings läßt sich hier die subjektive Wertung nie ausschalten. Das ist auch nicht nötig; denn jeder Mensch hat ein Recht, Natur und Kunst zu betrachten, wie es ihm gemäß ist.

1. Abend

Abend

Der schnelle Tag ist hin, die Nacht schwingt ihre Fahn
und führt die Sternen auf. Der Menschen müde Scharen
verlassen Feld und Werk; wo Tier und Vögel waren,
traurt itzt die Einsamkeit. Wie ist die Zeit vertan!

Der Port naht mehr und mehr sich zu der Glieder Kahn.
Gleich wie dies Licht verfiel, so wird in wenig Jahren
ich, du, und was man hat und was man sieht, hinfahren.
Dies Leben kommt mir vor als eine Rennebahn.

Laß, höchster Gott, mich doch nicht auf dem Laufplatz gleiten!
Laß mich nicht Ach, nicht Pracht, nicht Lust, nicht Angst verleiten!
Dein ewig heller Glanz sei vor und neben mir!

Laß, wenn der müde Leib entschläft, die Seele wachen.
Und wenn der letzte Tag wird mit mir Abend machen,
so reiß mich aus dem Tal der Finsternis zu Dir!

Andreas Gryphius

Abend

Komm, Liebchen, es neigen
die Wälder sich dir;
und alles mit Schweigen
erwartet dich hier.

Der Himmel, ich bitte,
von Wölkchen wie leer!
Der Mond in der Mitte,
die Sternlein umher!

Der Himmel im glatten
umdämmerten Quell!
Dies Plätzchen im Schatten,
dies andre so hell!

Im Schatten, der Liebe
dich lockendes Glück,
dir flüsternd: es bliebe
noch vieles zurück.

Es blieben der süßen
Geheimnisse viel;
So festes Umschließen;
so wonniges Spiel!

Da rauscht es! Da wanken
auf jeglichem Baum
die Äste, da schwanken
die Vögel im Traum.

Dies Wanken, dies Zittern
der Blätter im Teich –
o Liebe, dein Wittern!
O Liebe, dein Reich!

Johann Georg Jacobi

Verfall

Am Abend, wenn die Glocken Frieden läuten,
folg ich der Vögel wundervollen Flügen,
die lang geschart, gleich frommen Pilgerzügen,
entschwinden in den herbstlich klaren Weiten.

Hinwandelnd durch den dämmervollen Garten
träum ich nach ihren helleren Geschicken
und fühl der Stunden Weiser kaum mehr rücken.
So folg ich über Wolken ihren Fahrten.

Da macht ein Hauch mich von Verfall erzittern.
Die Amsel klagt in den entlaubten Zweigen.
Es schwankt der rote Wein an rostigen Gittern,

indes wie blasser Kinder Todesreigen
um dunkle Brunnenränder, die verwittern,
im Wind sich fröstelnd blaue Astern neigen.

Georg Trakl

Zu Gryphius:

a) Wie gestaltet Gryphius (1616–1664) das Abend-Motiv, und wie erweitert er es?
b) Warum hat er wohl die Form des Sonetts gewählt?
c) Worin sehen Sie den existentiellen Kern des Gedichts?
d) Wie verdeutlicht der Dichter in Bild und Klang seine Absicht?
e) Ordnen Sie das Werk literaturgeschichtlich ein!

a) Der Abend ist zunächst der reale Übergang vom Tag zur Nacht. Dies wird dargestellt an den Vorgängen der Natur und am Verhalten der Geschöpfe. Schon in der zweiten Strophe weitet sich der Abend-Gedanke zum übergreifenden Bild: Ende des Lebens. Die beiden letzten Strophen kennen nur noch diesen Aspekt. Der Abend ist die Schwelle zum ewigen Leben geworden; er ist eine Metapher für den Tod, die Zeitspanne, in der Gott uns nicht in ewige Nacht versinken lassen, sondern in den hellen Tag des ewigen Heils hinaufheben möge.

b) Das Sonett ist seinem Wesen nach ein gedankliches Gedicht. In seinen vier Strophen, die einem strengen Strukturgesetz folgen (das allerdings oft und gern abgewandelt wird), lassen sich Gedankenbewegungen leicht und künstle-

risch ansprechend entfalten. Das Petrarca-Sonett verwendete den jambischen Fünftakter; Gryphius bevorzugte den Alexandriner, den jambischen Langvers, der aus zwei Trimetern mit je drei Jamben besteht, so daß der Vers sechs Jamben – oft mit einer klar erkennbaren Zäsur – aufweist. Wie sehr diese Zäsur antithetisches Sprechen herausfordert und fördert, haben wir im Gedicht »Ebenbild unseres Lebens« gesehen (siehe S. 72f.).
Hier überspielt Gryphius manchmal gegensätzliche Überlegungen, die sich aus der Form anbieten könnten, und geht geradlinig auf sein Ziel zu: das Wesen des Abends, wie er ihn sieht, den Menschen als Mahnung vorzustellen. So herrscht in der ersten Strophe die Nacht, die die Sterne heraufführt und Tiere und Menschen vertreibt. Die zweite Strophe variiert den Gedankengang so, daß das ganze Leben ein einziger Tag vor dem Herrn wird. Die beiden Quartette gestalten den schwindenden, vergehenden Tag; doch will Gryphius keine abendliche Idylle beschreiben. Das zeigt sich am Ende der ersten Strophe in dem Ausruf: »Wie ist die Zeit vertan!«
Die dritte Strophe stellt keinen Gegensatz zu den Quartetten her, sondern sie schlägt in eine Bitte an Gott um, die in der letzten Strophe zu einem inbrünstigen Gebet gesteigert wird. Dieses zielgerichtete Voranschreiten auf eine letzte Aufgipfelung hin mag Gryphius vielleicht aus dem Shakespeare-Sonett gelernt haben.

c) Der Dichter sieht das irdische Leben unter dem Blickwinkel des Ewigen (sub specie aeternitatis), wie es bei den frommen Menschen des 17. Jahrhunderts üblich war. Er ist selbstverständlich bibelfest. So sind ihm alle Erscheinungen des Lebens vorläufige Dinge, die auf unser überirdisches Ziel hinweisen. Deshalb schafft der Dichter, der das Herrliche in der Natur durchaus sieht, liebt und verehrt, kein weltliches Naturgedicht; denn die ganze Schöpfung Gottes sehnt sich, wie der Mensch, nach Erlösung. Im Römerbrief (8, 19 und 22) heißt es: »Denn das ängstliche Harren der Kreatur wartet auf die Offenbarung der Kinder Gottes ... Denn wir wissen, daß alle Kreatur sehnt sich mit uns und ängstet sich noch immerdar.«
Gryphius schreibt hier aber auch kein Kirchenlied; er ist ein weltlicher Prediger. Er verfaßt ein christliches Meditationsgedicht, das von der Natur ausgeht und diese im Zusammenhang der Heilsordnung sieht. Er spricht auch gar nicht von sich allein; er empfindet sich nicht als einen einmaligen Menschen, sondern er ist der christliche Mensch schlechthin. So schließt er in Vers 7 alle Menschen zusammen; denn es ist ja »kein Ansehen der Person vor Gott«. Wir alle müssen dieses Leben durchlaufen wie antike Wettläufer oder Fahrer von Gespannen in einer Arena; deshalb wieder in Zeile 8 das Anknüpfen an einen Paulusbrief (2. Tim. 4, 7): »Ich habe einen guten Kampf gekämpft, ich habe den Lauf vollendet, ich habe Glauben gehalten.« Selbstverständlich erkannten die Leser der damaligen Zeit die Zusammenhänge und spürten, daß Gryphius ihnen ins Gewissen redete, sie sollten vor dem Gepränge des Tages nicht das Ende ihrer Zeit, ihres Lebens, vergessen. Sie wußten alle, daß der Tod kommt »wie ein Dieb in der Nacht« und daß die klugen, die wachsamen Jungfrauen den Herrn empfangen können, wie Jesus in einem seiner Gleichnisse darlegte. Die Betrachtung des Dichters mündet aus in ein Gebet, in dem er stellvertre-

tend für seine Brüder und Schwestern in Christo Gott um Gnade und Erlösung bittet. Wer denkt hier nicht an das *De Profundis*: »Aus der Tiefe schreie ich zu dir – Herr, erhöre meine Stimme!« Die Erde als das finstere Tal, das wir alle durchwandern müssen, ist ein uralter jüdisch-christlicher Topos.

d) Der Dichter nutzt einige antithetische Möglichkeiten, die ihm der Alexandriner einräumt, und stellt in der ersten Strophe Tag und Nacht einander gegenüber. Die Nacht erscheint als mythische Gestalt, die über die ganze Welt herrscht. Die Auffassung des Menschen als eines Kahnes, der die Glieder in sich birgt, ist ungewöhnlich, paßt aber zu dem Topos, daß wir nach unserem Tod in den ewigen Hafen einfahren. Mitreißend ist die unerhörte Dynamik, die in der Vorstellung liegt, daß der Hafen sich uns nähert – und nicht umgekehrt.

Diese ganze Conditio humana (das Menschenleben und seine Bedingtheiten) ist in den ersten beiden Quartetten ohne großes Pathos dargestellt. Sicher hat der Dichter eine gewisse Monotonie angestrebt, die vor allem in der Klangfarbe der zwei Reime auffällt. Die dunklen a-Laute kongruieren mit der Vorstellung von Abend und Nacht. In einer ganz anderen Tonart, mit einem bewegten, aufwärtsstrebenden Rhythmus gestaltet der Dichter den Anruf an Gott. Das anaphorische *laß* ist der typische Ton der Litanei. Das erste Terzett besteht aus inbrünstigen Bitten; der zweite Vers häuft in einer der damals so beliebten Aufzählungen die Hindernisse, die stören könnten.

Das antithetische Prinzip durchwaltet alle sechs Verse. Die Reime werden nun durch das breite, helle ei verbunden; sie fallen dann nochmals ins a zurück und enden wie bei einem Dur-Akkord in einem strahlenden i. In der Zeile 11 ist das letzte Wort noch dem Ich gewidmet; das Gedicht endet aber mit dem Anruf an das göttliche Du. In der letzten Zeile klingt die Antithese hell – dunkel mit einer inbrünstigen Bitte an Gott aus.

e) Gryphius ist der bedeutendste Lyriker des Barock. Diese Zeit der unerhörten Leiden (30jähriger Krieg!), der Diesseitslust und der Jenseitssehnsucht, war im ganzen tief religiös. Die Gegensätze und Spannungen waren sehr stark: Lebensgenuß neben Todesangst, Weltbejahung neben Vergänglichkeitsbewußtsein. Der herrschende Grundzug war die Erfahrung der Nichtigkeit alles Irdischen. Die Dichter, die alle theologisch und naturwissenschaftlich gebildet waren, hatten die Kraft, den Stufenbau der Schöpfung zu überblicken und zu gestalten. »Sie empfanden die Welt mehr als Gefüge denn als Erlebnisfolge, mehr als polyphone (vielstimmige) Harmonie denn als fortschreitende Melodie« (Erich Trunz). Welt, Mensch und Gott stehen noch in einer klaren Zuordnung; und der Mensch weiß, daß Gott ihn hört, wenn er zu ihm ruft. Der Mensch weiß um seine Bestimmung und um die Güte, aber auch um die Strenge Gottes.

Zu Jacobi:

a) Wie gestaltet Jacobi (1740–1814) das Abend-Motiv, und wie erweitert er es?
b) Welchen Eindruck macht auf Sie die äußere Form, die der Dichter gewählt hat?
c) Aus welcher Stimmung heraus hat Jacobi wohl das Gedicht geschrieben?

d) Welche Rolle spielt die Natur?
e) Ordnen Sie das Gedicht literaturgeschichtlich ein!

a) Der Abend ist für den Dichter das süße Ende des Tages, die Zeit des Ausruhens, des Genusses, der Freude. Das Motiv erweitert sich dann einerseits dadurch, daß der Abend zum Rahmen der Liebe eines jungen Paares wird. Andererseits ist aber außer diesem liebenden Paar kaum mehr etwas wichtig. Die Perspektive verengt sich zur Idylle, zum vollkommen in sich ruhenden Bildchen.

b) Wir glauben, ein Tanzliedchen aus der alten höfischen Zeit vor uns zu haben, so zierlich sind die Verse in die Strophen geschmiegt, und so anmutig sind die Verse unter sich verbunden. Die wiegenden Amphibrachen geben zusammen mit makellosen Kreuzreimen das betörende Gefühl des Schwankens. Durch die Gleichmäßigkeit des Rhythmus (in jeder Zeile nur zwei Hebungen!) geht das Gedicht dem Leser sofort ins Ohr. Das Schweben des Dichters im Glücksgefühl läßt sich geradezu hören. Auch in der Wortwahl bevorzugt er das Zierliche, Spielerische. Das unernste Element, anmutig gestaltet, beherrscht das ganze Gedicht.

c) Jacobi, der es in jungen Jahren zum Philosophieprofessor brachte und mit Gleim, dem bekannten Anakreontiker, befreundet war, hat dieses Gedicht sicher aus Lust und Laune geschrieben. Man hat ihn manchmal wegen seiner schmachtenden Liebessehnsucht verspottet, aber er hat sich in der Rolle eines heiteren Minnesängers gefallen. Freilich wüßten wir gerne: Geht nun Jacobi von einer bestimmten Person, von einer bestimmten Situation, von einem bestimmten Erlebnis aus? Oder haben wir hier ein Rollengedicht in konventionellem Singsang? Wendet er sich wirklich an Gefühl, Herz und Seele, oder tut er nur so?

Vielleicht haben wir den seltenen Fall vor uns, daß hinter der Konvention des Liebesgetändels ein echtes, durchlebtes Gefühl durchscheint. Schwer dürfen wir das Gedicht auf keinen Fall nehmen. Es bleibt ein intellektuelles Spiel mit eigenem Reiz. Die Anmut solchen galanten Spiels und witzigen Sprechens, das dekorative Malen der Situation und die unverbindlich-gesellige Gestimmtheit erzeugen allein schon einen hohen ästhetischen Reiz. Das Feuerwerk der Andeutungen sammelt sich in einer Pointe, in der, wie in Shakespeares Sommernachtstraum, Natur und Liebe eine Synthese eingehen.

Nun hat der Herr Philosophieprofessor sicher Leibniz' These von der »besten aller Welten« gekannt und wohl auch bejaht. Darum ist die Welt hier als heil und unversehrt dargestellt, nicht als vergänglich und nichtig wie bei Gryphius. Ob nun Rolle oder eigenes Erlebens: Viele Verse atmen Glücksgefühl und Freude am Dasein.

d) Ganz im Gegensatz zu Gryphius ist die Natur weder eine mythische Größe, noch sind die Tiere Mitgeschöpfe Gottes, unsere Schwestern und Brüder, die mit uns das Tal der irdischen Finsternis durchwandern. Wir glauben uns eher auf einer Bühne in einem Waldtheater zu befinden; schon die elegante Einladung (*ich bitte*) ist eine graziöse Geste, die auf Requisiten und Kulissen weist: Himmel, Wolken, Mond und Sterne, Bäume, Wälder und ein liebes Plätzchen

im Grünen. Die verkleinernden -chen und -lein verleihen den Sternen, Wolken und dem lieben Platze ein liebliches, ja kindliches Wesen.
Ist das nicht inszeniert als angenehmes, unterhaltsames Gesellschaftsspiel in der freien Natur? Fehlen bloß noch Schäfer und Schäferin! Aber der Schäfer hat ja seine Schäferin bereits eingeladen.

e) Sehen wir also vor uns ein konventionelles Spiel von schwebender Heiterkeit! Es handelt sich um eine höchst kultivierte Gesellschaftsdichtung: zierlich, tändelnd, geschmackvoll, genußreich mit schmachtenden Einlagen. Die graziöse Leichtigkeit und reizvolle Bewegtheit der Sprache schufen damals neue Möglichkeiten der Versbehandlung und Sprachgestaltung. Das nette Gedichtlein ist artistisch auf die Pointe zugespitzt, auf einen letzten Höhepunkt. Erotische Anspielungen sind gekonnt eingepaßt. Hier ist in erster Linie ein literarischer Einfall entfaltet; und trotzdem wollen wir dem Dichter einen gewissen seelischen Gehalt glauben, denn die Empfindsamkeit war ihm nicht fremd.
Die Stichwörter *Anakreontik* und *Empfindsamkeit* haben das Gedicht bereits eingeordnet. Die sogenannten Anakreontiker, die von etwa 1740–1770 dichteten, ahmten ihr Vorbild, den heiteren griechischen Dichter Anakreon, nach. Ihre Motive waren im wesentlichen: Macht der Liebe, Lobpreis der Geliebten, Aufforderung zur Liebelei, Lob des Weines und der Geselligkeit, heiterer Lebensgenuß im Sinne Epikurs. Manchmal bediente man sich auch der alten Mythologie oder der spätbarocken Schäferspielerei. Hauptsächlich aus dem französischen Rokoko übernahmen die Künstler die Vorstellung von der Natur als einer lieblichen Landschaft mit Wiesen, Bächlein, Quellen, Lauben und Grotten.
Noch Goethe hat als Student in Leipzig anakreontische Lieder in schwungvoller Zierlichkeit verfaßt. Ein paar Jahre später brach dann wie ein Gewitter der »Sturm und Drang« los und führte in die deutsche Lyrik die Allgewalt des Gefühls und die Unmittelbarkeit des Erlebnisses ein.

Zu Trakl:

a) Wie gestaltet Trakl (1887–1914) das Abend-Motiv, und wie erweitert er es?
b) Warum hat er wohl die Form des Sonetts gewählt?
c) Worin sehen Sie den existentiellen Kern des Gedichts?
d) Wie verdeutlicht der Dichter in Bild und Klang seine Absicht?
e) Ordnen Sie das Gedicht literaturgeschichtlich ein!

a) Das Abend-Motiv wandelt sich hier sehr bald in ein Herbstbild; der Unterschied ist jedoch nicht groß; denn Abend und Herbst bedeuten beide das Ende einer hellen, warmen Zeit und bezeichnen die Schwelle zur Dunkelheit und Kälte.

b) Trakl, der formbewußte Österreicher, in einer langen künstlerischen Tradition stehend, hat das Sonett einige Male verwendet, weil es anscheinend seinem gedanklichen Bewegungsprinzip entgegenkam. Er schafft hier ein fast vollkommen nach dem Muster Petrarcas gebautes Sonett: Verse mit fünf jambischen Takten, die alle weiblich enden; allerdings variiert er das Reimschema leicht (abba cddc efe fef), so daß er zwei Reime mehr benötigt. Die verlässige Form der geprägten Bindung gibt dem Gebilde im Zusammenhang mit den immer weich klingenden Endungen eine in sich ruhende Dynamik: eine paradox anmutende Leistung.

Trakl hat sich fast pedantisch an die »Philosophie des Sonetts« gehalten: Das erste Quartett bietet das Thema, das im zweiten variiert wird. Allerdings nimmt schon in Zeile sechs die Antithese zwischen dem *dämmervollen Garten* und *helleren Geschicken* den Umschlag voraus, wie er dann in der neunten Zeile erfolgt. Das Oktett stellt die Harmonie oben dem Verfall unten im Sextett gegenüber. Im Blick in den Himmel hinauf ist der Dichter das Subjekt; auf der Erde machen ihn Amsel, Pflanzen und Stein zum Objekt. Das zweite Terzett steigert seine Betroffenheit, wie sie im ersten Terzett geschildert ist, noch. Eine Synthese zwischen These und Antithese findet nicht statt, sondern das Gedicht endet mit der furchtbaren Niedergeschlagenheit des Dichters, der seinen Aufblick der ersten Verse vergessen zu haben scheint.

c) Trakls Motive sind oft Verfall, Verwesung, Grauen, Todesangst und -not. Auch hier ist er im Tiefsten angerührt durch das naturnotwendige Vergehen alles Geschaffenen. Der Trost der natürlichen Hoffnung auf Sonne, Frühling und Sommer scheint hier keinen Platz zu haben. Und der Himmel, der erst noch Friede und Weite kündet, rückt fern, wird unnahbar, verschlossen. Der unversöhnliche Gegensatz zwischen Traumwunsch und niederdrückender Realität ist das harte Thema des Gedichts. »Ernüchtert wird der Garten gesehen, das Einzelne beobachtet und festgestellt. Die Erdendinge bekommen Gewicht, ja Übergewicht« (Albrecht Weber).

Der Bruch zwischen oben und unten ist eine schroffe Antithese wie bei Gryphius; nur daß die Blickwendung genau umgekehrt ist: Gryphius schaut von unten nach oben, Trakl von oben nach unten. Beim Barockdichter ist der Gegensatz überbrückt durch den Glauben an Gott, der über aller Vergänglichkeit steht. Trakl, lebend in einer gottfernen, ja gottlosen Zeit, kann diesen Aufschwung nicht vollziehen. Durch fast alle seine Gedichte zieht sich ein bitterer Grundton; Verwesung hat die Freude zerstört.

Abend und Herbst sind das Grab des Glücks. Dem Dichter ist keine Liebeswonne im Hain verheißen (wie Jacobi) und kein Trost der Nacht im Gebet (wie bei Gryphius).

d) Die innere Harmonie der beiden Quartette klingt aus den vollen, tiefen Lauten und wird noch stärker betont durch die zahlreichen Alliterationen, die in fast allen Versen – auch über die Zeilen hinweg, wie beim f-Laut – auftreten. Hypotaktische Satzfolgen tragen die träumerische Stimmung. Das weihevolle Gefühl kommt nicht nur akustisch zum Ausdruck, sondern auch in den Bildern von den Vogelzügen, dem Vergleich mit dem Wallen frommer Pilger und den freundlichen Attributen (*wundervoll, fromm, klar, dämmervoll, heller*). Besonders einprägsam ist der Stillstand der Zeit gestaltet, wie er fast (!) eintritt: *der Stunden Weiser*, der *kaum mehr rückt*. Äußerlich scheint sich im Sextett nicht viel zu ändern. Und doch herrscht hier eine ganz andere Tonart: Die Vokale, die hörbar immer dunkler werden, geraten fast in Not, von den harten, scharfen Konsonanten erdrückt zu werden. Statt der vielen Vögel oben klagt

jetzt eine einzige Amsel unten; Wein und Gitter sind kraftlos geworden und vom Tode bedroht. Besonders kraß ist das letzte Bild, das in einer umgedrehten Personifizierung die sterbenden Astern blassen, sterbenden Kindern vergleicht.
Man hat bei Trakl von *absoluten Chiffren* gesprochen; z.B. kann das Beiwort *rot* beim Wein wörtlich genommen werden; diese Farbe hat aber im Gesamtwerk Trakls oft eine Vielfalt von Qualitäten, die eine klare Bedeutung unmöglich machen. Insgesamt stehen den positiven Bildern in den Quartetten negative in den Terzetten gegenüber. Das Wort *Todesreigen* in Zeile 12 ist eine krasse Verfremdung des Wortes *Reigen*, fast ein Oxymoron; diese Verquikkung zweier unverträglich anmutender Wörter bewirkt eine Steigerung, hier ein Hinabsinken in das Gefühl des Sterben-Müssens.

e) Dieses Werk, das in der langen Tradition der Sonettdichtung steht, ist, genau betrachtet, kaum mehr ein traditionelles Gedicht, obwohl Trakl 35 Jahre vor der wirklich modernen deutschen Lyrik gestorben ist. Der Expressionismus, der mit aller Vehemenz ein neues, reineres Zusammenleben aller Menschen in Ehrlichkeit und Wahrhaftigkeit forderte, sah mit unerbittlicher Schärfe die Abgründe des Daseins und stellte diese dar.
Viele expressionistische Dichter zerbrachen an den Umständen ihrer Zeit oder kamen im Ersten Weltkrieg um – in einem gnadenlosen Menschenmorden, das alle Ideale zerschlug.

2. Leben in dieser Welt

Sprüche des Konfuzius

Dreifach ist der Schritt der Zeit:
Zögernd kommt die Zukunft hergezogen,
Pfeilschnell ist das Jetzt verflogen,
ewig still steht die Vergangenheit.

Keine Ungeduld beflügelt
ihren Schritt, wenn sie verweilt.
Keine Furcht, kein Zweifel zügelt
ihren Lauf, wenn sie enteilt.
Keine Reu', kein Zaubersegen
kann die Stehende bewegen.

Möchtest du beglückt und weise
endigen des Lebens Reise,
nimm die Zögernde zum Rat,
nicht zum Werkzeug deiner Tat!
Wähle nicht die Fliehende zum Freund,
nicht die Bleibende zum Feind!

Friedrich von Schiller (1759–1805)

Leben eines Mannes

Gestern fuhr ich Fische fangen,
heut bin ich zum Wein gegangen,
– morgen bin ich tot –
Grüne, goldgeschuppte Fische,
rote Pfützen auf dem Tische,
ringsum weißes Brot.
Gestern ist es Mai gewesen,
heute wolln wir Verse lesen,
morgen wolln wir Schweine stechen,
Würste braten, Äpfel brechen,
pfundweis alle Bettler stopfen
und auf pralle Bäuche klopfen,
– morgen bin ich tot –
Rosen setzen, Ulmen pflanzen,
Schlittenfahren, fastnachttanzen,
Netze flicken, Laute rühren,
Häuser bauen, Kriege führen,
Frauen nehmen, Kinder zeugen,
übermorgen Knie beugen,
übermorgen Knechte löhnen,
übermorgen Gott versöhnen –
morgen bin ich tot.

Werner Bergengruen (1892–1964)

Das Mahl der Straßenwärter

Im Teerfaßschatten kauen sie gelassen
durchwachsnen Speck und weißes Kümmelbrot
und spucken aus, wenn sie die Messer fassen,
und blinzeln nach dem Limousinenrot.

Die Kaffeeflasche gluckst, die Krusten brechen,
dem Alten hängt im Bart das gelbe Ei,
der Ziegenkäse hindert sie beim Sprechen,
der Mittag zieht als Butterduft vorbei.

Durchs Grabengras rolln die verschwitzten Hüte,
Die Männer wischen sich das Fett vom Mund,
bei Schaufeleisen und Kamillenblüte
spürn sie des Daseins wunderlichen Grund.

Sie stopfen Krüll in die zerbißnen Pfeifen,
ein Becher Kirschschnaps treibt ihr zähes Blut.
Das Künftige, schon ist's für sie zu greifen
im Schotterhügel. He – die Welt ist gut!

Heinz Piontek (geb. 1925)

a) Wie ist das Motiv jeweils abgewandelt? Beschreiben Sie die Intention der Dichter!
b) Wie zeigt sich in Diktion und Metaphorik das Individuelle der Dichter?
c) Versuchen Sie eine epochenspezifische Einordnung der Gedichte!

a) Das umgreifende Motiv ist hier etwa: Leben in dieser Welt. Diese uralte Menschheitsfrage hat immer Weise, Theologen, Philosophen, Dichter, jeden denkenden Menschen beschäftigt. Für den Dichter gibt es verschiedene Möglichkeiten, dieses Thema zu gestalten.
Schiller, der unsere Gedankenlyrik wie kein anderer Dichter bereichert hat, hat sich für reine gereimte Theorie entschieden. Er schlüpft in das Gewand des Konfuzius, des chinesischen Staatsphilosophen (551–479 v. Chr.), und lehrt uns das Wesen der Zeit zu verstehen. Hauptanliegen des Konfuzius war: Ordnung in allen Dingen. Genau das verkündet Schiller in diesem Spruchgedicht,

das wie eine verkappte Predigt klingt. Schiller wollte im Tiefsten seines Wesens den Mitmenschen predigen; er wollte sie lehren. Sein didaktisches Bedürfnis wurde besonders groß, nachdem er Kant studiert hatte. Dieser hatte Raum und Zeit als reine Anschauungen erkannt und auf dieser Basis seine Kategorien (Quantität, Qualität, Relation und Modalität) entwickelt.
Schiller führt uns nun die drei Aspekte der Zeit vor und schließt daran seine Ermahnung:

- Keine Luftschlösser in die Zukunft bauen!
- Die Gegenwart nicht festhalten!
- Die Vergangenheit nicht ändern wollen!

Diese Lebensregeln sind für jedermann und für eh und je gedacht; sie entspringen weltlicher Klugheit, fernab jeder geistlichen Erbauung.
Bergengruen rafft ein ganzes menschliches Leben zusammen und stellt als Beispiel das Tun und Lassen eines ländlichen Mannes vor uns hin, so wie der Dichter diese Bauern und Fischer in seiner baltischen Heimat als Junge kennengelernt hat. Auch er will natürlich belehren – wie Schiller; auch er steht auf einer Art weltlicher Kanzel. Aber er hebt nicht den Zeigefinger und doziert, sondern er erzählt – in Andeutungen – pralle Predigtmärlein, wie sie die einfachen Leute gerne hören. Die ganze bunte Vielfalt des Lebens zieht an uns vorüber: alles Wichtige, was ein Mann in seinem Leben tut und tun kann. Bergengruen will wohl sagen: Eigentlich ist das Denken eines Durchschnittsmenschen recht primitiv. Jeder lebt einfach drauflos; er ist vom Augenblick gefangen. Aber dem jenseitsbezogenen Christen kommt die Frage: Ist dieses intensive Verhaftetsein im Augenblick nicht zu oberflächlich? Welchen Sinn hat das Ganze? Und hier bricht der Dichter mit der Mahnung ein: »Was nützt es dem Menschen, wenn er die ganze Welt gewönne, aber Schaden leidet an seiner Seele?« Die Kirchen haben dieses Wort Jesu vereinfacht in den Ruf: Rette deine Seele! Der Tod steht vor der Tür: Memento mori! Die katholische Pastoraltheologie hat immer auf die vier letzten Dinge hingewiesen: Tod, Gericht, Himmel, Hölle. Im Trubel der Tage vergißt der Mensch darauf. Das Wichtigste verschiebt er in die ferne Zukunft: Gott anbeten, Gerechtigkeit walten lassen und seine Sünden bereuen. Hinter der Mahnung steht bei Bergengruen die Drohung: Ändere jetzt deinen Sinn, sonst sagt dir der Tod auf einmal: zu spät!
Piontek stellt einen kurzen Zeitraum im Leben einiger Arbeiter dar. Wir befinden uns in einer geschlossenen Welt der natürlichen Dinge, der banalen Verrichtungen. Die Arbeiter machen Pause und stärken sich für das weitere Werk. Der Dichter legt in das Geschilderte keinen künstlichen Tiefsinn. Wir sehen das Tagewerk aus einer Art Froschperspektive – oder steht der Dichter still und bescheiden am Wegrand und schaut vergnügt zu, wie diese einfache Welt in Ordnung ist? Die Leute sind zufrieden; sie haben Arbeit, Lohn und Essen; einfache Dinge erfreuen sie. Nach dem vorüberrauschenden Auto blinzeln sie bloß – ohne Neid. Die Welt ist in Ordnung; sie ist gut. Will der Dichter uns für das Idyll begeistern? Er will überhaupt nicht begeistern. Er sagt uns unaufdringlich, was Goethe ähnlich aussprach: »Wie es auch sei, das Leben, es ist gut.« Kühnes Philosophieren oder dauernde Furcht vor dem Tod bringen

den Frieden des Herzens nicht. Gesunde Arbeit, auskömmlicher Verdienst – was braucht der Mensch mehr?

b) Schiller kann sein Pathos nicht verleugnen. Er stellt seine Lehrsätze in drei straffen Strophen zusammen, die in ausgeklügelter Weise aufgebaut sind: Thema – Erfahrung – Anwendung. In hämmerndem Trochäus (meist fünftaktig) und in geschickt angeordneten Reimen schafft er sich Gehör. Die Bilder, die er verwendet, sind alle dynamisch. Nur der *Zaubersegen* reicht in die religiöse Sphäre. Aber auch er soll bannen, eine Bewegung aufhalten. Die Bilder verdeutlichen also die Antithetik des Gedankenflusses; stets ist der Gegensatz zwischen Ruhe und Bewegung betont; die Mahnungen sind dann in scharfe Zuspitzungen komprimiert.

Bergengruen gliedert nicht in Strophen. Die vielen Verrichtungen im Laufe eines Allerweltslebens erscheinen fast wie ein kindlicher Abzählvers oder wie eine weltliche Litanei. Der Einbruch des Memento mori in fast immer gleichen Abständen setzt Akzente des Einhaltens. Schon äußerlich hebt sich dieser zur Besserung rufende Dreitakt-Vers vom erzählenden trochäischen Viertakter ab. Am Schluß wird es geradezu dramatisch: Dreimal beschwört der Dichter das Wichtigste und dreimal rückt er es, noch bevor es ausgesprochen wird, in die unerreichbare Ferne. Dieser Kontrast zwischen Szenen aus dem Leben eines baltischen Fischer-Bauern und dem einbrechenden Wissen um den Tod muß den Leser gewaltig aufrütteln. Genau das will der Dichter.

Piontek hat nicht die Absicht, mit großen hymnischen Worten das Dasein zu preisen. Der kleine Ausschnitt, den er uns als »irdisches Genügen« vorführt, ist frei von Mahnung und Belehrung. In vier breiten Strophen baut er im gelassenen fünfhebigen Jambus, in bedächtigem, fast schwerfälligem Rhythmus eine kleine Welt auf, die in sich ruht. Der Dichter schildert das Milieu realistisch, eher vordergründig. Metaphorisches Sprechen hat er nicht nötig. Er nennt Dinge und Vorgänge beim Namen. Bloß am Ende der dritten Strophe wandelt auch seine schlichten Arbeiter ein merkwürdiges Gefühl an; aber sie hängen ihm nicht nach. »Tiefe« ist nicht gefragt. Piontek beläßt es bei der Kette von Impressionen, die zusammen eine scharf geschaute Situation ergeben.

c) Schiller ist noch bestimmt von dem mitreißenden Schwung der Aufklärung; er, als dichtender Denker, glaubt an die Vernunft und daran, daß der Mensch erzogen werden kann und soll.

Bergengruen, der fromme Dichter in einer nüchternen Zeit, will seinen Zeitgenossen zurufen, daß sie ihre ewige Bestimmung nicht vergessen mögen. Er, der zwei katastrophale Kriege und vieles andere Schlimme erlebte, glaubte an die »heile Welt«; aber nicht in der kindischen Weise, daß ein großväterlich lieber Gott uns stets versorge, sondern im Sinne des Sprichworts: Hilf dir selbst, dann hilft dir Gott.

Piontek ist noch ein Stück nüchterner und schweift nicht einmal in die Zukunft aus. Wir sind nach dem Zweiten Weltkrieg bescheiden geworden: Ein kleines Stück gesicherter Gegenwart genügt uns. Die »neuen Wirklichkeiten«, die die Literatur aufzeigt, weisen kaum mehr über sich hinaus; sie haben keinen symbolhaften Charakter.

3. Untreue

Das zerbrochene Ringlein

In einem kühlen Grunde
da geht ein Mühlenrad,
mein' Liebste ist verschwunden,
die dort gewohnet hat.

Sie hat mir Treu versprochen,
gab mir ein'n Ring dabei,
sie hat die Treu gebrochen,
mein Ringlein sprang entzwei.

Ich möcht als Spielmann reisen
weit in die Welt hinaus
und singen meine Weisen
und gehn von Haus zu Haus.

Ich möcht als Reiter fliegen
wohl in die blutge Schlacht,
um stille Feuer liegen
im Feld bei dunkler Nacht.

Hör ich das Mühlrad gehen:
Ich weiß nicht, was ich will –
Ich möcht am liebsten sterben,
da wär's auf einmal still!

Joseph Frh. v. Eichendorff (1788–1857)

Untreu

Dein Lächeln weint in meiner Brust
Die glutverbissnen Lippen eisen
Im Atem wittert Laubwelk!
Dein Blick versargt
und
hastet polternd Worte drauf.
Vergessen
bröckeln nach die Hände!
Frei
buhlt dein Kleidsaum
schlenkrig
drüber rüber!

August Stramm (1874–1915)

a) Zeigen Sie Ähnlichkeiten und Unterschiede des Motivs auf!
b) Welche Besonderheiten lassen sich bei der Wortwahl und der Wahl der poetischen Stilmittel erkennen, und was ist ihre Funktion?
c) Welche Besonderheiten lassen sich im Hinblick auf Vers, Strophe, Rhythmus und Reim erkennen, und welche Funktion haben sie im Text?
d) Erläutern Sie die epochenspezifischen Merkmale der Gedichte!

a) Bei beiden Dichtern geht es um das Ende der Treue, um das Ende eines Gefühls, das un-endlich schien.
Eichendorff versinnbildlicht das Motiv durch das volksliedhafte Bild vom zerbrochenen Ringlein. Der Ring – ein Topos für Bindung und Unendlichkeit – bricht, wie von magischen Kräften zerstört, entzwei, als die Liebste treulos *verschwunden* ist. Einheit und Ganzheit sind zersprungen. Hier würde ein echtes

Volkslied enden. Eichendorff setzt nach den ersten beiden Strophen auf anderer Ebene an. Er wechselt das Subjekt (in den ersten beiden Strophen: die Liebste – sie). Das neue Subjekt ist das Ich. Es flieht nun den Kreis der idyllischen Liebe, die ja gescheitert ist, findet das ganze Leben aber nicht mehr lebenswert. – Das Ringmotiv ist von Anfang an mit dem Mühlenrad verbunden. Dieses ist ein vieldeutiges Sinnbild – auch Stimmungsträger. Vor allem stellt es in seiner fortdauernden Drehbewegung einen schmerzhaften Gegensatz dar zum Ende der Treue. Zwei Volksliedmotive in loser Aneinanderkettung spielen also die Hauptrolle in diesem schlichten inneren Monolog.

Stramm gestaltet nicht ein Selbstgespräch, sondern eine fingierte Anrede; aus der eigenen Verletztheit formt er eine Anklage, die in drei dynamischen Bildern das Wesen der Geliebten mehr bloß- als darstellt. In Prosa übersetzt, könnte der Gedankengang lauten: Deine Liebe ist erkaltet; sie stirbt. Du willst dies mit Worten verbergen und wie einen Sarg mit Erde zuschütten. Ein kokett-gefallsüchtiges Hin und Her – das ist deine Liebe!

Bei beiden Dichtern erfahren wir nicht, warum die Geliebte untreu geworden ist; beide sind im Innersten getroffen, ja zerstört. Bei Eichendorff ist von zwei Personen die Rede; Stramm charakterisiert nur die untreue Frau. Eichendorffs »Held«, der sich das Leid aus der Seele singt, sehnt sich nach dem Frieden des Todes; Stramm verstummt, seine Anklage scheint keines weiteren Gefühls mehr fähig zu sein.

b) Die demütig-verhaltenen Verse Eichendorffs beziehen ihre Wörter aus der Redeweise des Volkes und nehmen auch umgangssprachliche Wendungen auf. Ähnlich schlicht sind die Sätze gebaut, die, meist parataktisch, je einen Vers darstellen; nur dreimal klammern echte Enjambements zwei Zeilen zusammen.

Stramms größere Leidenschaftlichkeit führt zu heftigeren Vers- und Wort-Eruptionen. Er bildet neue Wortzusammensetzungen oder verfremdet die Wörter durch ungewöhnlichen Gebrauch. In den ersten drei Versen stoßen schneidende Kontraste aufeinander. Aufs äußerste komprimierte Denkbilder ergeben sich durch Verben, die aus Substantiven geschaffen wurden (*eisen, versargt*) oder in ihrer Aktionsart verändert wurden (*hastet, bröckeln nach*). Auch das Wort *frei* nimmt eine einseitig-verengte Bedeutung an. Die folgende Interpretation zeigt es als lässig, spielerisch, flatterhaft. Der jeweilige Wortsinn ergibt sich aus der jagenden Dynamik der Diktion.

c) Bleiben wir zunächst bei Stramm. Ist diese Form adäquater Ausdruck seiner Aussage, oder ließe sich das Gleiche in Prosa mitteilen? Die Verse, in Prosa hingeschrieben, widersetzen sich dieser Umformung. Denn der Staccato-Rhythmus, der das ganze Gebilde trägt, ginge verloren. Jeder Vers ist geladen mit der Wucht der Anklage, auch wenn er nur aus einem Wort besteht. Wie aus mittelalterlich richtendem Mund meint man das *buhlt* zu hören, als Geißelung der Untreue akzentuiert an den Zeilenanfang gestellt. Das Gedankenspiel sei erlaubt: Eine liedhafte Fassung in der Art Eichendorffs wäre ein Unding. Stramms Wörter sollen nicht strömen, nicht das Ohr »liebkosen« (Goethe); sie wollen schockieren, knirschen. Darum kann Stramm auch keine Einteilung in Strophen brauchen; der lange, harte Seufzer kennt keine Pause.

Eichendorff faßt seine Aussage in fünf schlichten Volksliedstrophen. Wären nicht auch hier Reimlosigkeit, Asymmetrie und wilder, stoßender Rhythmus ein angemessenerer Ausdruck des Zerbrechens als die einprägsame harmonisierende Sanglichkeit der Volksliedstrophe? Nun spricht aber der hochgebildete, sensible Dichter nicht unbedingt die Sprache des Volkes, und die Gefühle des lyrischen Ich sind nicht identisch mit denen des Dichters. (Er schuf wohl ein Rollengedicht!) Der wunderbar getragene Rhythmus mit je zwei Tongipfeln je Vers transponiert den Schmerz in süßes Singen, das sich auch im Reimklang der alternierenden männlichen und weiblichen Kadenzen kundtut. Daß die Reime nicht immer rein sind, stört nicht. Alles strebt auf den Schlußakzent *still* hin. In diesem Wort ist das Leid gebannt.

d) Es ist bekannt, daß Eichendorff im Volkslied den »Grundcharakter« alles Lyrischen erblickte, daß er es als »musikalisch, rhapsodisch, geheimnisvoll« empfand. Er ist der Typ des Sängers; seine Dichtung wollte, wie er selbst sagte, sein: »Indirekte, das heißt sinnliche Darstellung des Ewigen und überall Bedeutenden, welches auch jederzeit das Schöne ist, welches unverhüllt das Irdische durchschimmert.« Für die Romantiker war das Leben ein Wunder aus Gottes Hand. Nicht jeder Dichter jener Zeit singt so lieblich, zart verhüllend, fast niedlich wie Eichendorff; aber sie alle wußten von dem »Zauberwort, bei dem die ganze Welt zu singen anheben« würde (Eichendorff).
Stramm, der Expressionist, der an der seelenlosen Mechanik der Industrie- und Arbeitswelt litt, dem vor dem rücksichtslosen Kampf der Großmächte schauderte, der 1915 mit 41 Jahren als Hauptmann im Ersten Weltkrieg fiel, erträgt nicht mehr die besänftigende Melodie der süßen Klänge. Seine seelischen Erschütterungen schlagen sich in Wortgebärden nieder, die kraß, schokkierend und brutal sind.

4. Reisen

Reiselied

Durch Feld und Buchenhallen
bald singend, bald fröhlich still,
recht lustig sei vor allen,
wer's Reisen wählen will.

Wenn's kaum im Osten glühte,
die Welt noch still und weit:
Da weht recht durchs Gemüte
die schöne Blütenzeit!

Die Lerch' als Morgenbote
sich in die Lüfte schwingt,
eine frische Reisenote
durch Wald und Herz erklingt.

O Lust, vom Berg zu schauen
weit über Wald und Strom,
hoch über sich den blauen
tiefklaren Himmelsdom!

Vom Berge Vöglein fliegen
und Wolken so geschwind,
Gedanken überfliegen
die Vögel und den Wind.

Die Wolken ziehn hernieder,
das Vöglein senkt sich gleich,
Gedanken gehn und Lieder
fort bis ins Himmelreich.

Joseph Frh. v. Eichendorff (1788–1857)

Reisen

Meinen Sie Zürich zum Beispiel
sei eine tiefere Stadt,
wo man Wunder und Weihen
immer als Inhalt hat?

Meinen Sie, aus Habana,
weiß und hibiskusrot,
bräche ein ewiges Manna
für Ihre Wüstennot?

Bahnhofsstraßen und Rueen,
Boulevards, Lidos, Laan –
Selbst auf den Fifth Avenuen
fällt Sie die Leere an –

Ach, vergeblich das Fahren!
Spät erst erfahren Sie sich:
bleiben und stille bewahren
das sich umgrenzende Ich.

Gottfried Benn (1886–1956)

a) Vergleichen Sie die beiden Gedichte nach Aussage und sprachlichem Gestus!
b) Ziehen Sie Rückschlüsse auf das Weltbild der Dichter!

a) Das Sich-Fortbewegen, Reisen, Wandern ist eine uralte menschliche Betätigung – teils aus freiem Entschluß, teils aus äußerer oder innerer Notwendigkeit. Wenn auch die Überschrift der beiden Gedichte fast identisch ist, hat doch das Wort *Reisen* einen beachtlichen Bedeutungswandel mitgemacht. Der Romantiker Eichendorff verbindet es synonymisch mit *Wandern* (man denke auch an Wilhelm Müllers Liederzyklus »Die schöne Müllerin« mit dem Lied »Das Wandern ist des Müllers Lust« und an die »Winterreise«!). In der Zwischenzeit hat die Technik den Raum schrumpfen lassen und eine ganze neue Industrie aufgebaut: die Touristik. Heute steht hinter allem Reisen die Technik. Unsere Postkutsche ist das Flugzeug, und die Geschwindigkeit hat die Entfernungen unwichtig werden lassen. Die Wanderschuhe holen wir nur heraus für eine Bergtour oder für einen nostalgischen Fußmarsch – oft mit vorgezeichneter Route. Von diesem Wandel des Reisebegriffs sind die Ansichten der Dichter geprägt. Da die Unterschiede auch der Substanz und der Sprache sehr klar ins Auge fallen, sollen hier die Gegensätze einander schroff, fast rubrikartig gegenübergestellt werden.
Hier (Eichendorff) der Vorläufer des unbeschwerten Wandervogels, der die Landschaft mit allen Sinnen aufnimmt – dort (Benn) der elegante Weltmann, der mit Eindrücken übersättigte Globetrotter, der von den Flugplätzen aus durch die Großstädte flaniert.
Hier schwereloses Aufgehen in der Natur, Gefühl der Einheit mit Pflanze, Tier und Wind – dort Konzentration auf das schwermütige Ich; versuchter Dialog mit einem Partner, hinter dem sich doch wieder das eigene Ich verbirgt.
Hier naive Daseinsfreude – dort kultivierter Daseinsekel.
Hier quellende Lust – dort gestaute Nachdenklichkeit.
Hier Gefühlsseligkeit – dort bohrende Gedanklichkeit.
Hier sich immer mehr entgrenzende Bilder, die in einer grandiosen Aufwärtsbewegung bis ins Metaphysische gehen – dort eine Sicht, die sich immer stärker eingrenzt, die aus der Weite der Welt zu dem einen festen Punkt führt, den der Dichter anerkennt: zum Ich.
Hier Verlieren des Ichs im Überschwang der Freude – dort angespanntes Suchen des Ichs, weil der Boden unter den Füßen wegrutscht.

Hier sprudelndes Gewahrwerden, Feststellungen, Ausrufe – dort Fragen, stockendes Einhalten, Seufzer.
Hier ein Gedicht aus einem Guß, scheinbar von selbst entstanden wie ein organisches Gebilde – dort ein sprachliches Gebilde, zusammengesetzt aus Mosaiksteinchen, womit die Beziehungslosigkeit des Menschen zu seiner Umgebung aufgezeigt wird.
Hier schlichter Volksliedton – dort pointiertes Parlando.
Hier springlebendiger Rhythmus, meist jambisch (aber dazwischengestreut ein Amphibrachys, ein Anapäst und mehrere Tonversetzungen, um alles Eintönige zu vermeiden) – dort ein fallender, gestauter Rhythmus, dessen schwere Daktylen feierlich-traurig einherstelzen.
Hier überspringt der pulsierende Rhythmus das steife Metrum – dort ordnet der Rhythmus sich fast sklavisch dem Metrum unter, er ist von ihm förmlich gefangen.
Hier ist der Ton melodisch, tänzerisch, verspielt – dort ist er unmelodisch, eher gesucht, gemacht.
Hier leben und blühen liebliche, das Gefühl ansprechende Wörter – dort schaffen gesuchte exotische Namen eine mondäne Atmosphäre: *Hibiskus* (= Malvenart), *Manna* (= Wüstenbrot im Alten Testament), *Rueen* (= Bezeichnung für Straßen in verschiedenen Ländern; übrigens verwegen der Reim auf *Fifth Avenuen*! *Laan* (= holländisches Wort für Straßen).
Bei Eichendorff könnte man an das Wunder der Inspiration glauben (wenn man nicht wüßte, wie bewußt und raffiniert er Naivität zu gestalten verstand).
Nach Benns Aussage wird ein Gedicht bekanntlich gemacht, erdacht, konstruiert; der Gefühlsausbruch der letzten Strophe wäre dann kalkuliert. Und doch scheint die Betroffenheit und Ausweglosigkeit ehrlich zu sein.
Eichendorffs Gedicht lebt von Bild, Klang und Gefühl – Benns Gedicht ist überfrachtet mit Ideen, die im Intellekt entstanden sind.

b) Beide Dichter kreisen um das Leben und seinen Sinn. Über allen Unterschieden und Gegensätzen sind sich die Dichter doch auch ähnlich: Beide begeistern sich an der Schönheit der Erde, beide glauben an etwas Tieferes im Menschen; beide hassen das stumpfsinnig-oberflächliche Durch-die-Welt-Schlendern; beide hoffen einen Sinn zu er-»fahren«.
Aber die Unterschiede springen dann doch wieder kraß ins Auge: Bei Eichendorff geht es letztlich gar nicht um das Reisen, sondern um das Ziel (Topos des homo viator). Benn weiß kein Ziel; darum rät er von der Fahrt schließlich ab. Eichendorff kennt das Ziel genau; Benn ist auf der Flucht vor der Leere seines Ichs. Eichendorffs Wesen ist naiv-kreatürlich, unreflektiert (wie bereits gesagt, kann eine gewisse schauspielerische Attitüde nicht ausgeschlossen werden!). Benn ist distanziert, ironisch; er ist ein scheinbar monologisch weltabgewandter Mensch. Und gerade in seinem Werk spiegelt sich Wesentliches der historischen Vorgänge der Epoche: Die paradoxe Verbindung von Rausch und Kalkül ist ein Stück »Geheimgeschichte der deutschen Seele«.
Etwa 100 Jahre liegt das Leben der beiden Dichter auseinander. Eichendorffs religiöse Grundstimmung ist unverkennbar; er ist in sich durch einen frommen, starken Glauben gefestigt, durchdrungen vom Gefühl der Ordnung und

von der Sinnhaftigkeit der ganzen Schöpfung. Benn ist einer freischwebenden Skepsis, einer müden Resignation anheimgefallen; er, der Agnostiker ohne Glauben und Halt, erkennt sich zurückgeworfen auf Selbstbespiegelung. Er versucht nicht, unabhängig von Zeit und Raum eine allgemeingültige Wahrheit zu verkünden; er beschwört keine hohen Begriffe, keine metaphysischen Werte, keine Symbolik. Er gestaltet die Wirklichkeit des heutigen Menschen: zerrissen, fast verzweifelnd auf der Suche nach einem Sinn.

5. Früher Morgen

In der Frühe

Kein Schlaf noch kühlt das Auge mir,
dort gehet schon der Tag herfür
an meinem Kammerfenster.

Es wühlet mein verstörter Sinn
noch zwischen Zweifeln her und hin
und schaffet Nachtgespenster.

Ängste, quäle
dich nicht länger, meine Seele!
Freu dich! Schon sind da und dorten
Morgenglocken wach geworden.

Eduard Mörike (1804–1875)

Frühe Stunde

Weht ein Laub, kräht ein Hahn,
und der Himmel wird blaß;
weichen Halses der Schwan
tunkt ins dämmernde Gras.

Schwankt aus Silber und Tau
Netz der Spinne am Ast;
schnellt durchs schüchterne Blau
schwalbenschillernde Hast.

Reglos über der Welt
hängt im Winde der Weih;
ins Verlorene gellt
sein gelassener Schrei.

Peter Gan (1894–1974)

a) Auf welche Situation beziehen sich die beiden Dichter?
b) Was leistet die Struktur (Aufbau, Strophen, Metrum, Reim)?
c) Welcher Erlebnishintergrund läßt sich vermuten?

a) Mörike hat eine Nacht in dumpfer Verworrenheit verbracht; nun erlebt er mit freudigem Gefühl, wie die Finsternis innen und außen von ihm weicht. Leid und Trost seiner Seele gestaltet der mehr introvertierte Dichter in wenigen Versen. Es dürfte sich um ein persönliches Erlebnis handeln, das allerdings nicht direkt mitgeteilt wird; es scheint stilisiert und zusammengezogen aus mehreren Erfahrungen und Betrachtungen und zu einer kurzen Aussage komprimiert.
Gan ist eher extravertiert. Er erlebt den Beginn des Tages mit offenen Augen

und Ohren und registriert die Eindrücke, die ihm wichtig sind. Aus ihnen schießt bei ihm eine Miniatur zusammen: eine kleine Landschaft, die der Dichter beobachtet; ein Augenblick, der gültige Gestalt annimmt.

b) Mörikes Gedicht ist mit höchstem Kunstverstand geschrieben; das läßt sich bis in die kleinsten Einzelheiten nachweisen. Die ersten sechs Zeilen schildern die quälenden Gesichte einer schlaflosen Nacht; dabei stellt der Dichter in den ersten drei Zeilen seine Umgebung dar. Die Zeilen 4 bis 6 zeigen die Gemütslage des lyrischen Ichs. Die Paarreime mit der etwas harten Kadenz am Ende der viertaktigen jambischen Verse münden jeweils in einen jambischen Dreitakter mit klingender Endung. Diese beiden Verse 3 und 6 geben der Aussage der ersten 6 Zeilen durch ihren Reim Festigkeit. Die Zeile 7 markiert durch zwei Trochäen (die beiden Hebungen sind ä!) „den entscheidenden Umschwung in der seelischen Gestimmtheit" (Fritz Tschirch). Dieser starke Einschnitt läuft melodisch aus in einen viertaktigen trochäischen Vers (Zeile 8). Auf ihn folgen im selben trochäischen Versmaß in vollem, starkem Klang die Verse 9 und 10, die miteinander ebenso im Enjambement verknüpft sind wie die Verse 7/8. Sie verkünden die tröstliche Verheißung des Morgens.
Das Gedicht besteht also aus zwei verschieden langen Teilen: Dem beklommenen Moll-Ton der ersten sechs Verse antwortet ein klarer Dur-Ton, der noch zwei Aufrufe wie Fanfarenstöße enthält.
Auch Gans Gedicht ist sehr bewußt strukturiert. Die drei Strophen zu je vier Zeilen sind mit höchster Artistik gestaltet: Jede der 12 Zeilen, die alle im Kreuzreim verbunden sind, besteht aus zwei Anapästen. In der letzten Strophe überspielt der zweigipfelige Rhythmus das Metrum etwas, ohne es zu stören. Jede Strophe enthält zwei Grundaussagen, die je zwei Zeilen umfassen; dabei ist überall – mit Ausnahme der Zeilen 1/2 – ein Enjambement vonnöten. Die Eindrücke sind fast symmetrisch angeordnet: Zwischen zwei optische (Zeile 1 und 11/12) sind fünf akustische Eindrücke eingeschoben. Die Sinne des Dichters wandern abwechselnd in die Horizontale und Vertikale. Eine besondere Spannung – oder gar ein jäher Umbruch – ist im Gegensatz zu Mörikes Gedicht nicht zu spüren. Alle Strophen sind gleichgewichtig. Dramatische Effekte werden nicht angestrebt. Wie sehr der Dichter diese ablehnt, zeigt vor allem das Wort *gelassen* im letzten Vers. Wir sollen nur ein Idyll mit den Augen und Ohren des Dichters erleben.

c) Mörike war ein junger evangelischer Pfarrer, als er dieses Gedicht schrieb; besonders gesund war er nie, und Anfechtungen aller Art hatte er viele zu erdulden. Aber er stand fest im christlichen Glauben. Und er kannte die damals gesungenen Kirchenlieder. Fritz Tschirch hat darauf aufmerksam gemacht, daß die strophische Gestalt (und damit die innere Bewegung) dem Formenbestand des evangelischen Kirchenliedes entnommen ist. »Der hallende Glockenton dieser Kirchenlied-Melodie ist ganz klar in den letzten beiden Versen zu hören. Sie schwingen in den Vokalen tröstlich als Sinnbild der Verheißung vom Siege des Lichts« (Fritz Tschirch). Für den gläubigen Kirchenchristen der damaligen Zeit schwingt also von Anfang an ein Unterton mit, der ihn darauf hinweist, daß Gott da ist. Es besteht kein Grund zur Sorge; das Licht vertreibt stets die Finsternis.

Ganz im Gegensatz dazu ist das zweite Gedicht ein reines Naturgedicht. Das lyrische Ich – sicher ein gesunder, kräftiger, weltoffener Mensch – freut sich am Beginn des Tages über die erwachende Welt. Die liebevoll gezeichneten Beobachtungen lassen erkennen, wie „weltfromm" dieser Dichter ist. Er spricht aber nicht von sich; er hat keine seelischen Beklemmungen zu überwinden; die Morgendämmerung ist für ihn nicht die Botschaft vom Sieg des Lichts über die Dunkelheit, sondern er sieht die natürlichen Vorgänge, ohne sie hymnisch zu preisen oder symbolisch zu deuten. Gottes Schöpfung ist für ihn in Ordnung. Also – so können wir schließen – glaubt der Dichter wohl an einen Schöpfer, der alles richtig lenkt.
Mörike hat sein subjektives Erleben gestaltet; bei Gan kommen die Geschöpfe selbst zu Wort; der Dichter ist zurückgetreten.

6. Römischer Brunnen

Der römische Brunnen

Aufsteigt der Strahl und fallend gießt
er voll der Marmorschale Rund,
die, sich verschleiernd, überfließt
in einer zweiten Schale Grund;
die zweite gibt, sie wird zu reich,
der dritten wallend ihre Flut,
und jede nimmt und gibt zugleich
und strömt und ruht.

Conrad Ferdinand Meyer (1825–1898)

Römische Fontäne Villa Borghese

Zwei Becken, eins das andre übersteigend
aus einem alten runden Marmorrand,
und aus dem obern Wasser leis sich neigend
zum Wasser, welches unten wartend stand,

dem leise redenden entgegenschweigend
und heimlich, gleichsam in der hohlen Hand,
ihm Himmel hinter Grün und Dunkel zeigend
wie einen unbekannten Gegenstand;

sich selber ruhig in der schönen Schale
verbreitend ohne Heimweh, Kreis aus Kreis,
nur manchmal träumerisch und tropfenweis

sich niederlassend an den Moosbehängen
zum letzten Spiegel, der sein Becken leis
von unten lächeln macht mit Übergängen.

Rainer Maria Rilke

(Wir haben die Syntax dieser beiden Gedichte schon untersucht [siehe S. 28 und S. 29] und erkannt, wie klar sie bei Meyer, wie verwickelt sie bei Rilke ist. Diese Tatsache charakterisiert wohl mehr das Schaffen der Dichter als die Art, wie sie den Brunnen sehen.)

a) Handelt es sich bei beiden Gedichten um „Dinggedichte“?
b) Welche polaren Gegensätze sind ausgedrückt?
c) Weisen Sie nach, wie Idee und Form einander entsprechen!
d) Was können Sie über den Symbolgehalt sagen?

a) Ein Dinggedicht, wie wir es in der deutschen Literatur seit der Barockzeit häufiger finden, gestaltet nicht so sehr Gefühl oder Stimmung, sondern es beschreibt in einfühlsamen Worten einen Gegenstand. Es will das Wesen und innere Gesetze des Dinges erkennen und deuten. Wir wissen, daß Meyer und Rilke denselben Brunnen bedichteten, nämlich jenen in der Villa Borghese in Rom (ihm ist übrigens der Brunnen im Kloster Maulbronn nachgebildet).

b) Aus dem Bau und dem Funktionieren eines Brunnens mit drei Becken, aus dessen oberster Schale der Strahl emporsteigt, ergeben sich für den Betrachtenden ganz von selbst polare Gegensätze; d. h., die sichtbaren Erscheinungen sind nicht im Kampf miteinander, sondern sie sind, ihrem Wesen entsprechend, völlig verschieden. Der Brunnen, aus festem Material gearbeitet, meist Marmor, verkörpert Starrheit, Dauer, unveränderliche Form. Das Wasser, das zuerst aufsteigt und sich, nach allen Seiten auseinandersprühend, niedersenkt, dann von Becken zu Becken fällt, nicht ohne in jedem eine Zeit verweilt zu haben, dieses Wasser ist das sich bewegende fließende Element, das Schleier und Schaum und ruhigen Spiegel bilden kann – und das alles in ständigem Wechsel. Statisches und dynamisches Prinzip sind hier eine unauflösliche Einheit eingegangen: Fließen und Stehen, Sein und Werden. Auch die Schalen haben eine doppelte Funktion: Sie empfangen und geben.

c) Bei Meyer hat man den Eindruck, man könnte den Brunnen nach dem Gedicht zeichnen. Der Dichter sieht ihn rein gegenständlich aus einer gewissen Distanz, ohne seine eigene Stimmung in ihn hineinzulegen. Der Brunnen nimmt für ihn das Wesen einer Statue an. So ist auch das Gedicht glatt, wie gemeißelt. Hauptwörter und Zeitwörter beherrschen die Sätze, das ausmalende Eigenschaftswort fehlt. Klare Verben drücken den Vorgang kraftvoll aus. Ein überaus gleichmäßiges Metrum (vierfüßiger Jambus) liegt dem getragenen Rhythmus zugrunde. Der erste Takt fällt aus dem Rahmen und malt durch die an dieser Stelle sehr gute Umstellung des Jambus die Stärke des emporschießenden Strahls. Die stets männlichen Kadenzen bewirken einen geschlossenen Zusammenhalt des Gedichts. Die Aussage, die in kristallklaren Sätzen geschieht, bedient sich einer knappen Form. Nur die beiden ersten und die beiden letzten Verse sind durch Enjambements verbunden, ansonsten stehen die Sätze aufeinander wie die Trommeln einer griechischen Säule. Der letzte Vers faßt – gerade durch seine auffallende Verkürzung – in Klang und Idee zusammen, was das ganze Gedicht vermittelt: elementare Kraft und gelassene Einfachheit. Die Harmonie des Kunstwerks braucht nicht viele Worte.
Im Gegensatz zu Meyers »Römischem Brunnen« wäre Rilkes »Römische Fontäne«, wenn überhaupt, nur schwer nachzuzeichnen; dazu ist sie zu ungegenständlich. Für Rilke ist nicht so sehr der Brunnen, sondern vielmehr das Wasser in seinen verschiedenen Zuständen der Gegenstand, den er nachgestaltet. Er versenkt sich in die Fontäne, beschreibt sie minuziös und in Einzel-

heiten; er will das Wesen des fallenden Wassers erfassen und bleibt bei allem Bestreben, in das Innere des Elements zu dringen, am Äußeren und am Schein haften. Bei Rilkes Gedicht handelt es sich um ein Sonett; und hier entfaltet Rilke seine hohe Kunst der betörenden Laute, der klingenden Wörter und der schleifenden Kadenzen. (Man hat ihm formspielerische Verschwatztheit vorgeworfen.) So gestaltet er das Sonett um wie das fließende Wasser, dessen Phänomene er darstellen will. Er läßt Gedankengang und Satz – entgegen aller Regel – einfach an der entscheidenden Stelle nach dem Oktett weiterlaufen. Das Ineinanderübergehen der Strophen entspricht dem bewegten Wasser, das keine Unterbrechung seines Strömens kennt.

Meyer sieht den Vorgang als geprägte Form und löst ihn in Handlung auf, er schafft ein dynamisches Gedicht. Rilkes Diktion betont – vor allem aufgrund der vielen Partizipien – das Zustandhafte; dies führt zu einem mehr statischen Gedicht. Das ist paradox, denn Meyer schaut auf den Brunnen, der feststeht wie eine Statue; Rilke folgt mit Auge und Sinn dem Wasser, das nie zur Ruhe kommt.

d) Meyers Brunnen kann stehen als Symbol für Schönes, Ebenmäßiges, für Harmonie. Das strömende Wasser ist generell ein Topos für Leben; bei Meyer sicher auch für die Liebe, die empfangen und gegeben wird. Rilkes »Römische Fontäne« soll uns eine Ahnung vermitteln vom Ringen des Dichters, in das Geheimnis der Dinge einzudringen und bloß ein Mund für sie zu sein. Er will Brunnen und Wasser nicht so sehr als Gleichnis für irgend etwas anderes aufgefaßt wissen, sondern als ein Phänomen des Daseins, das ausgelotet werden will.

7. Erinnerung an den Mai

Über die Heide

Über die Heide hallet mein Schritt;
dumpf aus der Erde wandert es mit.

Herbst ist gekommen. Frühling ist weit –
gab es denn einmal selige Zeit?

Brauende Nebel geisten umher;
schwarz ist das Kraut und der Himmel so leer.

Wär ich nur hier nicht gegangen im Mai!
Leben und Liebe – wie flog es vorbei!

Theodor Storm (1817–1888)

Es war einmal

Es war einmal – im Monat Mai –,
kaum erst ein Jahr ist's her!
Denk ich an jenen Mai zurück,
wird mir ums Herz so schwer!
In weißen Rosen stand die Welt,
und Glocken klangen durch die Luft,
und schaudernd stumm vor Glück und Lust
durchschritten Hand in Hand zwei Kinder
das blütentraumversunkne Tal – – –
Es war einmal! – – –
Es war einmal!
Denk ich an jenen Mai zurück – –
verwelkte Rosen, verwelktes Glück !

Cäsar Flaischlen (1864–1920)

a) Um welche Motivkette handelt es sich?
b) Wo ist das Motiv überzeugender verarbeitet, und warum?
c) Finden Sie Töne, Bilder oder Formulierungen, die Ihnen kitschig vorkommen?

a) Beide Dichter denken an den Frühling zurück, genauer: an den Mai, an Blüten, an „selige Zeit". Sie empfinden Sehnsucht und Rührung bei dem Wissen, wie schnell die Zeit vergeht, vor allem, wie ein beglückendes Erlebnis so unwiderruflich vorbei sein kann. Das ist zwar ein etwas »abgedroschenes« Thema, aber wenn ein echtes Erlebnis, wenn eine starke Erlebnisfähigkeit dahintersteht, wenn die Klage also aus dem Herzen kommt, dann geht sie zum Herzen. Storm schreibt im Herbst, und der Herbst steht bekanntlich für erlöschendes Leben, für einbrechende Dunkelheit im direkten und übertragenen Sinn. Dadurch wirkt der Kontrast zum erinnerten Frühling besonders stark. Flaischlen spricht von »*kaum einem Jahr*«, das vergangen sei. Es geht bei ihm nicht so sehr um den schroffen Wechsel der Zeiten innerhalb und außerhalb des Menschen, sondern um das Verfließen der Zeit allgemein. Seine Erinnerung malt er mit zeitlosen Märchenbildern.

b) Storm spricht als reifer, in sich gefestigter Mann, dem der Schmerz um das Vergangene trotzdem hart zusetzt. Es geht ja nicht nur um den Frühling, um das erwachende Leben in der Natur, sondern um »*Leben und Liebe*«. Das lyrische Ich erlebt sich selbst mitten in der Natur. Diese korrespondiert mit dem seelischen Zustand, und sie deutet an, was der Dichter empfindet, so daß dieser seinen Schmerz nicht wehleidig ausrufen muß. Er drückt seine Schwermut mit ganz wenigen Worten aus.

Hierzu eignet sich besonders der fallende Rhythmus des pochenden Daktylus, der in jeder Zeile mit einem Trochäus abwechselt. Auch die stumpfen, klanglosen Kadenzen betonen das Trostlose der Situation. Der Gefahr des Leierkastenartigen ist der Dichter nicht ganz entgangen, weil keine Variation des metrischen Schemas auftritt. Diese Monotonie ist wohl beabsichtigt. Andererseits gibt es doch leichte Bewegung in diesen wenigen Zeilen: Die Gefühle des

Dichters werden stärker; mit dem Herbst sind mehr die dunklen, mit dem Frühling die hellen Vokale assoziiert. In Zeile 2 (die hart an nichtssagendem Kitsch vorbeigeht) will das Wort *dumpf* im doppelten Sinn verstanden sein: Heideboden und Gefühlsleben. Die Erschütterung des Dichters ist so groß und so eindrucksvoll gestaltet, daß wir ihm ein echtes Erleben glauben dürfen, das nicht aus einem Wolkenkuckucksheim herbeigerufen wurde. Die Landschaft, in der er wandert, lebt und wirkt. Freilich ist der steife norddeutsche Storm zu verschlossen, um seinen Kummer in dramatischer Weise mit großer Geste zu artikulieren. Er ist Realist und stellt dar, was ist; mehr nicht.

Flaischlens Hauptmotiv ist der Liebeskummer. Und hier drängt sich der Gedanke auf, daß es sich nicht um ein echtes, einmaliges Erlebnis handelt, sondern um eine herbeigezwungene Erinnerung, die den Dichter zum Schwärmen bringt. Daraus verfertigt er nun ein Gedicht: Er fängt mit dem Märchen an; dann kommt der Jammer mit dem Herzen, dann das Allerweltsfrühlingsidyll, wie jeder es sich vorstellt: Kinder, Blumen, Märchenblüten. Lebt diese Landschaft? Nein, sie ist wie eine Kulisse hingestellt! Darum wirkt sie auch nicht auf den Dichter ein. Der muß nun selbst sagen, wie's um ihn steht; und er tut das recht geschwätzig. Es besteht keine Korrespondenz zwischen dem Weben der Natur und ihm. Nicht einmal der Schmerz ist individualisiert, sondern nur aufdringlich geboten.

Selbst die Zeit ist etwas willkürlich behandelt. Kaum ein Jahr soll es her sein, da waren es noch *zwei Kinder* (Märchenmotiv: Königskinder); jetzt sinnt und klagt einer, der kein Kind mehr ist. Das paßt nicht recht zusammen.

Andererseits bietet der Dichter seinen (wirklichen oder eingebildeten?) Schmerz dramatisch genug: Das vergangene Märchen wird nach der Einleitung groß und üppig aufgebaut; dann drücken Gedankenstriche die fehlenden Worte (Klagen!) aus. Die Unwiderruflichkeit des Märchens wird eindrucksvoll beschworen; und noch ein letztes Bild, mehr ein Wissen, erscheint. Dabei ist dem Dichter ein glücklicher Kunstgriff gelungen: Der fröhlich steigende Rhythmus des stets durchgehaltenen jambischen Verses wird in der allerletzten Zeile ein klein wenig moduliert. Dieser Schlußschnörkel erzeugt nochmals Rührung.

c) Die Gefahr, kitschig zu werden, liegt im Motiv; denn die Trauer über die unaufhaltsam verrinnende Zeit kann leicht lächerlich wirken. Storm ist der Gefahr vor allem deshalb entgangen, weil er fast prosaisch, ohne große Aufschwünge, die Tatsachen hart in den Raum stellt. Er grübelt auch nicht lange über einen möglichen Trost nach, sondern bricht ab, bevor er rührselig werden könnte.

Bei Flaischlen wirkt vieles, wenn nicht alles, unecht, konstruiert. Der verkrampfte Märchenton klingt geziert, fast kindisch; die Symbole (*Rose* = Reinheit, Liebe, Glück; *Mai* = erwachende Liebe) sind abgegriffen. Die letzte Zeile und das Wort *blütentraumversunken* wirken bei aller guten Absicht doch überladen. So wird man das Gefühl der Wehleidigkeit nicht los. Wo Storm sich herb zurückhält, sprudelt es aus Flaischlen zu wortreich heraus.

8. Vom Wesen des Glücks

Blauer Schmetterling

Flügelt ein kleiner blauer
Falter vom Wind geweht,
ein perlmutterner Schauer,
glitzert, flimmert, vergeht.

So mit Augenblicksblinken,
so im Vorüberwehn
sah ich das Glück mir winken,
glitzern, flimmern, vergehn.

Hermann Hesse (1877–1962)

Das Glück

Das Glück ist eine leichte Dirne
und weilt nicht gern am selben Ort;
sie streicht das Haar dir von der Stirne
und küßt dich rasch und flattert fort.

Frau Unglück hat im Gegenteile
dich liebefest ans Herz gedrückt;
sie sagt, sie habe keine Eile,
setzt sich zu dir ans Bett und strickt.

Heinrich Heine (1797–1856)

Die Gebrechen des Glücks

Das Glück ist *stumm*. Es wirkt stets drum
ganz unbemerkt in stiller Weise,
oft spät erkannt erst, wenn es längst
entflohn dem undankbaren Kreise.

Das Glück ist *blind*. Am falschen Ort
verteilt zumeist es seine Spenden;
dem einen viel, dem andern nichts
reicht's dar mit ungerechten Händen.

Das Glück ist *taub*. Es hört dich nicht,
magst noch so laut du nach ihm rufen,
wenn grausam es an dir vorbei
emporsteigt der Paläste Stufen.

Das Glück ist *lahm*. Wie mancher Mensch,
zu dem den Weg es angetreten,
ward alterskrank und harrensmüd,
eh seine Augen es erspähten.

Ein krankes Unding ist das Glück!
Und dennoch breit' ich meine Arme
so oft verlangend nach ihm aus
in meinem sorgenvollen Harme.*

Maximilian Bern (1854–1925)

*Harm = starker Schmerz

a) Wie versuchen die Dichter das Wesen des Glücks gedanklich zu fassen und sinnfällig wiederzugeben?
b) Wagen Sie eine kurze Wertung, und begründen Sie Ihr Urteil!

a) Hesse handelt zunächst gar nicht vom Glück, sondern ganz realistisch von einem blauen Schmetterling. In der ersten Strophe zeichnet der Augenmensch

Hesse das Wesen des Flügeltierchens nach; in der zweiten, die ganz symmetrisch zur ersten gebaut ist, zieht er das Fazit: Das Glück hat genau dasselbe Wesen. Das Trügerische, Huschende ist für den Dichter das entscheidende Charakteristikum des Glücks. Das versucht er nun konkret darzustellen. Wie läßt sich (fast) nicht Faßbares sinnfällig machen? So wird der Falter zum Symbol des Zerbrechlichen, Umgetriebenen, Schaukelnden. Der Vergleich wird nicht umständlich ausgeführt, sondern Hesse packt diese seine Vorstellung in ein überzeugendes Bild und spart sich den lehrhaften Zeigefinger des Theoretisierens.

Der gelungene Einfall ist aber bis ins letzte ausgearbeitet. Die liedhaft anmutenden vierzeiligen Strophen sind von einem hüpfenden Rhythmus belebt; das Tänzerische wird unterstrichen durch den halb männlich, halb weiblich endenden Reim; von einem steifen Metrum, das untergründig sehr wohl eingehalten wird (daktylisch-trochäisch), ist nicht viel zu spüren. Das Flatterhaft-Schillernde hat Hesse in verschiedener Weise angedeutet: Die Synästhesie des *perlmutternen Schauers* ist einprägsam und sogar doppeldeutig; denn der Schauer kann ein spiegelnder Farbwert oder eine fröstelnde Gemütsbewegung sein. Über die Verse hinweg spielt eine Alliteration (*flügelt – Falter – flimmert*) mit den Worten. Die Inversion im ersten Vers holt das entscheidende Wort in die wichtigste Position und mündet über ein Enjambement in die zweite Zeile. Die zweite Strophe beginnt mit dem anaphorisch betonten Vergleich, der das Schöne, Flüchtige zu zeichnen unternimmt, noch ehe das Glück beim Namen genannt wird. Der Refrain der beiden letzten Verse ist fast ein Paradoxon, weil er durch eine feste Aussage gerade das Unstetige betont, so als würden die dreidimensionalen Kurven des Falters nachgezeichnet.

Heine spricht seine Überlegungen (wohl mehr Erfahrungen!) klar, ja derb aus. Er schafft sich eine doppelte Allegorie, d.h., er zerlegt das Glück in zwei weibliche Wesen. Dieser Kunstgriff ist erstaunlich und überzeugend; so lassen sich die zwei Aspekte plastisch vorführen. Der Dichter teilt der guten Fee das Launische, der schlimmen das Langweilig-Humorlose zu. Er schildert nicht so sehr; im Grund erzählt er, und zwar eine kleine Parabel. Wir wissen, daß er in seinen späteren Jahren ein geschundener Mensch war. So ist auch der bittere Unterton zu verstehen, der unter der ironisch-satirischen Oberfläche mitschwingt. Auch dieser Dichter baut seine zwei Strophen völlig symmetrisch, hier noch dazu antithetisch. Auch hier könnte man den Eindruck eines Liedes bekommen; vor allem das weiche jambische Versmaß macht die Melodie geschmeidig. Da der Akzent auf der sinnlich wahrnehmbaren Vorstellung liegt, spart sich Heine großartige Ton- und Bildeffekte. Die Personifizierung des Unglücks, das eigenständig schaltet und waltet, ist allein schon ein so verblüffender Einfall, daß der Leser stark angesprochen wird. Und hier hielt der Spötter Heine es für richtig, einen Neologismus (*liebefest*) zu schaffen, der als Synästhesie die Zärtlichkeit als grausame Ironie entlarvt.

Maximilian Bern (1854–1925), der ansonsten in der deutschen Literaturgeschichte keine Rolle spielt, bearbeitet das Thema systematisch. Wir haben es mit einem Stück Gedankenlyrik zu tun, eigentlich mit einer Mischung aus Lied, Erzählung und Belehrung. Ob die Überschrift gelungen ist, wenn sie gleich die negativen Seiten des Glücks hervorhebt, ist fraglich. Jedenfalls erscheint schon hier der belehrende Zeigefinger, der das Glück abqualifiziert. Man bekommt den Eindruck, Bern habe einen biederen Schulaufsatz (Besinnungsaufsatz) einfach in Reime gebracht. Ein seichtes Katalogisieren kann nichts Mitreißendes schaffen. Wie soll das Glück, das oft mit einer rollenden Kugel verglichen wird, zuerst mit einer Stoffsammlung erfaßt und dann mit einer strengen Gliederung exemplifiziert werden? Der Verfasser muß schlechte Erfahrungen im Leben gemacht haben; denn insgesamt apostrophiert er das Glück als Krüppel, ja als *Unding*. Oder könnte die Personifizierung darauf schließen lassen, daß Menschen gemeint sind, die einem nicht helfen, gerade dann, wenn man es am nötigsten hat? Jedenfalls klingt das Gedicht wie eine Anklage; gegen wen? Gegen das Glück selbst, aber auch gegen die Mitmenschen! Nun hat sich Bern das Glück wohl als Allegorie vorgestellt; aber eine plastische Form konnte er ihm nicht geben. Der Herr Oberschulmeister ist weder witzig noch spritzig, sondern pedantisch. Die erste Zeile jeder Strophe nennt ein Gebrechen; dieses wird dann in den restlichen drei Zeilen umständlich ausgeführt. Genauso denkt sich der Oberlehrer eine faustdicke Erläuterung. Immerhin gelingen auch einige Antithesen (*viel – nichts, arm – reich* usw.), die einen Schimmer von Esprit aufleuchten lassen. Aber im ganzen überwuchert die lehrhafte Tendenz die Sprache, so daß diese öde und monoton wird. Das jambische Metrum ist zu Leierkastenmonotonie denaturiert, weil sich der Verfasser keinerlei Variation erlaubt; der Reim ist spärlich (bloß je zweite und vierte Zeile in der Strophe), ja armselig. Diese sprachliche »Leistung« ist dem Wesen des Glücks durchaus nicht adäquat.

b) Die drei Gedichte sind schwer gegeneinander abzuwägen. Hesse, im Grund ein Mystiker, kennt die All-Einheit alles Lebendigen; er sieht und gestaltet symbolisch. Was kommt dabei heraus? Ein gutes Gedicht.

Heine, der ironische Realist, der Schlimmes erdulden mußte, überrascht uns mit einer geistreichen Denk- und Sprachfigur: einer Doppel-Allegorie. Er vergißt natürlich nicht einen Hieb auf die biedermeierliche Kleinbürgerlichkeit. Da er virtuos mit Form und Gedanken spielt, ist das Gedicht in glänzender Weise überzeugend, also gelungen.

Bern, der sicher die Inspiration nicht zu den Gaben des Dichters zählte und der etwa 150 Jahre zu spät auf die Welt gekommen ist, plagt sich redlich, seine Gedanken in gereimter Form zu Papier zu bringen. Diesem Motiv war er nicht gewachsen. Das Gedicht ist langweilig und darum schlecht.

VII. Das moderne Gedicht seit 1952

1. Zugänge zum modernen Gedicht

Die Literaturwissenschaft datiert den Beginn des sogenannten modernen Gedichts in der Bundesrepublik Deutschland recht genau: auf den Mai 1952; damals lasen Paul Celan und Ingeborg Bachmann ihre Verse bei einer Tagung der „Gruppe 47“.

Um einen Zugang zum modernen Gedicht, wie es dem heutigen Weltgefühl entspricht, zu finden, spornte der Verfasser die Kreativität der Kollegiatinnen in einem Leistungskurs Deutsch an. Das Thema hieß: „Schneemann“. Jede sollte sich etwas einfallen lassen und dies – gereimt oder ungereimt – zu Papier bringen. Es sollen hier zunächst vier Gedichte von Schülerinnen mitgeteilt werden, dann folgt eines, das in einer Art „Arbeitsgemeinschaft“ entstanden ist.

(1) **Mein Schneemann**

Im Garten steht ein Wicht,
mit einer Rübe im Gesicht,
als Hut Mutters Topf,
ein schwarzer Stein als Knopf.

Fallen die weißen Flocken,
so hört man ihn frohlocken.
Trifft ihn ein kleiner Sonnenschein,
beginnt für ihn die große Pein.

Er schmilzt dahin, der arme Wicht,
die Rübe fliegt aus dem Gesicht,
Stein und Topf – zu nichts mehr nütze,
finden sich in einer Pfütze.

(2) **Armer Schneemann**

Ein Schneemann hat's nicht leicht im Leben,
weil ihm nicht unbedingt ein langes ist gegeben.
Wenn er geboren ist aus Schnee und Eis,
aus Kohlen, Rübe, Besen und sei's
auch mal ein Topf
aus Steingut auf dem Kopf,
dann ist sein Schicksal nicht gewiß.

Wenn es lange eisig ist und kalt,
ja, dann wird der Schneemann alt.
Kommt aber überraschend Frühlingsluft
mit Lila-rosa-Veilchenduft,
dann wird's dem weißen Mann zuviel,
dann kennt er nur ein Ziel:
Auflösen in die Bestandteile der Chemie;
denn bei der Sonne weiß man nie,
ob man nicht einen Sonnenbrand bekommt.

(3) **Schneemann?**

Eine Wolke hängt
tief in der Schlucht der Häuser.
Schnee befällt die Stadt.

Schneemann,
wo ist Platz für dich?
Weißt *du* einen Ausweg?

Menschen ohne Band.
Aus ihrer müden Schwere
näßt der Schnee das Land.

Schneemann,
wo ist Platz für dich?
Weißt *du* einen Ausweg?

Zerrissen das Herz,
zerrissen der Himmel.

Der Schneemann schmilzt.

(4) **Schneemann**

Der Schneemann denkt: Was tu' ich denn,
daß ich mich nicht zu Tode flenn'?
Die Sonne wirft ihr heißes Glück
mir auf den Kopf und ins Genick.

Das ist verkehrt in dem System!
Mir ist der Frost nur angenehm!
Ich plane jetzt, wenn's auch schon Mai,
als ob es steif noch Winter sei.

Das Gänseblümchen kichert hell:
»Was will der komische Gesell?
Mach für das muntre Völkchen Platz!« –
»Ich, ich. . .«, das war sein letzter Satz.

• Welche gedanklichen Vorstellungen stehen hinter den Gedichten (1) und (2)?	Es sind sehr konventionelle Vorstellungsmuster, angehängt ist ein Stückchen Tiefsinn.
• Bewerten Sie die Reime bei (1) und (2)!	Es ist mehr eine artige Reimerei, aber die Sache ist nicht recht gelungen.
• Wie beurteilen sie (1) und (2) insgesamt?	Später Abguß des 19. Jahrhunderts; Versuch, einen Gedanken mit ein bißchen Wohlklang und Seele zu verbinden.
• Wie finden Sie Rhythmus und Metrum bei (1), (2) und (4)?	Die Gedichte (1) und (2) sind mühsam zusammengekleistert – ohne rhythmischen Atem oder kunstvolles Metrum. Gedicht (4) wirkt in der Anlage durchdacht, im Rhythmus beherrscht und im Reim gekonnt.
• Inwiefern unterscheidet sich (3) von (1) und (2)?	Es fordert zum Mit- und Weiterdenken auf, es ist nicht bloß zum Konsumieren.

• Versuchen Sie eine Deutung von (4)!	Es ist eine kurze Satire. Der Schneemann steht für verkrustete, schwerfällige (vielleicht bürokratische) Sturheit und egozentrischen Ausblick in die Zukunft.
• Welches Gedicht würden Sie als das »modernste« bezeichnen, und warum?	Gedicht (3) ist nach Inhalt und Aussage das modernste. Es ist viel stärker reflektierend als die anderen und stellt hintergründige Fragen (Leitmotiv!) im Stile des späten 20. Jahrhunderts.

Ja, und dann kam die große Überraschung. Die Arbeitsgemeinschaft hatte den glänzenden Einfall, an das in der Geschichte durchgenommene »Tauwetter« anzuknüpfen, also die Jahre unmittelbar nach Stalins Tod (1953).

Tauwetter

Übern Schneemann fällt der Wind;
liegt da schnee- und märchenblind,
hört die Nixen frieren.
Schüttelt Schneemann: Bursch', steh auf!
Stößt ihn an mit Schimpf und Schnauf;
Himmel hängt voll Schlieren.

Bläst der Wind sich um die Eck',
schwül schwingt er die Regendeck';
muß der Schneemann weinen.
Schwibbt das Jahr: Schräg schnellt die Welt;
und der dicke Gipsmann fällt
klein aus seinen Beinen.

Von der Arbeitsgemeinschaft wurde sogar eine Interpretation geboten, die seinerzeit anschließend an das Gedicht in der Schülerzeitschrift abgedruckt wurde: Neben den Wort-, Klang und Reimspielereien (die nicht immer eine tiefere Bedeutung zu haben brauchen) kann man natürlich die Aussage ernst nehmen – aber nicht gar zu ernst.
Eine Interpretation bietet sich auf vier Ebenen an:
- Sichtbare Ebene: Der Schneemann sinkt im Tauwetter in sich zusammen. Dieser Vorgang ist aber leicht verfremdet dargestellt.
- Politische Ebene: Das Wort *Tauwetter* klingt natürlich an den Begriff der nachstalinistischen russischen Literatur an; der Wind wäre dann der neue Lebensatem der Freiheit; unter dessen Anhauch fällt der Schneemann (aus dem in der vorletzten Zeile unvermerkt der Gipsmann geworden ist) in sich zusammen. Es ist nicht abwegig, dabei an allerlei Standbilder zu denken, die nicht nur in der Sowjetunion und nicht nur in Gips errichtet worden sind.
- Psychologische Ebene: Man kann das skizzierte Geschehen auch innerseelisch als Ausbruch in einen neuen Lebensfrühling verstehen; dann wäre der Vor-

gang in der Natur ein Gleichnis für die Welt in der Menschenseele. Auch eine religiöse Deutung bietet sich an: Die alten Sprachen und die Bibel suchen den Geist Gottes oft als Wind zu erfassen. (Jesus in Joh. 3,8: »Der Wind weht, wo er will...«)

– Kosmische Ebene: Die religiöse oder spirituelle Deutung kann zu der Ansicht führen, daß alles Materielle, Irdische bloß Schein ist (indisch: Maya). Das wahre Wesen ist der unsichtbare Geist. Die moderne Physik hat erkannt, daß alle Materie aus Energie-Wirbeln besteht. Das Gedicht denkt also vielleicht sogar an einen Weltuntergang.

Selbstverständlich gehen die Ebenen der Deutung ineinander über; auch läßt sich nicht jede Aussage klar ins Sachlich-Prosaische transponieren.
Nun die Antwort auf die Frage: ein politisches Gedicht? – Ja, es ist ein politisches Gedicht; aber zugleich weniger und mehr; denn alles Politische ist ins Natürliche, Allgemein-Menschliche, Geistige und Kosmische eingeschlossen. –

Nun schien der Zufall die Hand im Spiel zu haben; denn einige Wochen nach unseren Schneemann-Übungen brachte die Zeitschrift „Schulfunk“ des Bayerischen Rundfunks (Heft 2/79) ein Schneemann-Gedicht von Albert von Schirnding (geb. 1935):

Mein Schneemann

Im Sommer
ist mein Schneemann
unsichtbar

Mein Schneemann
liegt schon in der Luft
schwebt noch
in höheren Regionen
komm endlich runter
laß dich
auf die Beine stellen
kenn dich wieder

Mein Schneemann
freut sich
über die Kälte im Land
Seine Unverfrorenheit
macht mich frieren

Der Schneemann
ist mein Kandidat
Ich wähle ihn
zum Schneekönig

Mein Schneemann
verbittet sich
Zärtlichkeiten
Jedesmal ein winziger
Substanzverlust
Umarmungen
sind tödlich

Über Nacht
ist die Wiese
grün geworden
Mein Schneemann
ist nur noch
halb so groß
Ungern hört er
das Gras wachsen
Halt dich tapfer
Genosse

Meinem Schneemann
ins Ohr gesagt
Der Boden wird heiß
Gehen wir

Albert von Schirnding gibt uns im selben Heft Winke zur Interpretation. Hören wir ihn:
»Im Winter bauen die Kinder Schneemänner. Warum eigentlich nur die Kinder?

Ich glaube, die Erwachsenen trauen sich nur nicht. Oder höchstens, wenn Kinder dabei sind.
Was haben die Gedichte der Schriftsteller mit den Schneemännern der Kinder zu tun? Beide sind etwas Geformtes; der Stoff, aus dem Gedichte hervorgehen, sind die Erfahrungen, die einer mit der Wirklichkeit und sich selber macht. Ihre Form zeigt entfernte Ähnlichkeit mit dem, der sie geformt hat. Entfernte Ähnlichkeit – das heißt: sie sind zugleich anders und ähnlich. Das Werk gleicht seinem Schöpfer und gleicht ihm auch wieder nicht.
Der Schneemann in meinem Gedicht ist also, wie mein Gedicht selbst, eine Art Doppelgänger, ein ›alter Ego‹ (zweites Ich). Er macht manche Dinge sichtbar, die ich sonst vielleicht nicht an mir sehen und auch nicht direkt von mir sagen würde. Ein Schneemann ist kalt. Er will für sich bleiben, ein Robinson auf einer weißen Insel. Zudringlichkeiten wehrt er ab; denn wer ihn anlangt, bekommt seine Kälte zu spüren. Er macht andere frieren, selbst ist er unverfroren. Ich möchte nicht kalt, nicht unverfroren sein. Er bringt etwas Negatives zum Vorschein, womit ich nicht einverstanden bin.
Die Kälte im Land: das ist nicht nur die Kälte, die das Thermometer am Fenster anzeigt, sondern auch die Kälte zwischen den Menschen, aus deren Fingerspitzen das Blut gewichen ist, weil sie ihre Apparaturen bedienen und darüber selbst zu funktionierenden Apparaten geworden sind. Vor diesem Hintergrund dreht sich die Bedeutung des Schneemanns um. Er ist nicht nur der, der in sich selber die Kälte spürt, er ist auch einer, der Widerstand leistet gegen die Kälte im Land. Er steht ja da, widerständig, ein kompaktes Stück Schnee. Das Ich, das sich auf sich selbst besinnt, im Gedicht zum Beispiel sich selbst anzeigt, kann vom Sog der allgemeinen Strömungen, der den einzelnen mitreißen will, nicht mehr so leicht erfaßt werden.
Das Gedicht wird schließlich verstummen, wie der Schneemann mit der Zeit schmelzen wird. Einstweilen hält er sich noch aufrecht, hält den Kopf hoch und nimmt die Nachricht, daß die Zeit ihm an Kopf und Kragen will, mit Gelassenheit hin.«

● Halten Sie dieses Gedicht für typisch »modern« (syntaktisch ungeordnetes Wortmaterial, Verrätselung der Aussage, absichtlich mehrdeutige Chiffren, eher Andeutung als Aussage, eher Anstoß als zu Ende geführte Gedankenbewegung)?

Das Gedicht ist – soweit es nicht bloß rhythmisierte Prosa ist – traditionellen *und* modernen Stilmustern verpflichtet; die Aussage ist durchaus auflösbar. Es kümmert sich nicht darum, in welche Schublade es paßt. Moderne Züge sind: Fehlen der Interpunktion; Doppeldeutigkeiten; wörtliche Verwendung von Redensarten, die dadurch merkwürdig verfremdet klingen. Andererseits ist die unterliegende balladeske Fabel (Leben eines Schneemannes von Sommer zu Sommer) ein fester Rahmen, der die Aussagen zusammenhält.

• Sind sie mit der Auslegung durch den Dichter einverstanden? Vermissen Sie etwas?

Die Erklärungen des Dichters sprechen in erster Linie den Hauptschullehrer an. Diesem soll geholfen werden, das Gedicht für etwa 15jährige zugänglich zu machen. So wählt Albert von Schirnding einen kindertümlichen Einstieg. Er verzichtet auf einen gelehrten philologischen Apparat (Fragen der äußeren Form, des Wortmaterials, der Syntax und der dialektischen Umschläge).

2. Theoretisches zum modernen Gedicht

Stellen wir uns nun den Wandel vor Augen, den das moderne Gedicht gegenüber dem „alten" mitgemacht hat. Die meisten konventionellen Gedichte sind Klangkörper aus Worten, Sinnverbindungen und Bildern mit einem durchwirkenden Motiv; dieses nahm oft symbolischen Charakter an, ohne ihn besonders zu betonen. Das Gedicht stellte einen Seelenzustand fest, der um so mehr anspricht, je persönlicher sich das dichterische Ich ausdrückt. Solche Gedichte strahlen Glück, Zufriedenheit, Fröhlichkeit, Angst, Qual, Trost und Freude aus.
Nach Benn und Brecht (beide 1956 gestorben) erstreben nur noch wenige Dichter die vollkommene Form. Metrum, Reim, Strophenform, Wohlklang, erlesene Wörter – all dies ist einer trockenen, spröden, ja manchmal rüden Ausdrucksweise gewichen. Nicht mit dem Herzen – mit dem Kopf wird gedacht! Hören wir Ingeborg Bachmann: »Die moderne Literatur ist wie Brot; dieses Brot müßte zwischen den Zähnen knirschen und den Hunger wiedererwecken, ehe es ihn stillt. Diese Poesie ist scharf von Erkenntnis und bitter von Sehnsucht, um an den Schlaf der Menschen rühren zu können.«
In der modernen Lyrik endet der Mensch auf der Flucht vor sich selbst zuweilen in Nihilismus und Selbstzerstörung. Es wäre aber zu kurz gegriffen, wenn der Leser am Ende des Gedichts stehenbliebe. Das „alte" Gedicht ruht in sich selbst; ein modernes Gedicht ist offen: Es verlangt Mitdenken, Weiterdenken; es verlangt einen Leser, der sich anstrengt. Modern sein heißt keineswegs, den Sinngrund des Seins nicht mehr zu sehen, dem Schönen abzusagen, nach der Wahrheit nicht mehr zu suchen. Niemand kann der erschütternden Erfahrung von der Unruhe des Herzens entgehen. So wurde gesagt, daß auch das moderne Gedicht *fast* ein Weg zur Erlösung sei.
Der englische Dichter Thomas Stearns Eliot (1888–1965) charakterisierte den modernen Dichter so: »Er ist nicht mehr der zerzaust Besessene, der ein ganzes Gedicht im Verlaufe einer durchfieberten Nacht zu Papier bringt; er ist ein kühler Wissenschaftler, ein Algebraiker fast, mit dem mathematisch orientierten Physiker zu vergleichen, mit dem Biologen oder Chemiker, dem ernsten, bebrillten Mann im weißen Kittel.«

Das Gedicht fließt nicht mehr aus dem Herzen, sondern es rumort im Hirn. Nervenstränge aus Gedanken, Bildern, Begriffen, Worten, Silben werden montiert zu einem Ganzen – oft zu verblüffenden Begriffskonstruktionen. Freilich ist dies durchaus nicht immer harmonisch. Manches erscheint wie Haschen nach Originalität, ja Masche: Trockenschwimmkurs, Vogelflug ohne Luft, Gebärde jenseits der Sprache. Raffinierte Gaukler mit allerlei Tricks treten auf. Hugo Friedrich (»Moderne Lyrik«) beurteilt das allerdings recht wohlwollend: »Der Dichter wird zum Abenteurer in bisher unbetretenen Sprachfeldern.«Es genügt nicht mehr – vereinfacht ausgedrückt –, einfach eine Menge Tiefsinn in ein Gedicht zu pumpen, sondern der Interpret muß eine Menge *wissen:* vom Autor, von der Zeit, von der abendländischen Tradition und Gegentradition, von der Technik und Politik der Gegenwart. Der Dichter macht es uns bewußt schwer. Karl Krolow meint dazu: »Der moderne Lyriker setzt heute auf nichts mehr: ebenso wenig auf die Idylle wie auf Liebe, Seufzer, Umarmungen, Mondschein.« Das Geschäft des Poeten ist härter geworden. Die neuen Verse kommen nicht mehr aus dem elfenbeinernen Turm, sondern aus dem Wort-Labor. Der lyrische Dichter ist ein literarischer Ingenieur geworden. Und das Gedicht soll, nach der Meinung vieler moderner Autoren, ein Gebrauchs- und Verbrauchsgegenstand sein.
Das Spektrum der modernen Lyrik ist breit: Es reicht vom engagierten Gedicht (der Dichter kämpft gegen unmenschliche Zustände auf politischem, sozialem und ökologischem Gebiet) über die »konkrete Poesie« (der Dichter treibt freie Bastelspiele mit der Sprache – manchmal mit tieferer Bedeutung) zur echten, subjektiven Aussage. So riesengroß, wie der Abstand oft dargestellt wird, ist er nun von der hergebrachten Lyrik auch nicht immer. Moderne Gedichte sind ebenso Botschaften von Mensch zu Mensch, zuweilen von Herz zu Herz. Was sollten sie denn sonst sein? Am Ende der 70er und zu Beginn der 80er Jahre drängte sich eine neue Innerlichkeit, eine subjektiv getönte Stimme vor. Haltungen der Dichter wechseln – und bleiben sich gleich. Was der Poet fühlt und denkt, ist *auch* Welt. Also ist alle Innerlichkeit *auch* welthaltig.
Hinter die neuen Techniken der fünfziger und sechziger Jahre kann ein moderner Lyriker nicht mehr zurückgehen. Er kann nicht so tun, als sei das alles nicht gewesen, und à la Hofmannsthal und Rilke weiterdichten. »Die ernste und schimmernde Landschaft der Wörter« ist vorbei. Ein Gedicht wird heute zumeist in »Leichtbauweise« gefertigt; es ist austauschbar, ja wegzuwerfen. Bei intellektueller Lyrik tritt das Seelische zurück; so ist das Haschen nach Pointen wichtig geworden. Gedankliche Entwicklungen stellen sich in aphoristischer Verkürzung vor; lyrische Träume – mehr Traumfetzen – durch Aussparung abgemagert, machen jähe Gedankensprünge; dunkel-kühne Kombinationen von Klängen und Bildern drängen sich vor. Oft hat das moderne Gedicht keinen Gegenstand mehr; es ist Reflexionsprodukt, Konstruktion, Assozationsgewebe. Die Bilder können unstimmig, paradox sein, das »Metaphern-Gestöber« schockierend. Neue Fügungen (zuweilen gar nicht so neu!) entstehen vor allem aus der Kreuzung von Konkretem mit Abstraktem: *die Macht der Steine, ein Häuflein Elend.*
In den sechziger Jahren beherrschte die Polit-Lyrik die Szene. Sie setzte den Vers agitatorisch, ja denunziatorisch ein: die politischen und wirtschaftlichen Verhältnisse waren böse und wurden entlarvt. Böse, borniert, verdeckte Lügner

waren die andern. Das zeigten die jungen zornigen Leute auf. Bewundernswert der Elan, mit dem sie ihre utopischen Anklagen vortrugen. Aber die jeweils polemische Pointe erwies sich doch als beschränkte Perspektive.
Klopfen wir dieses »Gedicht« aus dem Jahre 1968 von Volker von Törne (1934–1980) ab:

Frage

Mein Großvater starb
an der Westfront;
mein Vater starb
an der Ostfront; an was
sterbe ich?

So einprägsam-gekonnt, ja, so erschütternd der Gedankengang ist – wurde das nun wirklich ein Kunstwerk? Vielleicht will es das gar nicht sein. Die fünf Zeilen provozieren; sie machen betroffen. Um seinen Zweck zu erreichen, bedient sich der Autor traditioneller Mittel: Parallelismus, Klimax (sterbe *ich?*). Vor allem aber zerschlägt er ein Heldenpathos, das vielleicht aufkommen könnte, dialektisch durch das Umfunktionieren der lokalen Präposition *an* in eine modale. Im Rückblick von den beiden letzten Zeilen werden Kriege zu sozialen Krankheiten. Das soll uns eingehämmert werden.
Paul Celan (1920–1970) war vielleicht der bedeutendste Initiator der modernen Lyrik. Er hat der Sprache das Äußerste abgetrotzt. Betrachten Sie das folgende Gedicht aus seinem Bändchen »Sprachgitter« (1961):

Stimmen, ins Grün
der Wasserfläche geritzt.
Wenn der Eisvogel taucht,
sirrt die Sekunde:

Was zu dir stand
an jedem der Ufer,
es tritt
gemäht in ein anderes Bild.

• Welche bestimmenden poetischen Elemente erkennen Sie? Sind sie verständlich oder deutbar?

In der ersten Strophe sind drei Chiffren, die in sich halbwegs verständlich sind. Die drei Chiffren der zweiten Strophe sind nicht auflösbar.

• Halten Sie das ganze Gedicht für deutbar?

Selbst wenn man die sieben weiteren Gedichte Celans, die um *Stimme* und *Stimmen* kreisen, befragt, bietet sich keine Deutung an. Hinter den Versen spürbare Vorstellungen sind aus der Wirklichkeit herausgefallen.

Paul Celan hat die Kombinatorik von Sprach- und Vorstellungsgebärden auf die Spitze getrieben. Hier führte kein Weg mehr weiter. Seine Sprachgeste war das letzte Sagbare vor dem Verstummen. Die meisten modernen Dichter verlangen nicht dieses Unmögliche, wie Celan es uns zumutet. Aber auch sie wenden sich an den mitdenkenden, nicht nur mitempfindenden Leser. Darum verzichten sie auf klingende Bilder und schillernde Töne und bevorzugen das Parlando. Allerdings bieten Gedichte dieser Machart dem vorschnellen Verstand Widerstand – den Widerstand des »Geheimnisses«. Das Gedicht wird zum Rätsel, das aufgelöst werden will. Der Leser fühlt sich überfordert – der Dichter hält das für legitim. Die Wirklichkeit, wie wir sie gewohnt sind, wird nicht wiedergegeben, sondern eine neue wird erschaffen; das Gedicht will ein Zauber sein, der wirkt. Das Schöpferische in uns wird angesprochen. Der Dichter läßt bewußt Leerstellen, die wir selbst ausfüllen müssen. Ob die Chiffren jeweils richtig erfaßt und gedeutet sind, läßt sich schwer feststellen. Am besten *versucht* man eine Deutung und läßt diese dann rückwärts wieder in das Ganze einfließen. Vielleicht erschließt sich dann der Sinn. Nur der aufmerksame Leser spürt, wieviel Ungesagtes und Mitgedachtes zwischen den Zeilen steht, wieviel Reflexion in den Versen verborgen und anwesend ist. Oft sind Gedanken in Bildern oder Bildsplittern »aufgehoben«.

Fassen wir zusammen: Die moderne Lyrik will nicht im Sinn klassischer Schönheit »genossen« werden. Wer sie verstehen will, muß sich intellektuell anstrengen; er muß ein aktiver Leser sein. Das Interpretieren wird hier andere Schichten berücksichtigen müssen als Sinn, Bild und Melodie. Die Gedanken sind meist nicht durchgeführt, nicht gerundet, sondern als Fragmente geboten; Metaphern und Bilder sind gewaltsam, schockierend; normale Syntax ist selten; provokatorische Überraschungen sollen den Leser aufrütteln. –

Ein hartes Wort – von Karl Kraus – sagt: »Wenn in der Kunst die Substanz fehlt, beginnt man mit Spielereien.« Darunter sind auch Gedankenakrobatik, Jonglieren mit Wortbällen, Montieren von Einfällen zu rechnen.

● Was halten Sie von dieser Vorstellungskette:

Klaglose Schleifen des Mülls
baumeln durch das Geäder des Traums.

Vollendeter Unsinn! Es paßt nichts zueinander. Auch Tiefgründelei kann hier nichts finden.

● Was ist in der folgenden Aussage stimmig?

Im Starendreieck der Liebe
flattre ich durch die Wurzeln der Zeit.

Star und *flattern* paßt noch gut zusammen; alles andere ist sinnlos wuchernde Phantasie.

● Versuchen Sie eine Würdigung des folgenden Kurzgedichts nach Gehalt, Form und Absicht des Autors! Sie können Ihre Gedanken zu Papier bringen und dann mit den anschließend an das Gedicht abgedruckten Hinweisen zur Interpretation vergleichen.

Bauernfrühstück

Die Sonnenuhr aufziehen
Einen Bissen Wind schlucken
Als Traktor durchs Fenster in die Stube spähen

Das »Werk« lebt von der schockierenden Verfremdung der Überschrift gegenüber den drei Aussagesätzen. Jeder erwartet, daß eine kräftige Morgenmahlzeit wenigstens anklingt. Nichts dergleichen! Der Bauer ist mit seinen Gedanken bei der rennenden Zeit, beim Arbeiten unter freiem Himmel und beim Traktor, der als sein zweites Ich auftritt. Die Grundstimmung ist: vergebliches Bemühen, nichtsättigende Nahrung, einkalkuliertes Scheitern und – nach Perspektivenwechsel – argwöhnisches Sich-selbst-Beäugen.
Es klingt noch viel mehr in diesen lapidaren Sätzen (die in ihrer Kürze schon die Hektik darstellen) mit, das kaum in Worte gefaßt werden kann: z.B. die Personifizierung des Traktors, der jetzt an Stelle des Pferdes zum »Zugtier« wird; die letzte Zeile evoziert auch das Unmenschliche der Technik; der Traktor kann nichts von Pause, Ausspannen, Gemütlichkeit, dankbarer Seele und Lob Gottes wissen. Er sieht den Menschen als Roboter – und so sieht der Mensch sich also selbst. –

In den späten siebziger und frühen achtziger Jahren haben sich die Themen und Aussageweisen der Lyrik weiter aufgefächert. Das im Gefolge der Studentenbewegung (ab 1968) politisierte Gedicht und das zum Politsong weiterentwickelte Lied ziehen einen (immer dünner werdenden) Strudel von Nachschwimmern hinter sich her. Auch die Warn- und Widerstandsgedichte sterben nicht so schnell aus. Das hermetische Gedicht ist seit dem Tod Paul Celans (1970) deutlich auf dem Rückzug. Lyrik soll wieder leichter verstehbar werden. Das bedeutet eine Absage an die metaphysische, auch metalinguistische Auffassung von Poesie. Das Gedicht wird nicht mehr als etwas Höheres begriffen, dem nur bestimmte Gegenstände und Wörter angemessen wären. Frisch-fröhlich spricht der Dichter von sich selbst, und zwar so unbefangen, daß einem das Wort »neuer Subjektivismus« gar nicht so leicht über die Lippen kommt. Wir erleben eine Aufwertung des Alltags und der Umgangssprache, eine Hinwendung zum direkten Aussprechen, eine Unmittelbarkeit der Aussage. Die Lyriker scheinen sich einig zu sein, daß Symbol und Metapher nicht überanstrengt werden sollen. Sie lieben die Einfachheit; das große, hohe »Ausstattungsgedicht« ist nicht mehr gefragt; Schminke und Parfüm gelten als verdächtig.
Die Lyrik unterliegt dauernden Wandlungen wie alles Lebendige. Im Reich des Geistes gibt es keinen Stillstand.

3. Übungen in Dekodierung

Wir haben es schon einmal gesagt: Übung macht den Meister. Auch der Verschlüsselung der meisten modernen Gedichte ist beizukommen, wenn man eine gewisse Technik erlernt hat. Diese wollen wir nun üben.

Den Einstieg sollen wieder Gedichte von jungen Leuten ermöglichen, weil sie leichter zugänglich sind. Ein 18jähriger schrieb bei einem Berlin-Besuch unter dem schockierenden Eindruck, den die Mauer auf ihn machte, ein Gedicht über diese:

die mauer (1964)

graues gestein, schlecht gemauert und schief,
grausam trennend,
stacheldraht und glasscherben bespickt:
die mauer.
drüben: schergen, gewehre, wachtürme.
hüben: kreuze, kränze, gaffer.
symbol des friedens – für jene,
zeichen erbärmlich gescheiterter macht – für uns.
gescheiterte macht.

graues gestein, schlecht gemauert und schief,
grausam trennend,
stacheldraht und glasscherben bespickt:
die mauer.
gesprengte häuser, dürres gras und leere.
autobusse, neugierige und sensation.
ernste und dumm lachende gesichter von vopos,
kameras klicken und surren.
sensation.

graues gestein, schlecht gemauert und schief,
grausam trennend,
stacheldraht und glasscherben bespickt:
die mauer.
gelber, brüchiger, bröckelnder mörtel
fordert empörung. wut
muß da kommen,
wenn man davorsteht und machtlos ist.
empörung und wut.

Wolfgang Kuldschun

a) Was macht die ungereimte Aussage zum Gedicht?
b) Ist das Thema bewältigt? Finden Sie Symbolik?

a) Der Verfasser hat sich von seiner Betroffenheit etwas distanziert und diese in eine künstlerische Form gebracht. Das Strukturprinzip ist klar durchdacht und eingehalten: Dreimal stellt er in je vier Zeilen die Mauer – dieses unmenschliche, massive Gebilde – massiv als Einleitung der drei Strophen vor uns hin. In je fünf Zeilen folgen die Implikationen: Situation und Bedeutung – Rummel – seelische Reaktion. In den ersten beiden Strophen überspringt der Autor noch die Trennungslinie und beobachtet von beiden Seiten. Erst in der dritten, einer Klimax, prallt er auf die westliche Seite zurück und wird in sich selbst zurückgeworfen. In den letzten fünf Versen ist die Dominante erreicht: die Betroffenheit in statu nascendi (Zustand eines chemischen Stoffes im Augenblick seines Entstehens). Durch die Wiederaufnahme des Wortes *macht* ist das Gedicht auch abgerundet.

b) Die genauen Beschreibungen und Aufzählungen geben ein eindrucksvolles realistisches Bild. Die anaphorischen Einleitungen der einzelnen Strophen verleihen dem Ganzen zwar Halt und Einheit, sind aber in sich etwas langweilig, wenn nicht ideenlos. Auch die Ausführungen im zweiten Teil der Strophen sind mehr Aneinanderreihungen von Impressionen und Reflexionen als Deutungen. Eine Symbolik ist kaum zu erkennen. Auch unterläßt es der Verfasser, Reaktionen, die ein mitdenkender Leser selbst produzieren sollte, zu verschweigen. So wirkt das Gedicht auch etwas geschwätzig.

Zum selben Thema machte eine 18jährige dieses Gedicht:

Die Mauer (1965)

Als ich die Mauer
zum erstenmal sah,
bin ich erschrocken.
Grauer
Beton, Brocken
von Stein...

Sie ist erst ein paar Jahre da:
Sie schnitt die Straßen ab,
riß die Häuser ein,
trennt Grab von Grab
und Menschen von Genossen.

Auf ihr ist Stacheldraht.
Wer ihr von drüben
naht,
wird ohne Warnung erschossen.

Brigitta Imig

a) Halten Sie dieses Gedicht für »gekonnter«? Begründen Sie Ihr Ja oder Nein!
b) Wo sehen Sie die Achse des Gedichts?
c) Ist das ein typisches »modernes Gedicht«?

a) Dieses Gedicht ist komprimiert, auch mit hohem Kunstverstand strukturiert. Man beachte die raffiniert verteilten und sehr wirkungsvollen Reime! Auch die Zeilenlängen sind bis ins letzte austariert, so daß jede Zeile dasselbe Gewicht hat; das heißt, daß kurze Verse sehr große Wucht ausüben; zweimal bestehen sie bloß aus einem einzigen Wort. Die Verfasserin hat Eindruck und Tatsachen distanziert verarbeitet. Der erwartete Vorwurf geht nicht über ihre Lippen. Weil er unausgesprochen bleibt, wirkt er um so schmerzender, ätzender.

b) Das ist zweifellos die Aussage in den Zeilen 10/11. Hier wird in schneidender Schärfe der Genosse zum Unmenschen degradiert – ohne daß dies klar gesagt wird. Die Verse vorher skizzieren die Tatsachen; die Verse nachher begründen die vernichtende Wertung.

c) Nein, es erschließt sich ohne weiteres; die Form allerdings fühlt sich keiner Konvention verpflichtet. Insofern ist dieses Gedicht etwas moderner als das erste Mauer-Gedicht.

Ein Leistungskurs erarbeitete ein Gemeinschaftswerk. Der Kursleiter hatte das Thema gestellt.

Föhn im Oktober

Der Horizont – ein Messer – hüpft hinter den Berg,
zerschneidet seine Eingeweide.
Die Flanken dampfen,
der Himmel triumphiert,
blaue Seide weht. –
Aus Zeit wird Herbst.

a) Von welchem poetischen Element lebt das kurze Gedicht?
b) Sind Ihnen die Aussagen verständlich?
c) Ist das Wesen des Föhns erfaßt oder irgendwie transponiert?

a) Es lebt von Metaphern; wir finden ein regelrechtes »Metapherngestöber«.
b) Es ergeben sich keine Schwierigkeiten.
c) Ob die Bilder für den Föhn typisch sind, ist zu bezweifeln. Die Zeilen 4 und 5 sprechen an. Zeile 6 setzt einen pointierenden Schluß, der in sich ein glänzendes Paradoxon schließt, aber als Anhängsel hier nicht überzeugt.

Doch nun soll endlich ein Dichter zu Wort kommen:

Unter der Kiefer

Nadeln ohne Öhr,
der Nebel zieht
die weißen Fäden ein.
Fischgräten,
in den Sand gescharrt.
Mit Katzenpfoten
klettert der Efeu
den Stamm hinauf.

Peter Huchel

a) Auch wenn Peter Huchel (1903–1981) sich nicht für einen modernen Dichter hält – inwiefern ist dieses Gedicht doch modern?
b) Wozu und für wen ist dieses Gedicht wohl entstanden?
c) Wie kann man sich den Entstehungsprozeß eines solchen Gedichts vorstellen?

a) Die Chiffren (Nadeln, Faden, Fischgräten, Katzenpfoten) wirken zwar verständlich, sind aber mit dem Intellekt nicht ohne weiteres auflösbar. Der Dichter will, was in ihm selbst aus Impression und Reflexion zusammenschoß, einprägsam vermitteln – sonst wohl nichts.
b) Peter Huchel, der 1971 die DDR verlassen durfte, schrieb (im Blick auf die Kulturbürokratie der DDR): »Wenn ich ein Herbstgedicht schrieb, da gingen

sie gleichsam wie mit einem Büchsenöffner ran, um den Inhalt zu finden. Es war natürlich ein Unsinn: Das Gedicht war da, und einen Inhalt gab es nicht. Genauso könnte man mit einer Sense die Abendröte aufschneiden – dahinter gibt es nur den Himmel.« Auf die Frage, wozu und für wen der Dichter schreibe, antwortete Huchel: »Für mich.«

c) Die Entstehung schildert Huchel so: »Es ist plötzlich ein Wortklang da, und der interessiert mich nicht weiter, der verfolgt mich vielleicht wochenlang, oder nach einem Jahr taucht dieser Wortklang wieder auf – ein paar Wörter, ein Vokalklang, eine Metapher vielleicht, gewissermaßen ein paar Eisenspäne, die noch außerhalb des magnetischen Feldes liegen. Es entsteht ein Prozeß, erhellt sich das Bild, es wird zum Gleichnis. Das heißt: Der Magnet strukturiert die Eisenspäne. Also, ich gehöre zu den seltsamen Dichtern, die sehr unbewußt arbeiten, wenn Sie wollen, gar nicht zu den modernen Dichtern.« (Zit. nach: Monatshefte des Bayerischen Schulfunks, Oktober 1976)

Das folgende Gedicht von Günter Bruno Fuchs (1928–1977) dürfte 1964 entstanden sein.

Der große Mann

Der große Mann
mit knallender Zigarre,
der große Mann
dreht seinen Geschäften
den alten
müden Rücken zu.

Er hat sich
in seine schönste
Zigarrenkiste
gelegt
und wartet sehnsüchtig
auf den großen
Raucher.

Günter Bruno Fuchs

a) Wer ist *der große Mann*?
b) Was heißt *knallende Zigarre*?
c) Was soll die *schönste Zigarrenkiste* darstellen?
d) Wer ist *der große Raucher*?

a) Selbstverständlich ein Unternehmer – sozialkritische Tendenz klingt an!
b) Die Assoziation mit knallrot (= leuchtendes, auffälliges, hartes Rot) und knallhart stellt sich ein; gemeint ist wohl: angeberisch, rücksichtslos.
c) Diese Verfremdung ist intellektuell nicht ganz vollziehbar. Der Analogieschluß zum Sarg liegt nahe und ist wohl gemeint.
d) Die gleiche Attribuierung wie beim *großen Mann* fällt auf. Gemeint ist sicher der Tod, der Lebewesen so verbraucht wie ein Raucher seine Zigarre.

Wir wenden uns nun einem besonders feinsinnigen Lyriker der letzten Jahre zu, der sich auch theoretisch und selbstkritisch immer wieder geäußert hat. Er hat oft das Alltagswort, das Wort des täglichen Gebrauchs, zum dichterischen Sprachmaterial umgeformt und diesem eine neue Kraft zukommen lassen. So konnte er eine Mehrdeutigkeit der Wörter und Begriffe erzeugen, die eine Wirklichkeit hinter den vordergründigen Befunden zeigen kann. Das abgedruckte Gedicht dürfte 1969 entstanden sein.

Floß

Eine fügung aus treibholz ist mein floß
mein tagwerk
das der sturm aufhebt.

Ich gehe mit einer schaumkrone
über vermessene untiefen.

Glänzende vögel nähren mich
abgesandte gespiegelter ufer.

Weil sie von rudern schwärmten
von rudern
beleben die fische mein treibendes selbstgespräch.

Johannes Poethen (geb. 1928)

a) Wie ist die Idee des Floßes gestaltet?
b) Stört die Willkür in Schreibung und Zeichensetzung das Verständnis?
c) Dekodieren Sie die Wörter *fügung*, *tagwerk*, *aufheben*, *vermessen*, *schaumkrone*, *untiefe*, *glänzende vögel*, *gespiegelte ufer*, *treibend*!
d) Was will der Dichter wohl aussagen?

a) Formal erinnern die vier Strophen, in ihrer symmetrischen Anordnung, an zusammengefügte Stämme; die längsten Stämme sind außen, hier also oben und unten. Das Wort *treiben* steht an bezeichnender Stelle.

b) Nein, die Kleinschreibung soll wohl die Unterschiede zwischen den Wortarten verwischen. Die Punkte sind richtig gesetzt, und die fehlenden Kommata kann man sich denken. Ob man sie jeweils richtig setzt, ist zwar nicht sicher, doch vielleicht soll auch das so sein: Alles treibt ja unbestimmt auf dem Floß dahin.

c) *Fügung* ist sowohl Schicksal, Fatum als auch eine Zusammenfügung aus Hölzern; *tagwerk* ist die Arbeit eines jeden Tages, aber auch die Bezeichnung für ein bestimmtes Flächenmaß; das Floß ist also Lebensort und Lebensaufgabe zugleich; *aufheben* hat drei Bedeutungen: hochheben, bewahren, beseitigen; *vermessen* meint ausgemessen und auch tollkühn; *schaumkrone* kann eine Krone aus Schaum, aber auch eine Krone auf dem Schaum sein; *untiefe* benennt entweder eine sehr tiefe oder eine sehr seichte Stelle in einem Gewässer; daß die *glänzenden vögel* den auf dem Floß Treibenden nähren sollen, ist gedanklich nicht nachzuvollziehen, vielleicht verspricht ihr tröstender Anblick die Nähe von Land; die *gespiegelten ufer* sind wörtlich die Widerspiegelungen im Wasser oder vorgetäuschte Scheingestalten; *treibend* kann dahintreibend (auf dem Wasser) oder auch sich fortsetzend (als Gespräch) bedeuten.

d) Die Monologe dessen, der in sein Tagwerk gespannt ist, in sein Leben, auf dem und mit dem er dahintreibt, diese Selbstgespräche werden belebt von Wesen, die, offenbar eins mit ihrem Element, zu rudern vermögen. Sie sprechen zu ihm (sind Fische nicht stumm?). Sie *schwärmen* (sie sind ein Schwarm, sie sind viele; oder: sie sind begeistert und äußern dies), das gibt dem Floßfahrer Impulse. Das Floß also ein Stückchen Sicherheit im Meer des Lebens, treibend über Unbestimmtheiten aller Art? Die Fische: hilfreiche Boten aus einer anderen Daseinsebene?

4. Analyse moderner Gedichte

Verwandlung

Ich niste tief im grauen Regenbaum:
die Regenzweige hängen um mich nieder,
das Regenlaub rauscht laut in meine Lieder,
sing' ich denn noch? es singt ja nur der Baum.

Verschollen tief im Regenwurzelraum
hockt Stadt und Land, gehn Menschen hin und wieder,
und trübe Flüsse wälzen ihre Glieder;
es träumt die Welt den schweren Regentraum.

Doch lautlos aus verhangnem Himmelsraum
stößt jäh der alte Sonnenvogel nieder,
und riesig spreizt er aus sein Glanzgefieder:
Im goldnen Schnabel trägt er fort den Baum
und legt als zartes Regenreis ihn wieder
an Gottes siebenfarbigen Mantelsaum.

Christine Busta (geb. 1915)

a) Halten Sie dieses Gedicht für ein typisch modernes? Begründen Sie Ihre Auffassung!
b) Skizzieren Sie, wie sich die Gedanken-Bild-Reihe und die äußere Form des Gedichts entsprechen.
c) In welchen Ebenen geschieht hier *Verwandlung*?

a) Das Gedicht steht durchaus in der Tradition der deutschen Lyrik, und doch hat es auch moderne Züge. Satzbau und Aussage sind in keiner Weise verrätselt, sondern klar und sofort verständlich. Auch die Wortwahl ist – mit wenigen Ausnahmen – konventionell. Die Gesamtaussage, die in der Überschrift hervorgehoben ist, widerspricht sich nicht. Das Gedicht ist abgerundet: Die Entwicklung der Gedanken und Vorstellungen führt zu einem harmonischen Ende. Modern sind neue Wortzusammensetzungen und kühne Bilder, die die innere Bewegung des Gedichts veranschaulichen. Sie stehen als Symbole für Bereiche, welche die Dichterin nicht direkt aussprechen will. Natur und Überwelt stellen die beiden Seiten des Daseins dar; die Natur wird letztlich aufgehoben im Göttlichen. Die Empfindungen und die Gestaltung sind allerdings nicht einheitlich, sondern es zeigt sich, daß das »Nebeneinander von Mythos, Glauben, Natur in einem Erleben dem modernen Perspektivismus verpflichtet ist« (Manfred Seidler). So führt uns die Dichterin nur behutsam hinein in ihren festen Gottesglauben.

b) Ein Sonett eignet sich infolge seines klaren Aufbaus vorzüglich für eine Reflexion oder für antithetische Gedankenlyrik. Der Umschlag in den Gegensatz gehört geradezu zu seinem Wesen. Darum wählte Christine Busta wohl diese strengste aller Gedichtformen; sie verlangt großes Können und Disziplin.
Das erste Quartett »spielt« auf engstem Raum: Das Ich ist förmlich in dem

Regen aufgelöst. Schon hier deutet die Dichterin Kommendes an: In das dumpfe Bild strömt ein neues Element ein, nämlich das des Liedes, das gesungen wird – aber dieses Lied wird nicht aus fröhlichem Herzen gesungen, sondern stellvertretend vom Baum selbst. Im zweiten Quartett hat sich die Perspektive geweitet. Das Ich spielt keine Rolle mehr; die ganze Welt scheint im Regen unterzugehen; jetzt sogar *unter* dem Regenbaum! Und dieser steht ja für »alles Leid und allen Kummer, worin die Menschen befangen sind« (Ruth Lorbe).

Das *Doch*, das die beiden zusammengeschobenen Terzette einleitet, drückt einen Gegensatz auf verschiedenen Ebenen aus: Zeit, Erkenntnis, Lebensgefühl. Das zuerst bestimmende Bild vom *Regenbaum* (der sogar an die Weltesche denken läßt) wird jäh überdeckt von der Vision des *Sonnenvogels*. Dunkler Regenraum und strahlender Himmelsraum stehen sich gegenüber. Die Wortassoziationen mit *Regen* erleben eine Verwandlung ins Lichte, ja Himmlische. Die Dichterin schwingt sich geradezu mit dem Vogel in die höchsten Höhen. Aus dieser Sicht schrumpft die Erde zusammen, so daß der Baum nur noch ein *zartes Regenreis* wird, das (passiv!) in den Himmel auffahren darf.

Die Kette von Gedankenbildern wird zusammengehalten von Metrum, Klang und Reim. Der fünfhebige Jambus, der sich allerdings dem Leser kaum aufdrängt, ist konsequent in jedem der 14 Verse durchgehalten. Freilich beherrscht in erster Linie der ruhige Rhythmus das Klanggefüge, so daß die leichten Tonversetzungen (*sing, hockt, stößt*) nicht auffallen. Viel stärker hörbar ist die Melodie der Vokale, die im ersten Quartett recht dunkel gehalten und auch im zweiten kaum aufgehellt werden. Erst in den Terzetten werden die Töne zunehmend heller, bis im letzten Vers sich alle Vokale regenbogenartig sammeln. Klang und Bild sind eins geworden: Aus Grautönen erstand der siebenfarbige Regenbogen, das Zeichen der Verheißung nach der Sintflut. In die Klammerfunktion der Laute und der stets gleichen Takte ordnen sich Enjambements und Kadenzen ein. Diese wechseln mit unverrückbarer Regelmäßigkeit ab: männlich und weiblich. Insgesamt kommt die Dichterin mit vier Reimen aus; diese sind ziemlich oft identisch. Damit unterstreichen sie die Ähnlichkeit der Aussagen.

Wir erleben also ein reizvolles Spiel zwischen einer Gedankenbewegung, die ins Gegenteil umschlägt, und einer sprachlichen Haltung, die auf ihren Wörtern beharrt. Die Verfasserin versteht, gegensätzliche Sinnabschnitte zu einer Einheit zu verschmelzen. Und doch hat sie die innere Entwicklung ihres Daseinsgefühls durchaus nicht verwischt, sondern klar bezeichnet.

c) Die Idee der *Verwandlung* bestimmt in Überschrift, Bild und Klanggehalt das ganze Gedicht. Diese Idee läßt sich in verschiedenen Ebenen erkennen: Zunächst ist das lyrische Ich in einer trostlosen Situation; diese weitet sich aus auf eine Gemeinschaft, ja auf die ganze Welt. Dann aber bricht Licht durch: Sonne und Freude; der schwere Regentraum ist vorbei. Die Dichterin kleidet ihre Aussage in Wörter aus dem Bereich des Märchens: *der Baum singt, verschollen hocken Stadt und Land, Flüsse wälzen ihre Glieder, goldner Schnabel*. Das läßt an eine mythische Daseinsauffassung denken.

Versuchen wir, den Symbolgehalt der beiden Wörter *Regenbaum* und *Sonnenvogel* zu entschlüsseln: Der Regenbaum steht für das Irdische, Dunkle, für die Bedrängtheit der Menschen. Der Sonnenvogel, eine glückliche poetische Chiffre, evoziert das durchbrechende, siegende Licht, das letztlich ein Bote Gottes ist und die ganze Welt in Gottes bergende Güte heimholt. Damit sind wir in einer kosmischen Sphäre; denn der große Regen heißt biblisch Sintflut. Aus dem Alten Testament kennen wir die Verheißung Gottes, daß der siebenfarbige Regenbogen das Ende der menschenvernichtenden Flut bedeute. Der Sonnenvogel läßt an den Cherub denken; er steht bekanntlich vor Gott, und ihn zeichnet ein *Glanzgefieder* aus. So sind wir ganz von selbst in die sakrale Sphäre des Neuen Testaments gekommen, in die das *De profundis* (Aus der Tiefe rufe ich zu Dir) hineinragt. Das Vertrauen auf Gott, der Glaube, der Berge versetzt – das alles *ist* Verwandlung. Vom Ich über die Welt geht der Weg zu Gott. Bei ihm gibt es weder das Ich noch das Wir, sondern nur noch das Glück des Aufgehobenseins; denn Gott ist Liebe. Und da Gott allmächtig ist, besiegt die Liebe alles.

Fall ab, Herz

Fall ab, Herz, vom Baum der Zeit,
fallt, ihr Blätter, aus den erkalteten Ästen,
die einst die Sonne umarmt,
fallt, wie Tränen fallen aus dem geweiteten Aug.

Fliegt noch die Locke taglang im Wind
um des Landgotts gebräunte Stirn,
unter dem Hemd preßt die Faust
schon die klaffende Wunde.

Drum sei hart, wenn der zarte Rücken der Wolken
sich dir noch einmal beugt,
sei hart, wenn der Hymettos* die Waben
noch einmal dir füllt.

Denn wenig gilt dem Landmann ein Halm in der Dürre,
wenig ein Sommer vor unserem großen Geschlecht.

Und was bezeugt schon dein Herz?
Zwischen gestern und morgen schwingt es,
lautlos und fremd,
und was es schlägt,
ist schon sein Fall aus der Zeit.

Ingeborg Bachmann (1926–1973)

*Hymettos = Gebirge bei Athen, im Altertum wegen seines Honigs berühmt

a) Welche Stellung nimmt das lyrische Ich innerhalb des Gedichts ein und welche zum Leser?
b) Aus welchen Sinnbezirken sind Motive und Metaphern entnommen?
c) Wie hängen Satzbau und Rhythmus mit der Aussageabsicht zusammen?
d) Welche Wirkung haben Wortwiederholungen und Motiv-Variationen?

a) Die innere Bewegtheit in diesem Gedicht, untermischt mit dem Wissen um Vergänglichkeit, mit Trauer, ja Schwermut, ist die entscheidende Leistung des lyrischen Ichs. Diese Bewegtheit äußert sich in Anrufen und Fragen. Sie gelten dem eigenen (oder einem imaginierten) Herzen, dazwischen den Blättern »am Baum der Zeit«. Es bleibt in der Schwebe, wen das lyrische Ich anspricht: den Leser oder, in der Form eines Monologs, die Verfasserin selbst.

b) Die Dichterin bewegt sich in ihrer Gedanken- und Gefühlswelt sowie in einer mythisch verfremdeten Natur. Das entscheidende Motiv ist das Staunen über die Vergänglichkeit des Daseins, das in einer Reihe von Metaphern zum Ausdruck kommt. Das grandiose Bild vom *Baum der Zeit*, an dem das Herz hängt, evoziert eine Fülle von Assoziationen: Baum des Lebens und der Versuchung im Paradies; Baum der Erlösung als Kreuzesholz, an dem Jesus den Tod erlitt; Weltenbaum (Weltesche Yggdrasil) der alten Germanen, die den Himmel stützt und an der sich Odin in kultischem Selbstopfer erhängt hat. Die Dichterin verwendet keine abgegriffenen Topoi, sondern Aspekte ihrer inneren Wirklichkeit, wie sie sie schaut: die lebende große Natur (Sonne als liebende Mutter) und dann den unauflösbar wehmütigen Vergleich der fallenden Blätter mit den fallenden Tränen.

Ein noch grandioser empfundenes Bild stellt die zweite Strophe vor uns hin: den Hirtengott Pan im alten Griechenland, den Gott der besonnten Fluren, dessen Herz getroffen ist. Untergründig schwingt das Wissen mit von dem göttlichen Heiland oder Helden, der sich opfert, oder auch vom Frühlingsgott Baldur, den das Geschoß der Mistel trifft. Auch die dritte Strophe bewegt sich in antiken Gefilden; *Wolken* und *Bienenberg* sind personifiziert; sie schenken dem Menschen Gutes. Um so erstaunlicher gerade hier der Aufruf zur Härte. Aber wir sind in der Motivreihe Vergänglichkeit: Die Gnaden des Sommers gehen zu Ende.

Die vierte Strophe, ein Zweizeiler, scheint die Achse des Gedichts zu sein. *Halm* und *Sommer* stehen für Inseln im Meer der Ewigkeit. An sich ist die Zeit keine Kategorie der Ewigkeit; das weiß die Heidegger-Schülerin Bachmann sehr genau. Die letzte Strophe bannt das Wissen um die Tatsache, daß das biologische Sterben mit dem Augenblick der Geburt beginnt, in eine bohrende Frage, der eine große Antwort-Geste folgt; diese kehrt zur Aussage des ersten Verses zurück.

Es läßt sich eine Gedankenbewegung feststellen, die vom Physischen über das Mythische zum reflektiert Metaphysischen geht. Das Motiv der Zeit ist abgewandelt als Spätsommer, kurze Daseinsspanne, Abschied vom Leben. Dahinter läuft quer die Antithetik: schönheitstrunkenes Hängen am Diesseits – Wissen um Vergehen und Sich-Loslösen vom Augenblick.

c) An dem Sprachleib des Gedichts erfüllt sich das Wort von Johannes Poethen: »An der vollendeten Gestalt muß beides gleichermaßen gleichgewichtig ablesbar sein: Traumhaftes und Labor-Werk.« Eine derart intuitive und ebenso kühl kalkulierende Dichterin wie Ingeborg Bachmann hat für ihre jeweilige Perspektive einen kongenialen Rhythmus gefunden, dem sich der Satzbau unterzuordnen hat.

Die drei anaphorischen Anrufe der ersten Strophe, in einem komplizierten Satzgefüge vorgetragen, drücken die kaum gebändigte Trauer aus. So hat es die Dichterin auch verschmäht, sich einem festen Metrum zu unterwerfen. Die freien Rhythmen mit den Akzenten, die nur vom inneren Sinn gesetzt werden, unterstützen besonders die Aussage der zweiten Strophe. Während die beiden ersten Zeilen eher fließen, die Inversion am Satzanfang einer Hymne nachempfunden ist, stellt der zweite Teil der Strophe in hartem Rhythmus und nüchternem Satzbau die Realität dar. Die dritte Strophe besteht wieder aus zwei parallel geschalteten Ausrufen, jeweils bestehend aus kurzem Imperativ- und Temporalsatz. Wie anschaulich sind hier Oben und Unten verklammert! Der Sommer geht – im Himmel wie auf Erden. Der sinngemäße und syntaktische Parallelismus betont die Forderung, macht sie eindringlich wie die Wiederholung in einer Litanei. Der Bruch im Rhythmus, der durch die Kommata in der ersten und dritten Zeile entsteht, unterstützt die Absicht des Aufrufs, weil er die Worte *sei hart* vom übrigen Teil des Satzes isoliert. Auch in der Zweizeilen-Strophe arbeitet die Dichterin mit der gleichen Doppelperspektive. Die Unbarmherzigkeit des Naturgeschehens, das jeder Bauer kennt, sei Grund für unser Hart-Werden. Satzbau und Rhythmus sind ähnlich der Sprache des Alten Testaments. Wie ein Psalm des Aufschreis muten diese Zeilen an. (»Was ist der Mensch, daß du seiner gedenkst? – Denn tausend Jahre sind vor dir wie der Tag, der gestern vergangen ist, und wie eine Nachtwache. – Du lässest sie dahinfahren wie einen Strom; sie sind wie ein Schlaf, gleichwie ein Gras, das doch bald welk wird.« Psalm 90) Die Inversion legt die Betonung auf *wenig*. Der einzelne und das einzelne (Ereignis) sind so drastisch eingeordnet. Das (einzige) Fragezeichen, das am Beginn der letzten Strophe steht, soll unsere Nachdenklichkeit nochmals steigern. Dann gestaltet die Diktion den Pendelschlag unseres Herzens sicht- und hörbar. Das unheimliche Schwingen wird im Rhythmus dieser Zeilen ausgedrückt, in den beiden Adjektiven, die durch das *und* verbunden sind. Die letzte Zeile setzt nochmals die beiden Worte, die den Sinn tragen (*Fall–Zeit*) eng zusammen.
Hören wir das Gedicht ab, so vernehmen wir eine Melodie, die uns an- und abschwellend die Klage der Dichterin meldet. Aber diese Klage ist gefaßt in den festen Rahmen des Rhythmus, der mit klaren, wuchtigen Schwerpunkten alles in Maß und Schwebe hält. Der Abschied – nicht als hemmungsloses Jammern, sondern als bewußt vollzogener Entschluß. Ob wir in neue, größere Dimensionen vordringen können oder ob es beim Fall ins Nichts bleibt, läßt die Dichterin offen.

d) Die vielen Wortwiederholungen, die im einzelnen hier nicht aufgeführt zu werden brauchen, intensivieren die Aussage und sorgen dafür, daß diese wie ein Echo in uns weiterklingt. Die Motiv-Variationen wollen verhindern, daß die elegische Tonart ins Platte, Banale abrutscht. Wie die Zeit selbst ein letztlich nicht faßbarer Begriff ist, so will die Dichterin unsere »Geworfenheit in die Zeit« (Heidegger) in verschiedenen Konstellationen anschaulich machen. Das innerste Geheimnis des Lebens ist unsagbar. Mehr kann ein Dichter nicht erreichen, als daß ihm ein Gott beschert »zu sagen, was er leidet« (Nach Goethe: Torquato Tasso).

Chausseen

Erwürgte Abendröte
stürzender Zeit!
Chausseen. Chausseen.
Kreuzwege der Flucht.
Wagenspuren über den Acker,
der mit den Augen
erschlagener Pferde
den brennenden Himmel sah.

Nächte mit Lungen voll Rauch,
mit hartem Atem der Fliehenden,
wenn Schüsse
auf die Dämmerung schlugen.
Aus zerbrochenem Tor
trat lautlos Asche und Wind,
ein Feuer,
das mürrisch das Dunkel kaute.

Tote,
über die Gleise geschleudert,
den erstickten Schrei
wie einen Stein am Gaumen.
Ein schwarzes
summendes Tuch aus Fliegen
schloß ihre Wunden.

Peter Huchel

a) Was sagt Ihnen die dreimalige Verwendung des Wortes *Chaussee* in diesem Gedicht?
b) Wie hat Peter Huchel (1903–1981) versucht, die grauenhaften Erlebnisse der Menschen auf der Flucht vor der Roten Armee dichterisch zu bewältigen?
c) Wie dienen Strophenbau und Syntax der Absicht des Dichters, die unnennbaren Leiden eindringlich zu gestalten?
d) Finden Sie in diesem Gedicht Schönheiten des Rhythmus oder der Melodie?

a) In Nordostdeutschland, woher der Dichter stammt, wird dieses Wort heute noch häufiger verwendet. Eine *Chaussee* ist eine alte Straße, die ursprünglich für den Fuhrwerksverkehr gebaut wurde. In diesem Gedicht, das Anfang 1945 »spielt« und die Flucht der deutschen Bevölkerung vor dem Einbruch der Roten Armee zum Thema hat, bewegt sich auf einer solchen Landstraße ein Treck nach Westen. Die Chausseen waren Straßen der Flucht – der Hoffnung und der Verzweiflung – geworden.

b) Das Leiden der Menschen ist letztlich unsagbar; so läßt der Dichter sie nicht reden. Auch berichtet er nicht wie ein Erzähler von ihren Schicksalen, sondern die Dinge selbst drücken dieses Entsetzen aus: Die Naturerscheinung der Abendröte ist durch menschliche Eingriffe ins Unerträgliche verfremdet. (Frontsoldaten erlebten, wie Brände und Geschützfeuer eine friedliche Landschaft zur glühenden Hölle machten.) Die *stürzende Zeit* steht hier wohl für Endzeit, für Weltuntergang. (Auch dies ist eine Erfahrung der Frontsoldaten, daß sie bei dem mörderischen, alles vernichtenden Kampfgeschehen den Weltuntergang zu erleben glaubten.) Der doppeldeutige Ausdruck *Kreuzwege der Flucht* meint zunächst die sich kreuzenden Straßen, auf denen die aus verschiedenen Richtungen kommenden Züge oft genug ein unentwirrbares Chaos schufen, wenn sich die Trecks gegenseitig behinderten; dann wird aber vor allem der Kreuzweg im christlichen Sinn evoziert. Wie der stumme *Acker* mit den toten *Pferdeaugen*, die auf ihm liegen, in den Himmel starrt, ist in grauenhaft ergreifender Weise gesehen. Auch die *Nächte* sind mythisch überhöht zu fast übernatürlich fühlenden Wesen, die selbst die Qualen der Flucht erleben; die *Dämmerung* leidet stellvertretend, das *Feuer* ahnt die Sinnlosigkeit seines Daseins. Die letzte Strophe schockiert mit einer realistischen Nahaufnahme: Tote, *über die Gleise geschleudert*; der *Stein* als Metapher für den *erstickten Schrei* drückt die unbarmherzige Härte und Stummheit aus. Das grausige *Fliegentuch* ist wieder ganz realistisch, pervertiert aber gleichzeitig den Ruf nach dem Sanitäter, den man sogar in der vordersten Frontlinie hören konnte.

c) Der Dichter läßt in jeder Strophe eine Vision dominieren:
Strophe 1: Landschaft unter brennendem Himmel
Strophe 2: Nacht und Feuer
Strophe 3: Tote über Gleisen.
Die Strophen 1 und 2 sagen in je acht Zeilen etwa gleich viel von dem furchtbaren Geschehen aus; in Strophe 3 kämpft der Dichter sicht- und hörbar gegen das Verstummen an und bricht nach sieben Zeilen ab.
Das Hervorstoßen der Aussagen, die wie schmerzliche Schreie klingen, schlägt sich in der Syntax nieder: Die Situation der Strophe 1 ist so niederdrückend, daß sie förmlich zu einem statischen Bild gerinnt, dem die Bewegung fehlt; darum braucht der Dichter nur ein einziges Verbum finitum, jedoch in einem Nebensatz, ganz am Ende und ins Präteritum transponiert. Auch die erste Hälfte der zweiten Strophe ist eine elliptische Konstruktion, mit dem finiten Verb wieder am Ende eines Nebensatzes (*schlugen*). Dann erst vergegenwärtigt ein voller Satz – allerdings mit vorausgenommenem Adverbiale (wichtigste Teilaussage!) – die zerstörten Häuser. Hier sehen wir deutlich, wie dieses Gedicht Erinnerung, Abschied und Trauer beschwört. In der dritten Strophe kann sich der Dichter wieder nur elliptisch äußern. Die drei letzten Zeilen schließen spröde und sachlich das Kapitel: eine ausdrucksstarke »lyrische Summe«.
Die Absicht des Dichters ist, uns den Wahnsinn des letzten Krieges vorzuführen. Das kann er nicht mit bunten Bildern, wohlgeformten Sätzen und klingenden Versen tun. Er hat auch nicht ein Anti-Kriegslied geschrieben (etwa als Gegensatz zu dem gassenhauerischen »Es ist so schön, Soldat zu sein...«), sondern er hat die Brutalität des Krieges selbst zu Wort kommen lassen.

d) Der Dichter hat auf beides verzichtet, sonst wäre er unglaubwürdig geworden. Es versagt ihm ja fast die Stimme. Klang und Lautmodulation haben vor der Sprachgebärde der Verzweiflung alle Macht verloren.

Pappellaub

Sommer hat mit leichter Hand
Laub der Pappel angenäht.
Unsichtbarer Schauder ist
windlos auf die Haut gesät.

Zuckt wie Schatten Vogelbalg,
Spötterbrust, als winz'ger Strich:
Ach, schon wird es Überfall,
wie sie blätterhin entwich!

Luft, die unterm weichen Flug
kurzer Schwinge sich gerührt,
schlägt wie blaue Geißel zu,
die die dumpfe Stille führt.

Grüne Welle flüstert auf.
Silbermund noch lange spricht,
sagt mir leicht die Welt ins Ohr,
hingerauscht als Ungewicht.

Karl Krolow

a) Inwiefern ist dieses Gedicht der Tradition verbunden? (K. Krolow ist 1915 geboren.)
b) Wodurch ruft das Gedicht Stimmung hervor?
c) Wie hat der Dichter seine Eindrücke vom Pappellaub ins Bild gebannt?
d) In welchem Verhältnis sieht sich der Dichter zur Natur?

a) Der altüberkommene Aufbau mit vier Strophen zu je vier viertaktigen Zeilen, von denen immer die zweite und vierte in durchaus konventioneller Weise reimen, sind der Tradition verhaftet. Auch die Diktion ist eher altertümlich; es gibt keine elliptischen Sätze, keine Satzbrocken oder -fetzen, keine harte Fügung. So erinnert das Gedicht an ein naturidyllisches Lied. Auch die Überschrift kann zu der Annahme veranlassen, daß die Schönheit des Pappellaubes besungen werden soll. An der Wahl der Wörter merken wir dann, daß Krolow nicht ein banales Wald- und Wiesengedicht komponieren wollte. Es fällt die helle, intellektuelle Wachheit auf, mit der die einzelnen Aspekte erfaßt sind.

b) Die Vorstellungen kreisen um das Laub an der Pappel im Sommer. Wir haben das Gefühl, die Phantasie des Dichters gehe in spielerischer Weise spazieren. Was er nun erlebt oder sich suggeriert, will er uns suggestiv übermitteln. Das tut er in einem schwingenden Gespinst aus Worten und Klängen. Das Schwerelos-Anmutige des zitternden, schillernden Laubes wird gemalt in luftigen, wehenden Lauten, bei denen besonders oft das schmiegsame l erscheint. Auch die munter-kecken männlichen Reime, von denen vier den i-Laut hervorheben, bilden zusammen mit den fröhlichen Trochäen eine heitere, unbekümmerte Melodie.

c) Das *Pappellaub* ist für ihn nicht so sehr Teil eines organischen Naturwesens, sondern mehr ein Ausstattungsstück, über das der Sommer, als mythische Größe, verfügt. So haftet dem Laub auch ein *unsichtbarer* Schauder an, den der Dichter im Laufe der Verse zu enträtseln sucht. Das nächste Bild vom Pappellaub ist das eines schützenden Tuches, das sich unter den Bewegungen der Luft wellenartig bewegt. Aber nun kommt noch das Akustische dazu: Der Laubvorhang *flüstert*, ja, er wird ein *Silbermund*, der spricht. Das ist ein märchenhaftes Moment: Das Laub redet mit dem Menschen.

d) Die Klimax des kleinen Werkes ist sicherlich in der letzten Strophe erreicht, die eine Zwiesprache zwischen Mensch und Pflanze wiedergibt. Das klingt wie eine »lyrische Anekdote« (Friedrich). Der Dichter ist in unfaßbarer geistiger

Nähe zu einem Stück Natur. Er sieht den Baum mit seinem Laub als Gegenüber, als Kommunikationspartner. Er ist aufgeschlossen für die Mitgeschöpfe, empfänglich für die Botschaften, die sie ihm vermitteln. Diese naturmagische Haltung führt dazu, daß der Dichter sein eigenes Denken verläßt, ihm vielleicht sogar mißtraut und sein Ohr für das Rauschen des Laubes öffnet. Hier erfährt er das Geheimnis der Welt, das so leicht ist wie das Pappellaub selbst. Ist nun dieses Geheimnis so leicht, oder ist die Welt selbst so leicht? Das ist eine zierliche letzte Wortverbeugung vor dem unsteten Pappellaub, das optisch nicht zu fassen ist. Ebenso ist seine Botschaft nicht eindeutig zu fassen, zumindest nicht mit dem Intellekt. Es geht ja auch sonst nicht alles auf in diesem Gedicht, z.B. die Sache mit dem *Überfall*.
Aber müssen wir denn alles wissen?

Die Krüge

An den langen Tischen der Zeit
zechen die Krüge Gottes.
Sie trinken die Augen der Sehenden leer und die Augen der Blinden,
die Herzen der waltenden Schatten,
die hohle Wange des Abends.
Sie sind die gewaltigsten Zecher:
sie führen das Leere zum Mund wie das Volle
und schäumen nicht über wie du oder ich.

Paul Celan (1920–1970)

a) Welche Satzstrukturen erkennen Sie?
b) Was ist an diesem Gedicht unverständlich?
c) Das Gedicht könnte als Parabel aufgefaßt werden. Bietet sich dann eine Deutung an?
d) Könnten *die Krüge* aus Celans religiöser Haltung erklärt werden?
e) Welche Botschaft will uns wohl der Dichter vermitteln?

a) Es handelt sich um vier einfache, leicht überschaubare Satzgebilde: In den Zeilen 1/2 steht ein einziger klarer, kurzer Hauptsatz; in den Zeilen 3 bis 5 begegnet wieder ein einziger Hauptsatz, allerdings mit einer Reihung von Objekten; Zeile 6 enthält einen kurzen Hauptsatz mit Verweisungscharakter, deshalb der Doppelpunkt; in den Zeilen 7/8 gibt es einen längeren Hauptsatz mit Doppelprädikat, also mit einer doppelten Aussage. Das Subjekt steht als Überschrift und im ersten Satz.
b) Die Chiffre von den Krügen, die ja die *Krüge Gottes* sind, verwirrt. Es ist für den Intellekt unbegreiflich, was diese Krüge alles trinken. Auch Vermutungen führen hier nicht weiter. Wir haben einen äußersten Punkt der verschlüsselten Aussage erreicht.
c) Wenn man Paul Celans Werk und seinen biographischen Hintergrund kennt, liegt das Parabelhafte – ähnlich wie bei Kafka – auch hier zutage. Ob diese knappen, fast schnörkellosen Sätze überhaupt noch als Gedicht anzusprechen

sind, ist fraglich. Jedenfalls sind sie gleichnishaft, sie deuten an; sie vibrieren sogar in einem geheimnisvollen Rhythmus, den man erst beim wiederholten Lesen bemerkt; sie klingen und verklingen in einer raffiniert einfachen Sprache. Ja, die Sprache wird ganz Anschauung. Die paradoxen Formulierungen sind intellektuell nicht zu entschlüsseln, nur spirituell zu erraten.

d) Paul Celan ist 1920 im damaligen Rumänien in einer jüdischen Familie geboren. Alle seine Angehörigen kamen im Laufe des Krieges um. Celan überlebte das Furchtbare, war aber bis zum Ende seines Lebens von dem Wissen um das Entsetzliche gezeichnet (vgl. sein Gedicht »Todesfuge«). Seine geistig-religiöse Heimat waren das Alte Testament und der Talmud. Dieser wurde in Osteuropa allerdings weitgehend durch die gefühlsbetonte Religionsauffassung der Chassidim (= der Frommen) überspielt. Sie erlebten Gott als den unbegreiflichen Herrscher der Welt, der sein Volk als verborgener Gott leitet. Trotz des verzweifelten Wartens auf den Messias, der immer noch nicht gekommen ist, war die Grundstimmung freudig. So ist es auch hier bei Paul Celan.

Der Krug Gottes war im Alten Testament ein kultisches Gerät (z. B. der goldene Manna-Krug in 2 Mos. 16, 33) und auch ein Gefäß, das die Güte Gottes symbolisierte (Ölkrug der Witwe von Sarepta, deren Öl nicht weniger wurde). Luther übersetzt Psalm 56,9: »Fasse meine Tränen in Deinen Krug. Ohne Zweifel, Du zählst sie.« Eine andere biblische Vorstellung (Altes und Neues Testament) kommt hinzu: Der Mensch selbst wird als Gefäß aufgefaßt für die Gnade Gottes, für den Heiligen Geist, für die Wohltaten Gottes. Die Mahnung erklingt immer wieder, daß wir reine Gefäße sein sollen. Jesus fordert uns auf, wir sollten nicht neuen Wein in alte Schläuche (= Gefäße) füllen. So dürfen wir eine mystische Gleichsetzung von *Krug Gottes* und Mensch Gottes annehmen. Und doch tut sich für eine befriedigende Deutung eine unüberbrückbare Kluft auf: Die letzte Zeile zeigt uns den qualitativen Abstand des *du und ich* von den Krügen Gottes.

e) Wir sind hier weit weg von aller verläßlichen Tradition. Man hat gesagt, der Leser sei bei Paul Celan zur unbedingten Aktivität aufgerufen und müsse das Gedicht im Nachvollzug selbst »mitdichten«. Versuchen wir es! Wir registrieren zunächst das »heiter-derbe und zugleich geheimnisvolle Bild eines göttlichen Trinkgelages« (Wilfried Buch). Das Bild eines himmlischen Gastmahls taucht ja im Alten und vor allem im Neuen Testament (das allerdings für Celan wenig Bedeutung hatte) immer wieder auf. Der mystische Ernst bei diesem sehr weltlich anmutenden Treiben ist nicht zu übersehen: Die Zeit, die ganze Weltgeschichte (*an den langen Tischen der Zeit*) und alles, was sich in ihr »abspielt«, ja die Phasen der Tage und Jahre – dies alles ist ein Trank für die Gefäße Gottes. Wofür nun die mystischen Paradoxa in den Zeilen 3 bis 5, die in Zeile 7 nochmals aufgegriffen werden, stehen, ist nur mit einer Art höherem Sensorium auszumachen. Auf einer höheren Stufe des Daseins (das Alte Testament vermittelt einen genauen Einblick in die Hierarchie der Geister!) gibt es nichts Grob-Materielles mehr und keine derb-sinnlichen Vorstellungen, auch sind die Quantitätsunterschiede von *voll* und *leer* belanglos geworden. Darum ist die Fassungskraft dieser göttlichen Krüge auch unendlich. Hat Paul

Celan durch einen kleinen Schlitz des Vorhangs, der vor dem Heiligtum hängt, in das Heiligtum hineinschauen können? Will er uns nun eine Ahnung von seiner Vision geben?

Baiabong

baiabong –
die wiegenwaage
wiegt den reis und wiegt dich auf
singend wippt die bambustrage
an der seidenschnur der tage
zählt sie dir dein leben auf.

baiabong –
die schüttelstunde
schluckt den schatten wendet ihn
dieses mittags stete runde
reibt die heiße schulterwunde
baiabong
ich bin ich bin

Peter Härtling

(auf einem bild des fotografen hilmar pabel ist zu sehen: ein chinesischer vater, der auf den schultern eine stange trägt. an das ende der stange ist ein korb mit reis gebunden; in dem korb am anderen ende sitzt der kleine sohn.)

a) Was erscheint Ihnen spontan als geeigneter Schlüssel, um Zugang zu dem Gedicht zu bekommen?
b) Wie hat Peter Härtling (geb. 1933) das Wesen der Waage sinnbildlich verwendet und gestaltet?
c) Was «geschieht« in dem Gedicht?
d) Zu welchem Typ von Gedichten würden Sie dieses hier zählen? Begründung!
e) Ist das Gedicht eine Beschreibung des Fotos?

a) Die Lautfolge im Wort baiabong für die Stangenwaage hat etwas Faszinierendes an sich; dadurch wurde sicher im Dichter eine Reihe von Vokalen hervorgerufen. Die Magie, die das Gedicht ausübt, entsteht aber vor allem durch die alliterierenden Konsonanten: in der ersten Strophe vorwiegend mit w, in der zweiten vorwiegend mit sch. Diese beiden Laute vermischen sich, so daß sich die Strophen auch hier verflechten. In sich ist jede Strophe durch den Reim verklammert, wobei der erste dreimal, der zweite zweimal vorkommt. Auch das glatte, ebenmäßige trochäische Metrum, das im Grund immer viertaktig ist (wenn man die Kurzzeilen entsprechend integriert) gibt dem Ganzen einen festen Klangrahmen. Der wiegende Rhythmus ist bis in die letzte Silbe zu spüren.
Wie der Laut den Sinn weckt, der sich durch alle Verse hindurchzieht, zeigt die Schlußpointe, die eigens abgesetzt ist; nicht weniger als vier b-Laute drängen sich fast wie ein Kinderreim und geben der Melodie einen hohen (i-Laut!), festen und zugleich schwingenden Abschluß.

b) Die Idee der Waage ist im Gedicht im Großen (zwei symmetrische Strophen, beide mit baiabong beginnend) wie im Kleinen verkörpert. Die erste Strophe wendet sich an den Sohn, der wohl noch zu klein ist, um zu wissen, daß er als Gegengewicht zum Reis den Vater belastet, so daß dieser die doppelte Last zu tragen hat. Die Wiegenwaage ist ein Gleichnis für das ganze Leben, weil das menschliche Schicksal an einer ähnlichen Seidenschnur hängt wie der Korb des jungen Knaben. Dieser wird – wie es nun einmal ein Naturgesetz ist – immer älter, so daß er als Last zu schwer wird. Die zweite Strophe schildert genau die Stunde, in der die Sonne ihren höchsten Stand erreicht hat und wieder sinkt; damit ist auch dieses Gleichgewicht von nur kurzer Dauer – wie es in der Natur der Sache liegt. Das Antithetische des Waageprinzips kommt dadurch zum Ausdruck, daß der Sohn unwissend und unbewußt seine frühen Tage verbringt; der Vater leidet; der Schmerz, der von der Notwendigkeit des Geldverdienens verursacht wird, ist ihm durchaus bewußt. Aber gerade im Schmerz fühlen wir unsere Existenz besonders nachdrücklich. Das Waageprinzip ist nicht nur in der Strophen- und Zeilenzahl sowie in der Zeilenlänge, sondern bis in Versbild und Wortwahl hinein erkennbar: Der dritte Vers jeder Strophe ist in sich je eine kleine Waage; dasselbe gilt für die vielen Doppelwörter, deren Komponenten gleichlang sind, wie *wiegenwaage, bambustrage, schüttelstunde, schulterwunde*. Am besten zeigt die Bambustrage das Wesen der Waage: Sie ist Arbeitsgerät und Wiege in einem.

c) Wenn wir die Aussage abklopfen und die Kommas entsprechend setzen, zeigt sich, daß der Satzbau sehr klar ist: Die Zeilen 1 bis 3 enthalten einen Hauptsatz mit Apposition, Zeile 4 einen weiteren Hauptsatz, die Zeilen 5/6 noch einmal einen Hauptsatz, der über ein Enjambement zwei Zeilen benötigt. Die zweite Strophe unterscheidet sich kaum: die Zeilen 7 bis 9 entsprechen genau den Zeilen 1 bis 3; aber die Zeilen 10/11 enthalten hier einen einzigen Satz (mit Enjambement), und die letzte Zeile könnte man nochmals als eine Art Stummelsatz auffassen. Die syntaktisch klaren Aussagen sind jedoch nicht alle logisch einwandfrei zu erklären. Denn was sollen die Zeilen 5/6 wirklich besagen? Was ist eine *Schüttelstunde*? Es bleibt uns nur, das Dargestellte als Bild und Sinnbild zu sehen: Der Vater, der doppelt arbeitet (er trägt den Reis und seinen Sohn), geht am Mittag auf einer Straße oder einem Platz. Da blitzt im Dichter ein Stück vom Geheimnis des Lebens auf; diesen Blitz verlegt er in Herz oder Hirn des Mannes – das Wahrnehmen der Existenz. Im Alten Testament können wir lesen, daß Gott auf die Frage des Moses (am brennenden Dornbusch), welchen Namen er dem Volk Israel sagen solle, die Antwort bekam: »Ich bin der ich bin. Sage dem Volke: ›Ich bin‹ hat mich gesandt.«

d) Peter Härtling ist hier Sprach- und Denkspieler. Er hat sich durch Klang und Bild (Foto) inspirieren lassen und die Idee der Waage überhöht durch die Idee des Lebens; denn wie der Sohn zunimmt, so nimmt der Vater ab. Dieses Gedicht ist ein seltener Glücksfall von vollendeter Amalgamierung der drei Komponenten Bild, Klang und Gedanke. Es spricht von Anfang und Ende (des Lebens), vom Mitte-Punkt, »von dem unentwirrbaren Ineinander von Glück und Leid, Licht und Schatten, Freude und Schmerz« (Winfried Pielow). Das Auf und Ab der schwankenden Waage symbolisiert das Auf und Ab im ganzen Leben. Das Rätsel- und Deutespiel, das der Verfasser sicher im Sinn hat, muß man als letztlich unlösbar hinnehmen.

e) Das Gedicht leistet viel mehr als eine reine Beschreibung. Es versenkt sich in die gegebene Situation, deutet sie und damit das ganze Leben, soweit es nur deutbar ist. Wo das Rätsel des Lebens beginnt (von dem das Foto ohnehin nichts zeigen kann), verstummt auch das Gedicht.

Zenit

Der mich anspringt
jetzt, immerzu jetzt,
gefleckter Räuber
im Baum des Mittags,
Lichtleopard.

Clemens Podewils (geb. 1905)

a) Machen Sie eine Aussage über die äußere Form des Gedichts!
b) Warum kann man hier, obwohl dieser Text eher wie Prosa anmutet, doch von einem Gedicht sprechen?
c) Untersuchen Sie den Rhythmus und ein etwa zugrunde liegendes Metrum!
d) Was können Sie über die Satzmelodie aussagen?
e) Untersuchen Sie die grammatikalische Struktur des Gedichts!
f) Aus welchem Bereich sind die Bilder genommen?
g) Woran erkennen Sie, daß es sich nicht um eine getreue Wiedergabe der Natur handelt, sondern um eine Metapher, die als Chiffre verwendet ist?
h) Welche Assoziationen weckt das Gedicht in Ihnen?
i) Was hat Ihrer Ansicht nach die Überschrift *Zenit* mit dem Gedicht zu tun?

a) Wir haben hier eine einzige Strophe, in fünf Zeilen gegliedert, keinen Reim.
b) Zum einen findet sich schon in der Stellung der Worte und der Zeilentrennung das Besondere, das von der Alltagssprache Abgehobene, zum anderen treffen wir auch die in sich geschlossene, unwiederholbare, einmalige innere Situation an, die ein Gedicht kennzeichnet.
c) Das metrische Schema sieht folgendermaßen aus:

x x x́ x
x́ x x x x́
x x́ x x́ x
x x́ x x́ x
x́ x x x́

Der Verfasser hält sich also an keinerlei Grundmuster von Versmaß. Es gibt bloß den freien, natürlichen rhythmischen Ton.
d) In Zeile 1 haben wir eine aufsteigende Satzmelodie, die in den nächsten drei Zeilen auf einer Höhe bleibt, um in Zeile 5 in dem hellen i von *Lichtleopard* einen Kulminationspunkt zu finden.
e) Das Gedicht besteht nicht einmal aus einem ganzen Satz. Es handelt sich eigentlich nur um einen Vokativ, erweitert um einen vorangestellten attributiven Relativsatz, einen Umstand der Zeit, eine Apposition, die ihrerseits durch ein adjektivisches Attribut und ein Präpositionalattribut erweitert ist. Das Ganze ist also eine Apostrophe (Anrede, Anrufung), die dem kurzen Text einen feierlichen Charakter verleiht.
f) Die Bilder stammen aus dem Bereich der Natur und bleiben auch konsequent darin. Der Leopard ist ein Räuber, er ist gefleckt, er springt aus dem Baum sein Opfer an.

g) Man erkennt das aus der Zusammensetzung *Lichtleopard*, aus dem Ausdruck *Baum des Mittags* und aus der Beziehung zu einer Person: *der mich anspringt*; hier findet sich das eigentliche lyrische Ich des Gedichts, das die Handlung, das Anspringen des Raubtiers, passiv erleidet.

h) Mittagshitze, Licht des Mittags, das auf den Menschen herniederschnellt wie ein Raubtier; Bäume, durch deren Laub das Licht ein Schattenspiel entwirft; so entsteht das Bild eines gefleckten Fells. Die Mittagshitze läßt die Zeit vergessen: *jetzt, immerzu jetzt*.

i) *Zenit* bedeutet Scheitelpunkt, Höhepunkt, Mittag; das Wort ist aus dem Arabischen entliehen. Hier wird ein mittägliches Bild in Beziehung zu einem lyrischen Ich gesetzt. Dieses ist überwältigt von dem grellen Eindruck des hellen, von dunklen Flecken gesprenkelten Lichts. Beim *Baum des Mittags* kann es sich um einen wirklichen Baum handeln, aber auch um eine Kreuzung von Konkretem mit Abstraktem, um eine Chiffre, die intellektuell nicht aufzulösen ist. Auf das ganze Leben transponiert, ließe sich sagen: Das Ich des Gedichts fühlt sich auf dem Höhepunkt seines Lebens, seiner Kraft und empfindet diesen Zustand als dauernde Gegenwart, als währendes Jetzt.

Kap Sunion

Mit Licht und Meer
die Säulen
bemalt: –

Schmerz versandet
vor
gehauenem Fels.

Steil und tief
die blaue,
andonnernde Zeit.

Ein Vogel
spielt
mit Aufwind und Licht.

Simon Krauss

a) Klären Sie, um welchen Ort es sich in der Überschrift handelt.
b) Geben Sie den Inhalt des Gedichtes in einem Satz wieder!
c) Paraphrasieren Sie das Gedicht Strophe für Strophe!
d) Nennen und erläutern Sie Stilfiguren!
e) Wo tritt uns das »lyrische Ich« entgegen?
f) Analysieren Sie Form und Struktur!
g) Analysieren Sie Satzbau und Wortwahl!
h) Was beabsichtigt Simon Krauss (geb. 1942) mit dem Doppelpunkt und dem Gedankenstrich nach der ersten Strophe?
i) Welche Absicht verfolgt der Dichter mit diesem Gedicht?

a) Kap Sunion ist ein etwa 60 Meter hohes, an der Südspitze Attikas liegendes Vorgebirge. Auf dieser Anhöhe über dem Meer erhebt sich die Ruine eines dorischen Poseidontempels aus der Mitte des 5. Jahrhunderts v. Chr. Kap Sunion gilt als eines der attraktivsten Ausflugsziele für Griechenlandreisende. Hier ist das Naturschauspiel des angeblich schönsten Sonnenuntergangs der ganzen Welt zu sehen.

b) Das Gedicht gibt die Eindrücke wieder, die der Besucher von Kap Sunion hat. (Oder: Das Gedicht gibt einen Augenblick aus einem Ferientag wieder.)

c) Auf die Säulen des Poseidontempels fällt das Licht der südlichen Sonne, die das Meer reflektiert. So wird ein Gemälde bewirkt. Vor dem Ebenmaß des klassischen Tempels hören alle maßlosen Gefühle, wie z. B. der Schmerz, auf. Sie verrinnen im Sand und liegen so still da wie der Sand vor dem Tempel. Wie von der Höhe des Kaps zu sehen ist, donnert drunten – tief überm Steilabfall – das blaue Meer rhythmisch an den Felsen; man kann das Meer mit der Zeit vergleichen. Ebbe und Flut werden ja auch Gezeiten genannt. Paradoxerweise aber scheint die Zeit aufgehoben.
In der hellen Klarheit des südlichen Himmels fliegt ein Vogel. In dem Gegenlicht und dem leichten Wind, der am Meer immer herrscht, sieht das so mühelos aus: der Vogel *spielt*. Dieses Verbum kann eine Anspielung auf das griechische Wort paizein = spielen sein. Es kommt von pais = Kind und reißt damit ein ganzes Wortfeld auf: spielen; heiter, sorglos sein wie ein Kind. Diese Heiterkeit schrieb man den Griechen zu.

d) Der Begriff *Säulen* steht als pars pro toto (Teil fürs Ganze) für Tempel. *Bemalt mit Licht und Meer:* ein kühnes Bild für das Ineins des Gesamteindrucks. *Schmerz versandet:* ein Abstraktum, konkret gefaßt. *Zeit* ist hier eine Metapher für das Meer – eine Metapher, die logisch nicht auflösbar ist. *Vogel* ist Symbol für die Heiterkeit Griechenlands. *Spiel mit Aufwind und Licht:* zuerst eine Personifizierung, dann fast eine Synästhesie; denn das Ausnützen des Aufwindes am Kap ist ein Vorgang im Bereich der Dynamik; das Spielen mit Licht ist eine Zusammenfassung der optischen Eindrücke.

e) Das »lyrische Ich« zeigt sich in der starken inneren Anteilnahme, mit der der Ort gesehen wird: Der Schmerz wird unwesentlich; das Zeitgefühl wird aufgehoben; das Spiel des Vogels hebt alle Erdenschwere auf.

f) Wir haben eine Gliederung in vier Strophen – keine Reime. Es findet sich kein festes Metrum; also haben wir freie Rhythmen oder ein geschliffenes Parlando. Da sich die Strophen in Grundrhythmus und Silbenzahl weitgehend entsprechen, entsteht der Eindruck einer überlegt gegliederten Aussage.

g) Die Sätze in den Strophen 1 und 3 sind elliptisch, es fehlt das Prädikat. Strophe 4 enthält einen einfachen Satz. Der Satz in Strophe 2 ist grammatikalisch doppeldeutig: *versandet* kann sowohl Partizip Perfekt als auch Verbum finitum sein.
Strophe 1 beginnt mit einem Adverbiale des Mittels; es folgt das Subjekt mit dem bestimmten Artikel, dann ein Partizip Perfekt; ausgelassen ist eine Kopula. Strophe 2 fängt mit dem artikellosen Subjekt *Schmerz* an; es folgt entweder eine statische oder eine dynamische Aussage (siehe oben!), darauf ein Umstand des Ortes (oder des Grundes?), durch ein adjektivisches Attribut erweitert. Strophe 3 beginnt wieder – wie die erste Strophe – mit einem Adverbiale; hier ist es ein Doppelumstand der Art und Weise (oder des Ortes?), wobei *steil* ein verkürztes Bild darstellt; denn nicht das Meer ist steil. Es folgen zwei Attribute (Adjektiv und Partizip Präsens) und das Subjekt; das Verbum fehlt; man könnte es sinngemäß aus dem Attribut *andonnernd* ergänzen. Die vierte Strophe wird eingeleitet durch das Subjekt mit unbestimmtem Artikel; dann folgen das verbale Prädikat und ein Umstand des Mittels.
Es fällt auf, daß die Substantive dominieren: *Licht, Meer, Säulen, Schmerz,*

Fels, Zeit, Vogel, Aufwind. Dieser fest gefügte, fast statische Ausschnitt aus einer Landschaft erinnert an den Film, den ein Tourist gedreht hat und jetzt seinen Zuschauern vorführt.

h) Nach einem Doppelpunkt folgt meist eine Erklärung; es wird auf das Folgende verwiesen. Ein Gedankenstrich bedeutet eine Unterbrechung, ein Innehalten. Hier bringt die erste Strophe bis zum Doppelpunkt sozusagen ein Gesamtgemälde vom Kap Sunion mit seinem Tempel. Nach dem Doppelpunkt und dem Innehalten folgt in den nächsten drei Strophen eine Aufgliederung dieses Gesamteindrucks in drei Komponenten: die Aufgehobenheit des Leids, die Aufhebung des Zeitgefühls, das Erhoben-Werden des Vogels als Chiffre für die klassische Heiterkeit.

i) Es ist eine Beschwörung des klassischen Griechenlands mit seinen Idealen und seinem Ebenmaß. Freilich schafft die nicht ganz überzeugende Montage, weil nicht zwingend artistisch, keine gültige dichterische Figur.

Um 1800

Zierlich der Kratzfuß
der Landeskinder,

während wer fürstlich
aufstampft.

Gedichtzeilen.
Stockschläge.

Viele träumen,
daß man sie verkauft.

Die Tinte leuchtet.

Deutschlands
klassische Zeit.

Heinz Piontek

a) Welche Wörter und Wendungen wollen das Typische der Zeit um 1800 darstellen?
b) Welchen Widerspruch zeigt H. Piontek (geb. 1925) auf?
c) Beschreiben Sie Struktur und Syntax!
d) Handelt es sich um ein politisches Gedicht? Was ist die Absicht des Dichters?

a) *Kratzfuß* bezeichnet etwas abwertend die Begrüßungsgesten gegenüber Würdenträgern. Wir befinden uns in der Zeit kurz nach der Französischen Revolution, als im Deutschen Reich noch sämtliche Fürsten auf ihren Thronen saßen und als absolute Landesherren regierten. Das Wort *Landeskinder* ironisiert das Verhältnis der Untertanen zum Landesvater. Der Vater war damals auch in der Familie der absolute Herrscher; der Fürst konnte mit den Menschen in seinem Staatsgebiet reichlich willkürlich verfahren. Im Gedicht ist offengelassen, wer aufstampft. Das Wort *aufstampfen* zeigt schon die unbeherrschte Brutalität dessen, der sich hier in Szene setzt. Das braucht nicht unbedingt der Landesherr zu sein; seine Hofschranzen übten gegenüber dem Volk im Namen des Allerhöchsten eine delegierte Macht aus, die ihnen durchaus ein tyrannisches Benehmen gestattete.
Um 1800 erlebte unsere Literatur eine Blütezeit wie nie zuvor. Auch heute unbekannte Poeten produzierten *Gedichte* in Mengen, vor allem auch Huldigungsgedichte zu höfischen Anlässen. *Stockschläge* als Strafe waren damals an der Tagesordnung; besonders strafwürdig war das crimen laesae maiestatis

(Verbrechen der Majestätsverletzung). Sehr oft waren Stockschläge üblich bei den Söldnerheeren, vielfach schon für die geringfügigsten Vergehen.
Damit sind wir schon bei dem verhaßtesten Übergriff jener Zeit: So manche Fürsten (wie der Landgraf von Hessen und der Herzog von Württemberg), die dringend Geld für ihre kostspieligen Allüren benötigten, *verkauften* kurzerhand kräftige Burschen in andere Staaten (meist England) als Söldner. Dieser Menschenschacher, der mit unglaublicher Roheit ausgeführt wurde, erregte das denkende und fühlende Deutschland. Schubart, Schiller und Büchner prangerten diese unerhörte moderne Sklaverei am beredtesten an.
Im amerikanischen Freiheitskreig (gegen England; 1776–1783) kämpften ganze Regimenter Deutscher gegen die Amerikaner (in deren Reihen ebenfalls viele Deutsche standen); 1788 kehrt Goethe als gereifter Dichter aus Italien zurück, 1794 beginnt der Freundschaftsbund mit Schiller und damit die deutsche Klassik, die bis zu Schillers Tod (1805) währte. Der Satz »*Die Tinte leuchtet*« will den Glanz der klassischen deutschen Dichtungen evozieren. Auch hier schwingt für den Kundigen Kritik mit. Schiller hatte in den »Räubern« auf dieses *tintenklecksende Säkulum* geschimpft, und im Jahre 1796 hatten Goethe und Schiller fast alle schreibenden Zeitgenossen in ungewöhnlich bissiger Form angegriffen (Xenien).
Das Wort *klassisch* bezeichnet das Werk der größten Dichter einer Nation, die in die Weltliteratur hineinragen und deren Werke durch vollendete Gestaltung mustergültig sind. Der deutschen Klassik ging es vor allem um die Welterfassung im Symbol, um sittliche Ordnung und Harmonie der Persönlichkeitsbildung, um reines und tieferes Menschentum, um Würde und Seelengröße.

b) Der Dichter zeigt die glänzende Fassade, aber auch die manchmal triste, ja grauenhafte Rückseite der Verhältnisse um 1800. Während Goethe dichtete »Edel sei der Mensch, hilfreich und gut« und Schiller (im Gedicht »Die Künstler« – 1789, erstmals gedruckt 1803) schrieb: »Der Menschheit Würde ist in eure Hand gegeben, bewahret sie!«, waren die Fürsten im großen ganzen weder edel, noch achteten sie die Würde des gemeinen Mannes. Auch die Gedankenfreiheit, die Schiller so pathetisch im »Don Carlos« gefordert hatte, stand nur auf dem Papier. Die Tinte brachte Herrliches auf dieses Papier: Aufschwünge zum Höchsten, Entwürfe von Menschlichkeit. Jedoch die Fürsten gestanden den Untertanen keine geschriebene und verbindliche Verfassung zu.

c) Das Gedicht lebt von der Antithetik, die bis in die letzte Einzelheit durchschlägt. Die Zeilen 1 bis 4 fixieren die Szene der Untergebenen vor ihrem Herrn mit nur neun Wörtern in zwei kontrastierenden Aussagen. Die Mittelachse wird gebildet durch die beiden Wörter: *Gedichtzeilen – Stockschläge.* So freundlich das erste Wort klingt, so verfremdet ist es ins Negative durch den Kontext, so daß beide Wörter wie Peitschenhiebe wirken. Wenn man das ganze Gedicht als Mini-Fuge liest, verdichtet sich hier in der Engführung der Lakonismus der Sprachgebärde. Die Aussage der ersten beiden Strophen ist gesteigert durch die Gleichzeitigkeit beider geschichtlicher Erscheinungen. Die kalkulierte Benennung und Anordnung der Widersprüche führt der Dichter auch in den restlichen fünf Zeilen durch: Die dunklen, allzu berechtigten

Angstträume sind hart an die *leuchtende Tinte* gefügt. Damit ist auch das *klassisch* nicht mehr eindeutig. Es kann neben dem Höhepunkt der Literatur auch das typisch Deutsche in jener Zeit bezeichnen, nämlich die klassische Konstellation in Deutschland: Tyrannei und Fürstendiener.
Für diese berechnete Kontrastierung hat der Dichter die Methode der Aussparung gewählt. Der Leser soll selbst durch Assoziationen weiterdenken. Dafür eignet sich eine harte Fügung, eine Reduktion der Gedanken: Die ersten vier Zeilen enthalten einen elliptischen Hauptsatz mit Nebensatz; dann folgen die beiden radikal verkürzten Ellipsen. Daß sich nun zwei regulär gebildete Hauptsätze anschließen, schlägt in seiner Wirkung zurück auf die beiden Einzelwörter, die aus der Rückschau besonders kraß hervortreten. Die beiden letzten Zeilen enthalten wieder eine erbarmungslose Ellipse, worauf sich jeder Leser »seinen Reim machen« soll.

d) Der historische Hintergrund liefert den Schlüssel, mit dem die Absicht des Gedichts zu erschließen ist. Die Sprengstoffe sind allgemein benannt, nicht durch konkrete Beispiele illustriert, aber durch die Form gebändigt. Wir haben vor uns ein Stück Sozialgeschichte der Literatur: Dieses Gedicht kann einen langen Essay über die Zeit der deutschen Klassik ersetzen. Damit ist es ein eminent politisches Gedicht; denn Politik im weitesten Sinn des Wortes heißt nichts anderes als die Lehre vom Zusammenleben der Menschen. Der Schein literarischer Klassik trügt, die harte Wirklichkeit um 1800 war anders. Der Dichter mahnt: Habt keine Scheuklappen!

Humorlos

Die Jungen
werfen
zum Spaß
mit Steinen
nach Fröschen

Die Frösche
sterben
im Ernst

Erich Fried (geb. 1921)

a) Geben Sie den Inhalt des Gedichts in einem Satz wieder.
b) Wie ist der grammatikalische Aufbau?
c) Wie wird der Zusammenhang zwischen den beiden Strophen hergestellt?
d) Was können Sie über die Wortwahl sagen?
e) Wie entsteht die lapidare Wirkung?
f) Wie empfinden Sie die Satzmelodie?
g) Welchen Eindruck vermitteln der weibliche Ausklang *Fröschen* und die männliche Endung *Ernst*?
h) In welcher Beziehung steht die Überschrift zum Gedicht?
i) Ist das Gedicht nur wörtlich aufzufassen?
j) Welcher Gattung könnte man das Gedicht zuschreiben?

a) Jungen werfen Frösche mit Steinen tot.
b) Es handelt sich um zwei Sätze: Der erste Satz besteht aus Subjekt, Prädikat, Adverbiale der Art und Weise, Adverbiale des Mittels und Adverbiale des Or-

tes (oder Präpositionalobjekt!). Der zweite Satz besteht aus Subjekt, Prädikat und Adverbiale der Art und Weise.

c) Äußerlich: durch die Wortwiederholung *Fröschen – Frösche;* innerlich: In der ersten Strophe sind die Frösche das Ziel der Aggression der Jungen; in der zweiten Strophe sind sie das erleidende Subjekt.

d) Die Worte stammen aus der Alltagssprache.

e) Sie entsteht durch die karge Ausdrucksweise und die Zeileneinteilung, wobei die Zeilen 2 und 7 nur je ein Wort enthalten; ferner durch die harte, wiederholende Fügung der ersten und zweiten Strophe: Fröschen – die Frösche.

f) Die Satzmelodie steigt in der ersten Strophe in großem Bogen an, in der zweiten fällt sie jäh ab.

g) Die klingende Endung entspricht mehr dem Tenor der ersten Strophe: Die Jungen werfen ja *zum Spaß*. Die stumpfe Endung empfindet man als etwas Endgültiges – wie hier den Tod der Frösche.

h) Die Überschrift ist ironisch, wenn nicht sarkastisch. Humorlos sind in den Augen der Jungen die Frösche. Für die Jungen kann das Ganze leicht ein Spaß sein, da sie ja nicht betroffen (getroffen!) sind. Für die Frösche ist es unerbittlicher, tödlicher (wirklich tötender!) Ernst.

i) Die Möglichkeit einer wörtlichen Auffassung besteht. Sicher ist aber die konkrete Darstellung eines allgemeinen Sachverhalts gemeint: Willkür der Macht gegenüber der Schwäche. Damit wäre eine sozialkritische oder politische Auslegung gegeben.

j) Es handelt sich im Grunde um eine kleine Parabel. Der gleichnishafte Vorgang deutet auf gefühlloses Zugrunderichten der Unterlegenen (Frösche sind unten!), verbunden mit einer zynischen Umdeutung (humorlos!); das wäre die Entlarvung einer Anti-Froschperspektive.

grabschrift für meinen großvater
Gustav Moritz Leberecht Kirsten (1873–1907)

ein handwerksbursche aus Sachsen
unterwegs nach Berlin
mit zwei talern im hosenbund.
gegenläufig der frost,
eben noch laubscherer,
der wird seiner habhaft,
legt sich ins mittel,
fährt mit der rauhbank
waldkundig unter den sternorten
im winterdunkel hin,
heftet dem schläfer die mürben sohlen
fest an den Walterschen forst
vor Teltow in der Mark,
maßregelt leib und leben
unterm bettelmantel,
nimmt noch zu Protokoll das stiefelmaß,
ruht jäh auf einer silbe,
erwartet so die sprachfindung
des amtsvorstehers von Groß-Beeren.

Wulf Kirsten (geb. 1934)

a) Geben Sie den Inhalt des Gedichts in einem Satz wieder!

b) Führen Sie kurz die näheren Umstände an!

c) Klären Sie die auffallenden Redewendungen und Ausdrücke!

d) Grenzen Sie die Sprachbereiche ein, aus denen die Substantive und Verben hauptsächlich stammen!

e) In welche Hauptteile ist das Gedicht gegliedert, und in welcher inneren Beziehung stehen diese Teile zueinander?
f) Geben Sie eine Zusammenfassung und vorläufige Deutung unter Berücksichtigung der obigen Untersuchungen!
g) Zu welcher literarischen Gattung rechnen Sie das Gedicht?
h) Was bewirkt die Überschrift?

a) Ein fahrender Handwerksbursche gerät in einem Wald zwischen Sachsen und Berlin in den Frost und erfriert.
b) Bei der Person handelt es sich laut Überschrift um den Großvater des Dichters, der 34jährig als armer Handwerksbursche aus Sachsen (zwei Taler im Hosenbund, mürbe Sohlen, Bettelmantel) starb. Die Örtlichkeit ist genauer benannt. Sie liegt in der heutigen DDR, zwischen Sachsen und Berlin, im Walterschen Forst vor Teltow in der Mark; der nächste Ort ist Großbeeren. Die Zeit: der frühe Winter nach Laubfall und Frosteinbruch, eine Winternacht, wohl sternklar und kalt.
c) *Rauhbank* = langer Hobel, der von den Tischlern früher verwendet wurde, um große Flächen zu glätten; *Laubscherer* = dichterische Neubildung in Analogie zu Bartscherer; *Sternort* = dichterische Neubildung, Ort unter den Sternen, also unter freiem Himmel; *habhaft werden* = verhaften; *sich ins Mittel legen* = eigentlich: zwischen zwei streitenden Parteien vermitteln – hier wohl in Verwechslung mit einer anderen Redensart (sich ins Zeug legen): sich ins Geschirr legen = sich anstrengen.
d) *Handwerksbursche, Hosenbund, Laubscherer, Rauhbank, Sohlen, Stiefelmaß* gehören in die Sprache des Handwerks; *hinfahren* deutet auch auf den Handwerksstand hin, es ist doppeldeutig: fahren = auf Wanderschaft sein, oder auch: über etwas fahren, streichen; hier wohl: er ebnet alles ein. Die Ausdrücke *habhaft werden, sich ins Mittel legen, festheften, maßregeln, zu Protokoll nehmen* und *Sprachfindung* gehören der Amts- und Polizeisprache an.
e) Das Gedicht gliedert sich in zwei Teile: Verse 1 bis 3 und 4 bis 18. Der erste kurze Teil stellt den typischen Handwerksburschen jener Zeit vor. In der »Anti-Strophe« (gegenläufig!) erscheint der personifizierte Frost. Die ihm zugeordneten Tätigkeiten (Tätlichkeiten?), die zum großen Teil in der Obrigkeitssprache ausgedrückt sind, lassen ihn als Handelnden gegenüber dem eher passiv duldenden Handwerksburschen erscheinen.
f) Es treten zwei Gegenspieler auf: der Handwerksbursche und der personifizierte Frost. Der Mensch wird nur kurz erwähnt; aber mit dem Frost steigt in der sprachlichen Einkleidung die ganze Szenerie des damaligen Lebens und der sozialen Schichtung auf: der Handwerkerstand in der Mühseligkeit und Armut seines Lebens und die Obrigkeit, die Leib und Leben maßregelnde Allmacht. Der Maßregelung dieser Obrigkeit, für die stellvertretend der Frost steht, entgeht niemand.
g) Das Gedicht gehört in den Bereich der politischen Lyrik, der sozialen Anklage. Der Mann fand den Tod aufgrund der schlechten sozialen Lage der damaligen Zeit, der Frost ist nur das zufällige Mittel. So ist der Ton untergründig bit-

ter wie bei Bertolt Brecht. Auch die Form erinnert an diesen, an den Bänkelsang mit seinen einfachen syntaktischen Fügungen.

h) Die Überschrift macht ein damals typisches Schicksal konkret und hebt es aus der Anonymität heraus.

Ich will noch eine ganze Menge leben

Ab und zu morgens in italienischen Kneipen hocken
Wirklichkeiten an sich vorbeiziehen lassen
und den Mädchen auf den Po blicken:
Wie unwirklich ist das alles.

Draußen nur Himmel und Land.
Der Pizzabäcker schlägt ein Rad.
Jetzt kurz den Atem anhalten. Schmecken. Riechen.
Und: ich will noch eine ganze Menge leben.

Draußen stehen Pinien. (Sie könnten lächeln.)
Zwischen zwei Espressos schminkt sich der Mittag.
Er steht nackt in seiner Garberobe und scherzt.
Jetzt aufstehen. Die Arme ausbreiten.

Dann tritt Sie aus den Wäldern. Zuversichtlich.
Und eine Flasche Rotwein im Arm.
Die Hügel ebnen sich. Wir erreichen eine große Stadt.
Der Abend wird eingetrunken.

Sie erzählt von ihrem Land. Wir singen.
Die Kellner heben die Fäuste.
Avanti populo und un bicchiere di vino rosso ancora.
Wir sind zuversichtlich.

Konstantin Wecker

a) Beschreiben Sie die äußere Form!
b) Äußern Sie sich zur Wortwahl.
c) Was bedeutet die Überschrift für das Gedicht?
d) Versuchen Sie, nachzuzeichnen, wie Wecker (geb. 1947) die Lebensfülle wahrnimmt.
e) Überlegen Sie, was der Dichter mit den Strophen 3 bis 5 sagen will.
f) Wie drücken sich Stimmungsgehalt und Absicht des Dichters in der Komposition aus?

a) Dieses Gedicht ist – bloß gedruckt – in seinem Wesen nicht ganz zu erfassen. Konstantin Wecker hat es als Sprechgesang konzipiert. Er trägt es selbst vor (Schallplatte Polydor Nr. 2371900; Dauer: 1 Minute, 43 Sekunden), und seine Stimme wird mit italienischen Klängen einer Gitarre untermalt. – Es ist gegliedert in fünf Verse zu je vier Zeilen von unregelmäßiger Länge; das rhythmische Parlando ist reimlos: ein Song, der nicht nur von Wort und Sinn lebt, sondern vom Klang.

b) Die Alltagssprache gleitet manchmal ab (Po), ist aber von Wörtern, Bildern und Formulierungen durchsetzt, die Atmosphäre schaffen.

c) Die Überschrift (die Wecker auch für die ganze Sammlung gewählt hat) ist eine Art Programm: Der Dichter bekennt sich zur Fülle und Schönheit des Lebens. Mit der *Menge* meint er wohl nicht nur eine lange Zeit, sondern er will die bunte Vielfalt des Lebens mit allen Sinnen erfassen.

d) Er ist nicht der einzige Dichter, der glaubt, richtig sinnenhaft könne man nur im Süden leben. Er bevorzugt Italien, genauer: italienische Kneipen. Was er *schmeckt*, ist vor allem der italienische Rotwein; was er *riecht*, sind die knoblauchgewürzten Pizzas und der gesunde Schweißgeruch der Haut; was er *sieht*, sind die wohlgeformten Mädchen und die Bäume und Hügel und Kellner in den Kneipen; was er *hört*, ist der Lärm des Volkes auf den Straßen und in den Gastwirtschaften.

e) Es fällt auf, daß diese drei Strophen nicht leicht zu verstehen sind. Der Dichter verwendet Assoziationen, die beim Hörer Stimmungselemente und Vorstellungen evozieren, die denen des Dichters ähnlich sind. Entsprach der frühen Tageszeit der ersten beiden Strophen eine fast (!) realistische Schilderung, so sind nun Personifikationen bestimmend: Pinien, Mittag, Hügel. Der Mittag erscheint wie eine Italienerin, die sich in einem gerafften Zeitabschnitt schminkt; sie erfrischt sich mit zwei Espressos und würde am liebsten nackt umherlaufen. Allerdings schwingen noch andere Assoziationen mit: Der Mittag erscheint wie ein entmythologisierter weiblicher Pan, der sich in Schauspielerei und Zivilisation eingelassen hat. Auch die Pinien sind vermenschlicht. Das Wort *könnten* ist vieldeutig: sie wären fähig; vielleicht tun sie es, man merkt es bloß nicht; es wäre nett, wenn sie sich zu einem Lächeln entschlössen. Der ins Prosaisch-Nüchterne übersetzte Befund der Strophen 4 und 5 ist: Es läßt sich ahnen, daß eine Frau ins Spiel kommt, daß eine Fahrt in eine große Stadt vor sich geht und alles, was von weitem hügelig aussieht, beim Näherkommen viel ebener wirkt. Der Abend sieht den Sänger mit seinen Genossen bei Wein, Gesang und Folklore. Doch bleibt einiges in der Schwebe: Wer ist Sie? Wer trinkt den Abend ein (übrigens ein großartig gelungenes Bild!)?

f) Der Dichter kondensiert den südlichen Tag in 20 Zeilen: der rasche, halb unwirkliche Morgen und Vormittag; der Mittag, der sich und andere verzaubert und zum vollen Leben lockt; schließlich der Abend, der Lebensfreude und Genuß bietet. Die Atmosphäre wird gestaltet (neben der Gitarrenuntermalung) durch italienische Wörter, wie Pizza und Espresso, vor allem aber durch die vorletzte Zeile, die ganz italienisch ist und einen Ausschnitt aus der erlebten, prallen Wirklichkeit bietet. Der innere Duktus führt von der Unsicherheit über das Erleben zu einer Zuversicht. Damit macht der Dichter seine Tendenz ziemlich klar: Er animiert zu einem Glauben an das Schöne; er lädt dazu ein, die Genüsse der Welt wahrzunehmen; der Sinn der Welt ist das unbeschwerte Dasein; auch der Alltag ist poetisch.
Sicher ist das Gedicht nicht aus einer pedantisch ausgefeilten Gliederung entstanden; es lebt aus dem Vollgefühl von Glück und Frohsinn. Eben dies will es dem Leser (nein: dem Hörer!) vermitteln.

VIII. Motivgleiche Gedichte bis zur Gegenwart

1. Nacht

An die Sternen

Ihr Lichter, die ich nicht auf Erden satt kann schauen,
ihr Fackeln, die ihr Nacht und schwarze Wolken trennt,
als Diamante spielt und ohn Aufhören brennt,
ihr Blumen, die ihr schmückt des großen Himmels Auen,

ihr Wächter, die, als Gott die Welt auf wollte bauen,
sein Wort, die Weisheit selbst, mit rechten Namen nennt,
die Gott allein recht mißt, die Gott allein recht kennt:
Wir blinden Sterblichen, was wollen wir uns trauen!

Ihr Bürgen meiner Lust! wie manche schöne Nacht
hab ich, indem ich euch betrachtete, gewacht?
Herolden dieser Zeit, wenn* wird es doch geschehen,

daß ich, der euer nicht allhier vergessen kann,
euch, deren Liebe mir steckt Herz und Geister an,
von andern Sorgen frei werd unter mir besehen?

Andreas Gryphius (1616–1664)

*wenn = wann

Nachtgeräusche

Melde mir die Nachtgeräusche, Muse,
die ans Ohr des Schlummerlosen fluten!
Erst das traute Wachtgebell der Hunde,
dann der abgezählte Schlag der Stunde,
dann ein Fischer-Zwiegespräch am Ufer,
dann? Nichts weiter als der ungewisse
Geisterlaut der ungebrochnen Stille,
wie das Atmen eines jungen Busens,
wie das Murmeln eines tiefen Brunnens,
wie das Schlagen eines dumpfen Ruders,
dann der ungehörte Tritt des Schlummers.

Conrad Ferdinand Meyer (1825–1898)

Aus Herzen und Hirnen

Aus Herzen und Hirnen
sprießen die Halme der Nacht,
und ein Wort, von Sensen gesprochen,
neigt sie ins Leben.

Stumm wie sie
wehn wir der Welt entgegen:
unsere Blicke,
getauscht, um getröstet zu sein,
tasten sich vor,
winken uns dunkel heran.

Blicklos
schweigt nun dein Aug in mein Aug sich,
wandernd
heb ich dein Herz an die Lippen,
hebst du mein Herz an die deinen:
was wir jetzt trinken,
stillt den Durst der Stunden;
was wir jetzt sind,
schenken die Stunden der Nacht ein.

Munden wir ihr?
Kein Laut und kein Licht
schlüpft zwischen uns, es zu sagen.

O Halme, ihr Halme.
Ihr Halme der Nacht.

Paul Celan (1920–1970)

a) Auf welche drei verschiedene Bereiche der (Nacht-)Welt blicken die Gedichte?

b) Welche Gemeinsamkeit haben die Gedichte in ihrer Sprechhaltung?

Zu Gryphius:

c) Wie unterstützen Satzbau und Strophengliederung den Ausdruck des »dualistischen Weltbildes« des Barockdichters?

d) Zeigen Sie den Emblem-Charakter (= Zeichencharakter) der Sterne auf!

e) Erich Trunz, ein Interpret des Gedichts, sagt: »Es ist kein Kirchenlied, es ist kein weltliches Naturgedicht; es ist ein christliches Meditationsgedicht.« – Versuchen Sie kurz zu zeigen, wie man diesen letzten Begriff, auf den Text bezogen, verstehen könnte!

Zu Meyer

f) Das Gedicht ist, entsprechend seinem Inhalt, selbst wesentlich ein Lautgebilde. – Geben Sie eine kurze Gesamtcharakteristik: Metrum, Rhythmus, vorherrschende Klänge! Was drücken diese aus?

g) Zeigen Sie an einzelnen Beispielen, wie Bewegungen und Klänge die inhaltlichen Vorgänge spiegeln!

Zu Celan:

h) Welche Wesenszüge machen das Gedicht für uns dunkel in seinem Sinn?

i) Welche Wege kann man als Leser zu gehen versuchen, um einzelne Partien und vielleicht schließlich das Ganze des Gedichts zu erhellen?

j) Versuchen Sie, die ersten vier Zeilen des Gedichts zu deuten, indem Sie die

Bilder und Klänge mit dem eigenen Erleben (der Nacht) in Beziehung bringen!

k) Weisen Sie bei allen drei Gedichten epochenspezifische Merkmale an Gehalt und Gestalt auf!

a) A. Gryphius blickt nach oben. Die Sterne als Lichter der Ewigkeit (= Boten Gottes) mahnen uns, auch – und gerade – in der Nacht unser ewiges Heil nicht zu vergessen. Diese Gebetshaltung sieht die Nacht als geeignete Zeit für Besinnung, Kontemplation.

C. F. Meyer war vorwiegend Epiker. Er blickt nicht nach oben und nicht in sich hinein, sondern in die nähere Umgebung und registriert alles, was da vorgeht. Er ist – ganz realistisch – mit seinen Schwierigkeiten beim Einschlafen beschäftigt.

P. Celan, der moderne, hypersensible Seelenkundige, blickt in sein denkendes inneres Wahrnehmen. Er sieht sich nicht als kreatürliches Wesen, sondern als fühlendes und wissendes Bewußtsein. Die Nacht ist für ihn etwa die Möglichkeit zu lieben – vor dem Tod und gegen den Tod.

Gryphius gestaltet metaphysische Verhalte, Meyer reale und Celan surreale.

b) Die Dichter halten keine Monologe, sondern sie sprechen ein (wirkliches oder gedachtes) Gegenüber an. A. Gryphius ruft die Sterne mit vielen verschiedenen Namen an; er sieht sie als Herolde Gottes, die ihn leiten sollen, solange er in der irdischen Welt lebt. Er weiß, daß das Geistige in ihm, die scintilla animae (der ungeschaffene und unerschaffbare Seelenfunken nach Meister Eckhart), sich einmal über sie erheben wird.

C. F. Meyer spricht nach alter epischer (!) Dichtertradition die Muse an, die ihm die Geräusche der Nacht zutragen möge. Im Grunde bittet er sie, sein Einschlafen zu überwachen und zu fördern. Da er als Mensch des 19. Jahrhunderts nicht mehr an die Realität der Muse glaubt, spielt sich ein innerer Monolog ab, den das kreatürliche Ich des Dichters mit seinem Seelen-Ich hält.

P. Celan, der feinsinnigste der drei Dichter, sieht sich, die Liebe zu einem weiblichen Wesen und wohl auch das Dasein gefährdet. So schafft er sich für seine innerste Qual eine Chiffre, die er zunächst als pflanzenhaftes Ding beschreibt, das in diese surrealistische Welt hineingeboren wurde. Nun kann er am Schluß des Gedichts die Anrede an die Geliebte jäh abbrechen, in Reflexion übergehen und diese von ihm geschaffene Chiffre apostrophieren.

c) Satzbau und Strophengliederung sind eingefügt in die dichterische Großform des Sonetts. A. Gryphius läßt sich aber weder vom Metrum – er verwendet den Alexandriner – noch von der überlieferten inneren Struktur des Sonetts gängeln. Dies sind für ihn Stilmittel, die ihn nicht zu stark binden können. So gehorcht sein Satzbau kaum noch den strengen Gesetzen, wie sie von Petrarca aufgestellt waren. Das ganze Sonett besteht bloß aus drei Sätzen. Der erste endet mit dem Oktett; der zweite umfaßt die Zeilen 9/10, der dritte den Rest. Auch das übliche Reimschema hat Gryphius in den Terzetten etwas abgeändert. In den beiden ersten Quartetten werden die Sterne angerufen. Schon hier wird aus dem Preisgedicht im zweiten Quartett ein Meditieren über Gott und seine Weisheit. Das »dualistische Weltbild« zeigt sich klar in der Weltordnung, die der Dichter verkündet: unten die Erde und oben der Himmel; die Sterne haben die Aufgabe, den Weg zum Himmel zu weisen. Statt einer schroffen Antithese, die man mit dem Einsetzen der Terzette erwarten könnte, steigert der Dichter die Funktion der Sterne. Der zweite Satz gibt uns Sicherheit, daß wir das ewige Heil erlangen werden. Im dritten, letzten Satz weiß der Dichter, daß diese Erdenzeit kurz ist, daß wir sicher erlöst sind und einmal über den Sternen stehen werden.

d) Unter einem Emblem, wie es in der Barockzeit verwendet wurde, verstand man einen Schmuck, der auf einen bestimmten, eng umgrenzten Sinngehalt wies. Das Symbol, wie es dann später hauptsächlich von Goethe in der Zeit der Klassik verwendet wurde, ist hintergründiger und vielschichtiger. »Der Gebrauch des Emblems beruht auf der Überzeugung, das Weltgeschehen stecke voller aufdeckbarer heimlicher Verweise, verborgener Bedeutungen und verkappter Sinnbezüge« (Gero von Wilpert). Man glaubte, daß alles Sichtbare auf einen höheren, inneren, prinzipiellen Sinn der Weltordnung hinwies. Als solche Embleme fungieren hier die Sterne; sie werden (wie in einer Litanei) mit immer neuen Namen angerufen. Die Variation der Namen ist identisch mit der Variation der Eigenschaften, die den Sternen zugeschrieben werden. Im ersten Quartett stehen sie für Licht, Ewigkeit und Schönheit; im zweiten sind sie Boten Gottes (das griechische Wort für *Bote* – angelos – wird im Deutschen *Engel*!); im ersten Terzett verbürgen sie unsere Erlösung, im zweiten sollen sie uns zur ewigen Seligkeit geleiten.

e) Die Sterne sind also keine eigenen Wesenheiten, sondern Instrumente Gottes, durch die er uns anspricht und an sich zieht. Ein altes christliches Wort, das auch dem Barockdichter bekannt war, sagt: Die Sterne sind die Löcher, die in die dunkle Hülle des Himmels gestoßen sind, damit wir einen Schimmer vom Paradies haben können. So läßt sich auch der Dichter in seinen Gedanken durch die Sterne auf das Göttliche führen. Das Wort *Lust* in Zeile 9 ist als Sehnsucht nach dem Himmel zu verstehen, wie es in Psalm 37,4 heißt: »Habe deine Lust an dem Herrn!«
Am Ende des Sonetts sieht sich der Mensch im Geiste erlöst. Bei den alten Griechen wurden die Lieblinge der Götter unter die Sterne versetzt. Der Christ weiß, daß das ganze Weltall nur der Saum des göttlichen Gewandes ist und daß seit dem Erlösungstod Christi jeder Gläubige hoch über den Sternen, über Raum und Zeit, bei Gott selbst für alle Ewigkeit sitzen wird. Zunächst ist in dem Gedicht der Abstand zwischen unten und oben noch gewahrt; am Schluß findet die Vereinigung statt. Es ist ein mystisches Erlebnis, und das lyrische Ich steht für jeden frommen Menschen.

f) C.F. Meyer verwendet einen in der deutschen Lyrik selten vorkommenden Vers: den fünffüßigen Trochäus. Dieses stetige Metrum, bei dem die Gefahr zu großer Starrheit durch lauter weibliche Endungen abgemildert ist, läßt sich mit einer tickenden Uhr vergleichen. Über diesen Raster verteilt der Rhythmus seine Sinn-Akzente, die dem ganzen Gedicht eine leicht an- und abschwellende Melodie verleihen. Bei den Vokalen fallen vor allem die vielen u-Laute auf; alle betonten Endsilben – mit Ausnahme der Zeilen 6/7 – enthalten diesen dunklen Klang, der gegen Ende des Gedichts auch im Versinnern fünfmal wiederkehrt. Daß nur zwei Zeilen reimen, fällt zunächst kaum auf, da von elf Versen neun die U-Assonanz aufweisen und die Verse 6 und 7 die I-Assonanz.

Die Geräusche, die am Anfang und in der Mitte des Verses jeweils einen beachtlichen »Lärmpegel« erreichen, verebben gegen den Schluß zu. Dadurch drückt sich in jeder Zeile die stärker werdende Nachtruhe aus.

g) Die ersten fünf Zeilen zählen einfach Geräusche aller Art auf; die Abfolge ist anaphorisch gesteigert durch die drei *dann*. Hinter dem dritten *dann* stockt die Aufzählung, durch das einzige Fragezeichen sichtbar gemacht. Nun tragen die beiden Wörter *ungewiß* und *ungebrochen* Ton (die zwei i-Laute in diesen Versenden sind kaum zu hören!) und Sinn. In den folgenden Versen wird die Stille skizziert und in der letzten Zeile adäquat mit den beiden Akzenten *ungehört* und *Schlummer* dargestellt. Die gleichmäßige Stille des beginnenden Schlafatems ist nachempfunden in den drei Anaphora (*wie*) der Verse 8 bis 10. Schließlich findet das fragende *dann* der sechsten Zeile eine letzte Antwort, die wieder mit *dann* beginnt.

h) Die Sprache dieses Gedichts ist, wie bei anderen Gedichten Celans (siehe S. 147), geheimnisvoll, fremd, verrätselt. Der Dichter verwendet Chiffren, die scheinbar nur für ihn gelten; sie wirken oft unstimmig. Eine rational einsehbare Komposition ist kaum erkennbar. Reale Vorstellungen werden mit traumhaften, einander widersprechenden Formulierungen verbunden. Die seelische Grundhaltung ist schwermütig, leidvoll und düster. Eine »Übersetzung« der Metaphern und Klanggeflechte ins Prosaische wirkt grob. Es gibt letztlich kein Äquivalent für die lyrische Wortgebärde im jeweiligen Kontext. Eine genaue Explikation in einer »anderen« Sprache würde das feine Gespinst zerreißen und den Sinn – den wir ja kaum ahnen – verfälschen.

i) Hinter aller Verwirrung, die das Gedicht in uns schafft, scheinen doch durchgehende Beziehungen auf, z. B.: *die Halme der Nacht;* zu ihnen passen die *Sensen*; sie mähen aber nicht nieder, sondern sie sprechen; sie töten das Gras nicht, sondern neigen die Halme ins Leben. In der zweiten Strophe werden wir (Menschen) mit den stummen Halmen verglichen. Am Schluß apostrophiert der Dichter noch einmal die Halme. Stehen diese nun für die Träger der Frucht, oder sind sie der Abfall nach der Ernte, bloß noch für den Stall oder das Feuer bestimmt?

Ein zweites Wortfeld schart sich um *Blicke*; sie werden getauscht, tasten sich vor, winken und schweigen; paradoxe Synästhesien weisen auf die Undurchschaubarkeit seelischer Verschränkungen. – Um das *Trinken* bildet sich ein weiteres Wortfeld: *Lippen, Durst, einschenken, munden*. Von den Menschen über die Stunden geht ein geheimnisvoller Trank zur Nacht: Trinken als kultische Handlung.

Nach einer Frage verstummt, erlischt das Gedicht. Der letzte Anruf (fast nur a-Laute!) gilt wieder der Rätselmetapher »*Halme der Nacht*«. Wir wollen im Abschnitt j) abtasten, was damit gemeint sein könnte. Insgesamt gibt das Gedicht keine freudigen Impulse. Alles ist düsterer, ja hoffnungsloser als im Barock, wo der Mensch als sicheren Gegenpol zu aller Diesseitsangst die göttliche Allmacht weiß. Celan erwartet Trost allenfalls vom Mitmenschen, aber auch diese Hoffnung bleibt dumpf. Sie ist nur eine vorübergehende Betäubung.

j) Die psalmartige Sprache verschmäht jedes Metrum und hebt in jeder Zeile zwei Tongipfel heraus, die identisch sind mit den beiden Bedeutungsträgern. Die mit *h* alliterierenden Wörter schaffen eine weitere feste Fügung. Sieht man – um zunächst einmal rational im Bild zu bleiben – die *Herzen* und *Hirne* als Nährboden an, so wäre das Sprießen der Halme stimmig. Es sind aber nicht Halme des Tages, der Sonne, die einmal dem Erntenden eine Frucht entgegenheben; es sind *Halme der Nacht!*

Mit *Sensen* mähte man früher das Getreide ab, damit der Bauer die Frucht bergen kann. Hier *neigt ein Wort der Sensen die Halme ins Leben*. Der Gedankengang grenzt ans Absurde. Agrarische Vorgänge, ins Traumhafte verfremdet, schlagen um in Negativ-Bilder; so baut der Dichter mit einer Negativ-Sprache ein Spiegelbild der Welt auf, eine Anti-Welt. Von hier aus liegt eine Deutung des Gedichts nahe als Darstellung der Ahnung einer Kehrseite des Lebens. Die Chiffre *Halme der Nacht* soll uns einstimmen auf die Wahrnehmung von innerseelischem Geschehen, für das es keinen schlüssigen Ausdruck gibt. Also kann es auch keine Formel geben, um das Geheimnis dieses Gedichtes zu ergründen.

2. Geheimnis des Lebens

Selige Sehnsucht

Sagt es niemand, nur den Weisen,
weil die Menge gleich verhöhnet,
das Lebendge will ich preisen,
das nach Flammentod sich sehnet.

In der Liebesnächte Kühlung,
die dich zeugte, wo du zeugtest,
überfällt dich fremde Fühlung,
wenn die stille Kerze leuchtet.

Nicht mehr bleibest du umfangen
in der Finsternis Beschattung,
und dich reißet neu Verlangen
auf zu höherer Begattung.

Keine Ferne macht dich schwierig,
kommst geflogen und gebannt,
und zuletzt, des Lichts begierig,
bist du, Schmetterling, verbrannt.

Und so lang du das nicht hast,
dieses: Stirb und werde!
Bist du nur ein trüber Gast
auf der dunklen Erde.

Johann Wolfgang von Goethe (1749–1832)

Hybris

Wir sind nicht mehr die gleichen.
Uns ätzte das Leben leer.
Es gibt keine mystischen Zeichen,
es gibt kein Geheimnis mehr.

Wir treiben durch luftlose Räume,
erloschenen Angesichts.
Die Nächte verweigern uns Träume,
die Sterne sagen uns nichts.

Wir haben den Himmel zertrümmert.
Das Weltall umklammert uns kalt.
Der Tod läßt uns unbekümmert.
Wir haben Gewalt.

Dagmar Nick (geb. 1926)

a) Welche Unterschiede finden Sie in der Sprechhaltung des lyrischen Ich? Wie korrespondiert die Sprechhaltung mit der Aussage?

b) Vergleichen Sie die Struktur der beiden Gedichte, und gehen Sie dabei besonders auf die letzte Strophe ein!

c) Könnte man beide Gedichte als mystische Texte lesen? Beziehen Sie die Überschriften in Ihre Überlegungen ein!

a) Goethe sieht sich in der Rolle des Sehers, der selbst das Heilige geschaut hat und nun sein esoterisches Wissen den Menschen verkündet. Er spricht zunächst eine Gruppe von Gleichgesinnten (eine Elite – eben nicht die Menge!) an, hebt sich als Ich ein einziges Mal davon ab und setzt dann in den Strophen 2 bis 5 eine Art inneren Dialog fort, in dem das Du und das Ich ineinander übergehen. Damit ist der Mensch schlechthin gemeint, der nach dem Höchsten strebt. In den Strophen 2 bis 4 schöpft der Dichter aus seiner persönlichen Erfahrung, die er in eine Bildersprache transponiert. Diese erinnert an das Hohe Lied des Alten Testaments (Liebesseligkeit!), mündet aber dann in das Symbol des Schmetterlings, der die Flamme sucht und in ihr verbrennt.
Dagmar Nick spricht im Plural der 1. Person. Das mag eine (bewußte oder unbewußte?) Anlehnung an das alte evangelische Kirchenlied sein: Eine feste Burg ist *unser* Gott; *wir* fürchten Tod und Teufel nicht. – Sie will vordergründig niemanden belehren, niemanden auffordern; sie trifft Feststellungen. Das lyrische Ich nimmt sich nicht als Ausnahmeerscheinung; die Dichterin fühlt sich in ihrem Schicksal mit den anderen Menschen, mit der ganzen Menschheit verbunden. Sie legt Rechenschaft ab über die geistige Situation unserer Zeit. Goethe schrieb sein Gedicht 1814, Dagmar Nick in den fünfziger Jahren des 20. Jahrhunderts. Die Technik hatte einen Siegeszug sondergleichen hinter sich, und die Menschen standen nach dem Krieg unter dem Schock der Atombombe. Dieser Schock zittert hier nach.

b) Goethes Gedicht weist fünf Strophen zu je vier Zeilen auf; jeder Vers ist trochäisch gebaut (je vier Hebungen mit weiblicher Kadenz – mit Ausnahme der letzten Strophe). Der feste, ruhige Rhythmus, der mit dem Metrum harmoniert und einen sklavisch reinen Reim nicht benötigt (siehe Strophe 2), scheint sich für eine sachliche Aussage zu eignen. Die geistige Leidenschaft, die in dem Text steckt, ist aufgehoben durch die klare, strenge, ja edle Form.

Die erste Strophe stellt eine Art Programm auf, das der Dichter in den folgenden Versen durchführen wird. Die Strophen 2 bis 4 beglaubigen den Dichter in seinem Seher-Gestus: Was er beschreibt, hat er selbst erfahren, sonst könnte er darüber nicht sprechen. Die letzte Strophe enthält eine Sentenz, auf die sich das ganze Gedicht zubewegt. Sie nimmt wieder die Anrede an die Hörenden auf; diese werden mit dem vertraulichen Du angesprochen, damit die Worte eindringlicher werden. Der Spruch, der sich so trefflich für ein Lebensbrevier eignet, hebt sich von Rhythmus und Metrum der übrigen Strophen ab. Das Weglassen der weiblichen Endungen im ersten und dritten Vers und die Verkürzung der Verse 2 und 4 auf nur drei Takte erzeugen beschwörende Eindringlichkeit. Mit dieser mächtigen, mahnenden Geste entläßt uns der Dichter. (Bleibt noch anzumerken, daß wir hier das letzte Gedicht aus dem ersten Buch des »West-Östlichen Divan«, dem Buch des Sängers, vor uns haben; es gilt als Höhepunkt des ganzen Werkes.)
Im Gegensatz zu Goethe, der Perioden vorzieht, besteht bei Dagmar Nick fast jeder Vers aus einem abgeschlossenen Satz; eine Ausnahme findet sich in den Zeilen 5/6. Hier gibt es kein bedächtiges Überlegen, keine Mitteilung gemachter Erfahrungen, sondern hier sitzt der Dichterin die Angst im Nacken. Darum der stoßende, hämmernde Rhythmus. Man hat den Eindruck, daß in jeder Zeile nur die jeweils drei Tongipfel wichtig sind; was dazwischen an Senkungen steht, kümmert die Dichterin wenig; so wechseln Jamben und Anapäste. Es wechseln auch männliche und weibliche Kadenzen. Die Reime sind so peinlich genau »richtig«, als wären sie von einem Computer ausgearbeitet.
Die erste Strophe gibt eine Bestandsaufnahme unserer entmythologisierten Welt; die Naturwissenschaft hat *alle* Geheimnisse entdeckt. (Der Marxismus lehrt bekanntlich, daß irgend einmal wirklich alles für uns verständlich, ja machbar sein wird; wir sind bloß noch nicht ganz so weit.) Die zweite Strophe stellt die Gefühllosigkeit der modernen Menschheit dar. Und die dritte Strophe – ist sie ein Ausdruck von verzweifeltem Nihilismus? Man meint solche Töne zu hören. Der letzte Vers, der schon äußerlich durch die starke Reduktion aus dem Rahmen fällt, enthält aber nicht die Summe der vorhergehenden Aussagen; der Sinn ist hier doppeldeutig: Es kann gemeint sein eine letzte Steigerung, aber auch das große Fragezeichen. Dem, der die Aussagen in den anderen elf Versen als vollgültige Feststellungen genommen hat, muß spätestens hier der Zweifel kommen, ob sich die Dichterin nicht eigentlich hinter jedem Vers ein Fragezeichen gedacht hat.

c) Wie sehr Goethe der mystischen Tradition im deutschen Geistesleben verpflichtet ist, wissen wir aus seinen eigenen Schriften. Hier weist uns schon die Überschrift darauf hin. Das Wort *selig* läßt sich zweifach verstehen: als Attribut, dann ist die Sehnsucht selbst schon etwas Köstliches; unser Herz ist im Innersten voller Sehnsucht. Die Deutung könnte aber auch lauten: Sehnsucht nach dem Seligen. Beide Versionen liegen nicht weit auseinander und könnten sich auf das bekannte Wort des Heiligen Augustinus berufen: »Du hast uns für dich geschaffen, o Herr, und unruhig ist unser Herz, bis es ruhet in dir.« Noch deutlicher als die Überschrift weist das Symbol des Schmetterlings, der die Flamme sucht und darin umkommt, das Gedicht als mystisch aus. Die Licht-

symbolik zieht sich durch den gesamten »Faust« und durch die »Farbenlehre«. Das weiße, unzerteilte Licht ist ein Ausfluß der Gottheit. Alle Brechungen in der Materie schaffen Trübungen. Der Mensch kann das Göttliche nur durch eine radikale Reinigung erlangen. (Die christliche Religion kennt dafür das Fegefeuer.) Goethe nennt den mystischen Tod, die Ergebung des Willens in den Willen Gottes, als Vorbedingung für eine Auferstehung. Diese Gedanken finden wir in den Evangelien und in den Paulus-Briefen. Bezeichnend ist, daß nur die Liebe den Menschen zu diesem reinen Selbstopfer bereit macht. Unter Liebe ist hier die irdische und die himmlische Liebe gemeint. In jedem Geschehen – und gerade in der liebenden Vereinigung zweier Menschen – sieht Goethe eine höhere Wahrheit. Diese Liebe als Selbstaufgabe führt zu einer unendlichen Metamorphose.
Im Gedicht von Dagmar Nick sprechen die beiden anaphorischen (und also sehr nachdrücklichen) Behauptungen in den Zeilen 3 und 4 aus, daß es weder mystische Zeichen noch ein Geheimnis mehr gebe. Also scheint der Text anti-mystisch zu sein. Welches Gefühl aber steht hinter diesen harten Worten? Es ist Trauer, die an Verzweiflung grenzt – eine Trauer, die Trost sucht. Das Gedicht, das in nächster Nähe zu Rilkes »Duineser Elegien« steht, könnte jederzeit in eine Elegie umschlagen. Dazu ist die Dichterin aber zu spröde. Doch es geht ihr wie Goethe, der ein Grauen empfand vor dem heraufziehenden Maschinenzeitalter. Dieses Entsetzen, diese Unruhe des Herzens steckt in dem Wort *Hybris.* Wir kennen dieses Wort vor allem aus der griechischen Tragödie: Es bezeichnet den frevelhaften Hochmut, der die erste Ursache des Leidens der Menschen ist, weil die Gottheit jedes anmaßende Hochgefühl mit rächender Strafe verfolgt. Die Überschrift soll uns das Schreckbild, das die Dichterin entwirft, richtig sehen lassen. Durch krasse Verfremdung (indem wir uns unserer Machtvollkommenheit rühmen) will sie uns aufrütteln. So ist die Botschaft hier fast dieselbe wie bei Goethe: Denkt um! Besinnt euch! Ihr seid Menschen. Menschsein bedeutet zu wissen, daß diese Erde nicht unser letztes Ziel ist. (Mit den Worten Jesu: »Was nützt es dem Menschen, wenn er die ganze Welt gewönne, aber Schaden litte an seiner Seele?«) Das Gedicht von Nick ist vielleicht kein mystischer Text, aber eine massive Aufforderung zur Frage: Kann es so weitergehen? Wie kann es überhaupt weitergehen?
Das zentrale Problem lautet in beiden Gedichten: Wie stehen wir zu dem Urphänomen des Lebens? Worin sehen wir den Sinn des Lebens? So fragt jemand, der auf der Schwelle zur Mystik steht.

3. Schmetterling

Die Anregung zum folgenden Vergleich verdanke ich Paul Konrad Kurz; einige Gedanken beziehen sich auf die entsprechende Abhandlung in seinem Buch: Über moderne Literatur, Standorte und Deutungen. Frankfurt/M. 1967

Im Weinberg

Droben im Weinberg unter dem blühenden Kirschbaum saß ich
heut einsam, in Gedanken vertieft; es ruhte das Neue
Testament halboffen mir zwischen den Fingern im Schoße,
klein und zierlich gebunden: (es kam vom treuesten Herzen –
Ach! du ruhest nun auch, mir unvergessen im Grabe!)
Lang' so saß ich und blickte nicht auf: Mit einem da läßt sich
mir ein Schmetterling nieder aufs Buch, er hebet und senket
dunkele Flügel mit schillerndem Blau, er dreht sich und wandelt
hin und her auf dem Rande. Was suchst du, reizender Sylphe*?
Lockte die purpurne Decke dich an, der glänzende Goldschnitt?
Sahst du, getäuscht, im Büchlein die herrlichste Wunderblume?
Oder zogen geheim dich himmlische Kräfte hernieder
des lebendigen Worts? Ich muß so glauben, denn immer
weilest du noch wie gebannt und scheinst wie trunken – ich staune!
Aber von nun an bist du auf alle Tage gesegnet!
Unverletzlich dein Leib, und es altern dir nimmer die Schwingen;
ja, wohin du künftig die zarten Füße wirst setzen,
tauet Segen von dir. Jetzt eile hinunter zum Garten,
welchen das beste der Mädchen besucht am frühesten Morgen,
eile zur Lilie du – alsbald wird die Knospe sich öffnen
unter dir; dann küsse sie tief in den Busen: von Stund an
göttlich befruchtet, atmet sie Geist und himmlisches Leben.
Wenn die Gute nun kommt, vor den hohen Stengel getreten,
steht sie befangen, entzückt von paradiesischer Nähe,
ahnungsvoll in den Kelch die liebliche Seele versenkend.

Eduard Mörike

*Sylphe = luftiges Wesen; männlicher Luftgeist des mittelalterlichen Zauberglaubens

Schmetterling

Welch schönes Jenseits
ist in deinen Staub gemalt.
Durch den Flammenkern der Erde,
durch ihre steinerne Schale
wurdest du gereicht,
Abschiedswebe in der Vergänglichkeiten Maß.

Schmetterling,
aller Wesen gute Nacht!
Die Gewichte von Leben und Tod
senken sich mit deinen Flügeln
auf die Rose nieder,
die mit dem heimwärts reifenden Licht welkt.

Welch schönes Jenseits
ist in deinen Staub gemalt.
Welch Königszeichen
im Geheimnis der Luft.

Nelly Sachs

a) Arbeiten Sie die Unterschiede in der Sprechhaltung der beiden Dichter heraus!

b) Halten Sie die beiden Gedichte für Hymnen?

c) Wie ist der Schmetterling gesehen?

d) Wie kommen die 100 Jahre zur Geltung, die zwischen den beiden Gedichten liegen? (E. Mörike lebte von 1804 bis 1875, N. Sachs von 1891 bis 1970.)

a) Bei Mörike deuten Überschrift und Form darauf hin, daß wir ein kleines Erzählgedicht vor uns haben: eine Idylle. Im breiten, behäbigen Hexameter erzählt er von einem Erlebnis, das ihm im Frühling (wohl zwischen Ostern und Pfingsten) zuteil wurde. Natur, Schmetterling, Buch, Kirschbaum – alles steht leibhaft vor uns. Dann aber spricht der Dichter den Schmetterling an. Er stellt Fragen und überlegt; schließlich gibt er dem Schmetterling Aufträge. Am Ende fällt der Dichter wieder ins Nachdenken. Die Zwiesprache umfaßt zwar den Hauptteil des Gedichts, bleibt aber doch bloß eine Episode, die eingeschaltet ist.

Nelly Sachs ruft gleich zu Beginn des Gedichts, in den beiden ersten Zeilen, den Schmetterling an; diese beiden Zeilen wiederholen sich in der dritten Strophe. In den Strophen 1 und 2, die je sechs Verse aufweisen, versenkt sich die Dichterin in das Wesen des Schmetterlings. An ihn sind die Worte gerichtet, die aus ihrem Inneren kommen. Erst am Schluß des Gedichts weitet sie ihre Sicht, die nie beim Schmetterling allein verweilte, zu einem Anruf an die ganze Schöpfung aus. In den freien Rhythmen pulsiert, ungestört durch Reim- oder Metrum-Zwang, die Bewegung der Dichterin. Trotzdem ist das Kompositionsprinzip klar durchschaubar: Die erste Strophe blickt vorwiegend in die Vergangenheit, die zweite in die Zukunft des Schmetterlings. Geburt und Tod stehen in den Schlußzeilen der dritten (kurzen) Strophe eng beisammen: Verwandlung ins Übernatürliche. Dieser letzte Anruf faßt die beiden längsten Zeilen des Gedichts zusammen.

b) Die Schönheit des Schmetterlings, den Mörike einem Luftgeist vergleicht, bringt dem Dichter Worte des Rühmens auf die Lippen. Der hymnische Ton setzt aber erst ein, als er den Schmetterling »getauft« sieht durch das Verweilen auf den Buchseiten des Neuen Testaments. Hier schlägt fast wörtlich die Psalmensprache Marias durch, als sie weiß, daß sie die Gottesgebärerin ist: »Siehe, von nun an werden mich selig preisen alle Kindeskinder.« (Lukas 1, 48) Der Hymnus, der bloß ein Kompositionsteil ist, hört nach wenigen Zeilen auf; denn der Schmetterling wird ein Bote des Dichters. In diesem kurzen Hymnus preist Mörike nicht Gott als den Schöpfer und nicht das Geschöpf, sondern die Wirkung des Heiligen Geistes, der den Schmetterling mit Gnade erfüllt hat. Es handelt sich also um ein Stück geistlicher Hymne, einer Hymne auf das Sakrament (der Taufe).

Nelly Sachs, die dem jüdischen Glaubensgut verpflichtet ist und für die das Neue Testament keine Glaubensaussage bedeutet, da das Judentum noch auf den Messias wartet, stimmt nicht eine Hymne auf Taufe und Erlösung an, sondern eine Hymne auf ein Geschöpf Gottes, also letztlich auf den Schöpfer selbst. Diesen hymnischen Ton hält sie konsequent durch bis zum Ende. Die

Grundhaltung ihres Gedichtes ist ehrfürchtiges Staunen. Dieses wird zum Ausruf und Anruf an den Schmetterling, der für alle Geschöpfe steht; er ist eine besonders bezeichnende und deutliche Chiffre für das unbegreifliche Geheimnis der Existenz.

c) Zuerst ist der Schmetterling ein Naturwesen, das in die liebliche Idylle paßt. Dann ist er das Gefäß der Gnade, der von Gott selbst zum Born des Geistes, zum Neuen Testament, gezogen wurde. Und nun, da er durch die Kraft des lebendigen Wortes mit dem Heiligen Geist erfüllt wurde, ist er in seinem Wesen verwandelt. Er hat – wie ein getaufter Mensch – das Anrecht auf das ewige Leben erlangt. Wenn Mörike ihn jetzt als Boten zur Lilie schickt, dann ist der Schmetterling sein Bote und zugleich der Bote Gottes. Er gibt an sie »*Geist und himmlisches Leben*« weiter, und die Lilie gibt beides an des Dichters Geliebte weiter. Schmetterling und Lilie stehen nicht für sich selbst; sie sind kaum Ding-Symbole, sondern Gefäße für den Geist Gottes. Nicht der Schmetterling ist das wichtigste, sondern die Botschaft, die er bringen soll.

Bei Nelly Sachs ist der Schmetterling Symbol für die polare Einheit von Staub und Schönheit, von Materie und Geist. Die Dichterin erblickt in der zarten Farbenpracht ein Abbild jenseitigen Glanzes. Der Schmetterling ist für sie ein Zeichen für den unbegreiflichen Doppelaspekt der Existenz. Die Entwicklung des Lebens von der glutflüssigen Masse und härtesten Materie bis zum luftigsten Wesen wird in neuen Wort- und Ausdrucksprägungen evoziert. Nelly Sachs streift an das innerste Wesen des Kosmos, das nach mystischer jüdischer Lehre die Idee der Spiritualisierung ist. Hier ist Nelly Sachs ganz nahe bei Goethe, bei dem sich der Schmetterling nach der Flamme sehnt. Der Drang der Wesen geht nach Transzendierung. Darum lautet das Schlußwort des Gedichts auch: »*Königszeichen im Geheimnis der Luft*«. Der Schöpfer der Welten zeigt sich in seiner Schöpfung dem empfänglichen Auge. Da der Schmetterling ein Bild der Vergeistigung ist, beschreibt ihn die Dichterin nicht naturalistisch oder in der Art Goethes oder Mörikes. An ihm geht ihr eine Ahnung vom Geheimnis des Daseins auf. Der kosmische Schmerz, der hinter dem Hymnus steht, ist geläutert durch das Wissen, daß der irdische Zustand ein Stadium ist, durch das alles Geschaffene hindurchgeht, eine der Verwandlungen, die Gott uns in seiner unbegreiflichen Größe verfügt hat.

d) Die Situation Mörikes: In einem recht eng umgrenzten Raum erlebt er die Transponierung seiner Liebe ins Geistige. Das Vehikel dafür ist ihm der Schmetterling. Das Transzendente bricht nicht mit chaotischer Wucht in ihn ein, sondern er bändigt es ins Biedermeierliche. Er verwendet Gott, der die Liebe ist, als Postillon d'amour. Der beschauliche junge Pfarrer sieht sich nicht im Innersten erschüttert; er läßt die verwandelnde Kraft der Liebe in der Miniatur eines Geschöpfchens auftreten. Ebenso gezügelt wie die Gefühle, die oft von Denkvorgängen unterbrochen sind, ist der Wortschatz. Nette Wörter, untermischt mit Ausdrücken aus der liturgischen Sprache, wie der Prediger sie seinen Schäflein bietet, gestalten das innerseelische Erlebnis. Dieses fließt ihm fein und leicht von den Lippen, manchmal etwas betulich.

Die moderne Dichterin, die furchtbare Schicksale kennt und selbst wie durch ein Wunder der Vernichtung durch die Nazis entrinnen konnte, hat seelisch und geistig einen viel weiteren Horizont. Hier ist nichts von eng umzirkelter Idylle und von einer im Frühling aufkeimenden Liebe zwischen zwei jungen Menschen. Hier sammelt sich in der Chiffre des Schmetterlings wie in einem Kristall der ganze Kosmos; der Blick geht in alle Richtungen, auch nach oben und unten, in die Vergangenheit und Zukunft. Die Dichterin selbst ist das Gefäß der göttlichen Stimme geworden. Sie redet in einer neuen Zunge im Ton des Psalmisten und prägt hinreißende Fügungen, um das Dasein zu preisen.

4. Jahrmarktszenen

Das Karussell – Jardin de Luxembourg

Mit seinem Dach und seinem Schatten dreht
sich eine kleine Weile der Bestand
von bunten Pferden, alle aus dem Land,
das lange zögert, eh es untergeht.
Zwar manche sind an Wagen angespannt,
doch alle haben Mut in ihren Mienen;
ein böser roter Löwe geht mit ihnen
und dann und wann ein weißer Elefant.

Sogar ein Hirsch ist da, ganz wie im Wald,
nur daß er einen Sattel trägt und drüber
ein kleines blaues Mädchen aufgeschnallt.

Und auf dem Löwen reitet weiß ein Junge
und hält sich mit der kleinen heißen Hand,
dieweil der Löwe Zähne zeigt und Zunge.

Und dann und wann ein weißer Elefant.

Und auf den Pferden kommen sie vorüber,
auch Mädchen, helle, diesem Pferdesprunge
fast schon entwachsen; mitten in dem Schwunge
schauen sie auf, irgendwohin, herüber –

und dann und wann ein weißer Elefant.

Und das geht hin und eilt sich, daß es endet,
und kreist und dreht sich nur und hat kein Ziel.
Ein Rot, ein Grün, ein Grau vorbeigesendet,
ein kleines kaum begonnenes Profil –.
Und manchesmal ein Lächeln, hergewendet,
ein seliges, das blendet und verschwendet
an dieses atemlose blinde Spiel . . .

Rainer Maria Rilke (1875–1926)

Kulisse

Regen –
Regen rauscht auf den Rummel.
Das Glücksrad verliert seine Farbe,
der Würfelbecher wird klebrig;
in der Schießbude schlafen die Schüsse.
Wills keiner mehr wagen?
Will keiner mehr würfeln?
Will keiner mehr drehen?
Regen –
Regen rauscht auf den Rummel.

Wolfdietrich Schnurre (geb. 1920)

a) Was scheint Ihnen die entscheidende Ähnlichkeit zu sein?
b) Wie wird die Kreisbewegung in der Struktur nachgezeichnet?
c) Untersuchen Sie Wortmaterial, Klang und Bilderwelt, und vergleichen Sie!
d) Deuten Sie epochenspezifische Verschiedenheiten vor dem literaturgeschichtlichen Hintergrund.
e) Wenn man die beiden Gedichte als Sinn-Bilder sieht, wofür stehen sie dann?
f) Bringen Sie folgende Äußerung Schnurres an eine Schülerin (im Jahr 1963) in die abschließende Deutung des Gedichts »Kulisse« ein: »Die Wahrheit erkennen zu wollen und diese Erkenntnis in neue Bilder zu bringen, sind ›bauende‹, keine einreißenden Bestrebungen ... Am Menschen selbst muß das Göttliche wieder entdeckt werden, indem wir das, was Gott ursprünglich den Menschen mitgegeben hat, in uns selber und in unserem Nächsten wieder zu erwecken suchen. Der Autor darf dies nur andeuten, meinen oder glauben. Aussprechen darf er es in seiner Arbeit nicht.« – Der Leser soll also nach Schnurres Absicht das Gedicht weiterdenken. Wie wohl?

a) Beide Gedichte beschreiben Szenen auf einem Jahrmarkt. Sie konzentrieren sich aber, wie die Überschriften zeigen, auf verschiedene Situationen. Rilke knüpft selbstverständlich an die Vorstellungen der Leser von einem Karussell an; Schnurre spricht von einer Jahrmarktsbude, stellt jedoch seine zehn Zeilen unter die verfremdende und vieldeutige Überschrift *Kulisse.* Schon daran wird ersichtlich, daß er nicht unbedingt den realen Vorgang meint. Das Theaterhafte, wie es auf einem Rummelplatz zu sein pflegt, schlägt sowohl in der Glücksbude wie beim Karussell durch. Die Menschen spielen; sie spielen mit sich und mit anderen. (Nach Schiller ist der Mensch dann ganz wahrer Mensch, wenn er spielt.)

b) Schon rein äußerlich weist der Strophenbau bei Rilke auf ein Geschehen hin, das an- und abschwillt: zwischen einer langen Anfangs- und einer fast ebenso langen Endstrophe verteilen sich kleinere Strophen und dazwischen Einzeiler. Man hat den Eindruck, daß die Drehung des Karussells zunimmt: Der Elefant kommt zuerst nach sieben, später nach sechs, dann nach vier Zeilen; am Ende scheint sich alles zu beschleunigen; der Elefant ist nicht mehr zu erkennen. Die Schweifreime -and/-ant und -endet haben die Funktion, sich Wiederholendes aufzuzeigen. Besonders unterstützt das anaphorische *Und* den Eindruck der Drehbewegung.
Bei Schnurre ist die Symmetrie bis ins letzte durchgehalten. Der Regen ist der Punkt, von dem der Gedankenkreis ausgeht und zu dem er zurückkehrt. Die Verse 3 bis 5 stellen die Wirkungen des Regens fest; die Verse 6 bis 8 stellen Fragen, die sich zu vorherigen Aussagen spiegelbildlich verhalten. Am Ende von Zeile 8 ist der Einschnitt durch die einzige männliche Kadenz besonders spürbar gemacht. Die Fragen finden keine Antwort; sie kommen wieder beim Regen an.

c) Rilkes Laut- und Bilderwelt in diesem Gedicht haben wir schon früher untersucht (siehe S. 50). So genügt hier die Feststellung, daß der Dichter in Tönen und Farben das Bunte, Schillernde einzufangen versucht. Ganz anders Schnurre: Er sagt die Situation in spröden, dürren Worten aus; es gibt nichts

Gleißendes, Mitreißendes. Jede Zeile enthält (mit Ausnahme der elliptischen Ausdrücke *Regen*) einen Satz; die Sätze sind parataktisch, hart; knapper geht es nicht. Attribute kommen überhaupt nicht vor. Das einzige Adjektiv, das auftaucht, steht als Prädikatsnomen. Dabei ist der Text mit höchstem Kunstverstand komponiert. Man beachte die dreimal drei Alliterationen in den Versen 2, 5 und 10 oder Parallelfragen in den Zeilen 6 bis 8. Auch das viermalige Vorkommen des Wortes *Regen* schafft Stimmung. Insgesamt sind die Vokale in den Rahmenversen eher dunkel, in den Mittelversen eher hell; die Überschrift vereinigt die beiden Elemente.

d) Bei Rilkes Pariser Karussell liegt die Verbindung zur Freilichtmalerei des Impressionismus nahe. Eindrücke sollen nicht naturalistisch-pedantisch, sondern intuitiv, wie gespachtelt, wiedergegeben werden. Der Dichter ist an der Sinnesüberflutung innerlich beteiligt. Daß Rilke die Wörter verhexen konnte, haben wir an anderer Stelle ausgeführt. Die Geschmeidigkeit seiner Verse erreicht einen äußersten, nicht mehr zu überbietenden Grad.
Demgegenüber wirkt Schnurres Knappheit trocken, starr. Aber nach den großen Sprüchen der Jahre 1933–1945 steht ein Gezeichneter, der dies alles über sich ergehen lassen mußte, den Worten eher skeptisch, ja mißtrauisch gegenüber. Die »neue Sachlichkeit« nach dem Zweiten Weltkrieg strebt nach unverschnörkelter Wirklichkeit; sie lehnt Rausch und Schaum ab. Das Vorbild der amerikanischen Short Story, vor allem Hemingways oft unterkühlter, verschweigender Stil, wirkt auch in der Lyrik. Schnurre distanziert sich vom Dargestellten. Bei ihm gibt es keine Sinnesüberflutung.

e) Das Dingsymbol des Karussells steht – wie bereits ausgeführt – für die Intensität des kindlichen Erlebens, das in sich selbst kreist, für die Verachtung alles zielgerichteten Strebens der Erwachsenen, für das Einerlei des Alltags und Menschenlebens. Es kann auch ein Sinnbild der Tage, Jahre und Jahreszeiten sein: nichts Neues unter der Sonne.
Die Kulisse steht für die Welt des Theaters und für das Theater der Welt. Der ganze Jahrmarkt ist Schau- und Kehrseite des Lebens. Hier drehen sich die Werte um; das Glück regiert bei Spielern und Schützen. Der Ernst des Lebens ist aufgehoben. Ist der Regen der große Spielverderber?

f) Rilke hat in seiner besten impressionistischen Phase seinen Lesern Auge und Ohr geöffnet für Licht, Farbe und Musik der Welt. Schnurre hat nach dem Zweiten Weltkrieg – nach grauenvollen Erfahrungen – am Sinn des Daseins gezweifelt. Er hat seinen Lesern nichts erspart und das Entsetzen der Kriegsjahre unverblümt dargestellt. Man hat ihm nachgesagt, daß er provozieren wolle. Später hat er oft die heitere Seite des Lebens hervorgehoben. Dieses kleine Gedicht will – wenn wir Schnurres Worte ernst nehmen – nicht das Trost- und Ausweglose der Welt anprangern, sondern den Menschen zeigen, daß der Jahrmarkt eben ein kleiner Weltausschnitt ist: mit Lärm, Spannung, Freude und mit einem überraschenden Ende. Wo steht aber, daß der Regen ewig andauern wird? Wo steht, daß nur der Jahrmarkt Glück bietet? Wo steht, daß wir uns vom Schein der Dinge täuschen lassen müssen? Der Titel des Gedichts ist immerhin: Kulisse.

5. Abschied vom Sommer

Einsamer nie –

Einsamer nie als im August:
Erfüllungsstunde – im Gelände
die roten und die goldenen Brände
doch wo ist deiner Gärten Lust?

Die Seen hell, die Himmel weich,
die Äcker rein und glänzen leise,
doch wo sind Sieg und Siegsbeweise
aus dem von dir vertretenen Reich?

Wo alles sich durch Glück beweist
und tauscht den Blick und tauscht die Ringe
im Weingeruch, im Rausch der Dinge –:
dienst du dem Gegenglück, dem Geist.

Gottfried Benn (1886–1956)

Sibylle des Sommers

September schleudert die Wabe des Lichts
weit über die felsigen Gärten aus.
Noch will die Sibylle des Sommers nicht sterben.
Den Fuß im Nebel und starren Gesichts
bewacht sie das Feuer im laubigen Haus,
wo Mandelschalen als Urnenscherben
zersplittert im harten Weggras liegen.
Das Schilfblatt neigt sich, das Wasser zu kerben.
Die Spinnen reisen, die Fäden fliegen.
Noch will die Sibylle des Sommers nicht sterben.
Sie knotet ihr Haar in den Bäumen fest.
Die Feige leuchtet in klaffender Fäule.
Und weiß und rund wie das Ei der Eule
glänzt abends der Mond im dürren Geäst.

Peter Huchel (1903–1981)

a) Benennen Sie die zentrale Aussage beider Gedichte! Welche Unterschiede sehen Sie in der Auffassung des Motivs?
b) Inwieweit bedienen sich die Dichter traditioneller Formen? Was ist hier »modern«?
c) Läßt sich auf die Dichter das Gegensatzpaar introvertiert – extravertiert anwenden?

a) Die zentrale Aussage der beiden Gedichte ist das Angerührtsein von dem Scheiden des Sommers, das bedrängende Gefühl, das den Menschen überkommt, wenn er erlebt, daß die hohe Zeit des Jahres abnimmt. Diese Trauer, die jeden beschleicht, der offenen Sinnes durch die Welt geht, dieses Wissen um unaufhaltsame Vergänglichkeit ist ein Motiv, das oft in der Lyrik behandelt wurde. Bei Benn erleben wir den deutschen Sommer im August, wenn Reifen ins Ernten übergeht; bei Huchel können wir aus Wortschatz und Assoziationen auf eine südliche Landschaft schließen. Dort gehört der September

noch zum Sommer, ehe sich das Jahr ohne längeren Herbst dem Winter zuneigt.
Benn stellt nicht so sehr Land und Stimmung vor uns hin, sondern seine eigenen Empfindungen in diesem Umbruch, der in der Natur vonstatten geht. Darum beginnt das Gedicht, das durchweg im jambischen Viertakter komponiert ist, mit einer Tonversetzung, die aus dem Wort *einsamer* einen Daktylus macht und diesen so übermäßig hervorhebt. Benn sieht die Spannung, die zwischen dem einzelnen und der Natur herrscht. Mehr noch als vom Abschied vom Sommer ist er beeindruckt von der Schranke, die zwischen dem Menschen und den natürlichen Vorgängen steht. Auch er kennt und liebt und gestaltet den Zauber der Landschaft; aber sie ist mehr der Gegenpol zu seinem Schmerz, der Auslöser, eine Kulisse; vor ihr tritt er als Schauspieler auf. Er nennt ganz deutlich die Vorherrschaft des Denkens und Wissens als die Ursache für die Entfremdung vom Ursprünglichen, Natürlichen.
Huchel gestaltet ein geschlossenes Stimmungsbild mit Reflexionen und neuen Metaphern. Er beginnt mit dem Morgen und endet in der letzten Zeile mit dem Abend. In der mythischen Mittelmeerlandschaft bleibt er im einheitlichen Ton und schafft die Chiffre der *Sibylle*; sie steht bei ihm als Sommergeist. Im Altertum war sie Prophetin, Künderin der Götterbeschlüsse. Nun erscheint sie wie eine Allegorie der heißen Jahreszeit, die nicht von der Bühne abtreten will. Denn bei all den scharfen und überzeugend gestalteten Bildern haftet auch hier der Landschaft etwas Bühnenmäßiges an. Sie ist eng; das Kleine, einzelne tritt hervor. In einfachen Bildern ist der Zauber des Orts und der Spätsommerzeit eingefangen. Die Metaphern sind wesentlich konkreter als bei Benn.

b) In Anlage und Ton hört man bei Benn das Volkslied durch: drei Strophen zu je vier Zeilen; schöner, gleichmäßiger Rhythmus, der sich im kaum gestörten jambischen Metrum niederschlägt; das Reimschema abba, wobei die Paarreime weiblich sind, klingt in betörender Weise. Benn ist fasziniert von Wort, Klang und Rhythmus; sein Ton »geht ins Ohr«. Doch das Liedhafte ist nur eine Reminiszenz, die Benn für seinen artistischen Glanz verwendet. Dieser überwuchert die Substanz etwas: den Gegensatz zwischen dem einsamen Ich und dem pulsierenden Leben. Im Hintergrund steht Nietzsches Unterscheidung des Apollinisch-Hellen und Dionysisch-Dunkel-Rauschhaften. Diesen Gegensatz hebt Benn in jeder Strophe schroff hervor (erste und zweite Strophe: *doch*; dritte Strophe: Gedankenstrich und Doppelpunkt). Wenn er in Bildern der Natur schwelgt, erinnert man sich an seine »trunkne Flut«. Mit weiter, umspannender Phantasie reiht er Worte und Bilder im schnellen, nervösen Flug aneinander. So zersprengen die Gedanken fast die Form und werden doch von ihr gebändigt.
Huchels Gedicht entpuppt sich bei näherem Zusehen überraschenderweise als ein umgekehrtes Sonett mit dem Reimschema gfe gfe dcdc abba; die Verse sind aber nicht wie im klassischen Sonett jambische Fünfheber, sondern vier Jamben oder Anapäste. Ein verhaltener Rhythmus trägt das Ganze, die Sprache packt zu und äußert sich in strenger Diktion. So bleibt auch Huchel weitgehend den traditionellen Formen verbunden. Er verzichtet auf kühne Verrätselung und Experimente. Die Schärfe seiner Bilder fällt auf, und die Meta-

phern evozieren eine Fülle von stimmigen Assoziationen. Besonders glücklich scheinen geprägt:

Wabe des Lichts = facettenhaft funkelndes Gefäß zum Aufbewahren des Süßen
Mandelschalen als Urnenscherben = Kultur, verschmolzen in Geschichte und Natur
knotet ihr Haar in den Bäumen fest = riesige weibliche mythische Gestalt, eine Allegorie des Altweibersommers
Mond ... wie das Ei der Eule (zu beachten die herrliche Alliteration!) = Mond, ganz heimisch geworden auf der Erde, wie ein irdisches Geschöpf.

c) Es ist bereits klar geworden, daß Benn letztlich nur um sich kreist. Von da aus hält er Umschau und vergleicht die ganze Welt mit sich; er ist typisch introvertiert. Welt und Leben sind Kulisse für seine Probleme. Das Gedicht ist ein Dialog, den er mit sich führt: Jeweils in der letzten Zeile spricht das lyrische Ich sich selbst an. In der dritten Strophe gipfelt der resignative Pessimismus: Der Geist ist der Widersacher der Seele (nach Klages). Unser Hirn hat uns aus der natürlichen Harmonie herausgeschleudert; es gibt keine Hoffnung, keine Zukunft für den Gehirntyp. Die expressionistisch ausgestoßenen Schreie lassen sich höchstens noch in eine klingende Form und geballte Aussage bannen. Huchels Gedanken und Vorstellungen kreisen wirklich um das Bild des sterbenden Sommers. Er verliert sein Ich in der mythisch gesehenen Landschaft; er ist extrovertiert; er notiert, erlebt, reflektiert und nimmt das Naturnotwendige letztlich hin. So steht er jenseits allen Pessimismus'. Was sollen Aufschreie und Gesten der Entsagung? Der Lauf der Welt, das Kommen und Gehen der Jahreszeiten ist nicht einmal von einer Prophetin zu ändern. Die Schönheit kann traurig und die Trauer schön sein.

6. Herbst

Herbstgang

Das blaue Licht der Wegwarten
leuchtet an meinem Pfade.
Drüben, der Bauerngarten,
hat letzte Sonnengnade.

Dann kommt der Wind,
der stürmische Freier,
der im Sommer so lind
mit den Blättern geplauscht,
und nimmt sie zu letzter Feier
hoch in die Lüfte, und rauscht. –

Verblaßt ist der Wegwarten blaues Licht,
am Himmel droht Regenwetter.
Wie fallen nun in den Abend dicht
die Blätter.

Schon feuchten die ersten Tropfen die Hand,
es rieselt heimlich und sacht.
Des Regens trippelnde Füßchen im Sand
geleiten mich heim durch die Nacht.

Joseph Maria Lutz (1893–1972)

Niederlage des Herbstes

Die Scheiterhaufen der Gärten
verbrennen das kurze Leben
der Farben.

Noch würzt die Asche des Thymians
die Luft der Einzelgänger.

Aber die Zeit
ist nicht verschwiegen.
Das Geräusch kommender Abschiede
ist hörbar.

Das Hochdruckblau,
die Augenblicke gereizter Klarheit,
werden dem Regen geopfert,
der die Niederlage
des Herbstes besiegelt.

Karl Krolow (geb. 1915)

a) Worin gleichen und worin unterscheiden sich die Gedichte formal?
b) Welche Unterschiede stellen Sie in der Sprache fest?
c) Wo finden Sie jeweils das lyrische Ich?
d) Wie ist das Verhältnis der Dichter zur Natur?
e) Geben Sie eine kurze Gesamtcharakteristik und schließen Sie die Überschriften mit ein!

a) Beide Gedichte sind kurz: das Gedicht von Lutz besteht aus 18, das Gedicht von Krolow aus 14 Zeilen. Beide Gedichte haben vier Strophen (bei Krolow reicht die 3. Strophe von *Aber* bis *hörbar*!). Beide Gedichte weisen Zeilen von willkürlicher Länge auf. Bei Lutz sind die Verse gereimt, und zwar völlig rein – wie in alter Zeit; Lutz bevorzugt den Kreuzreim, lediglich in der längeren zweiten Strophe hält er den Reim auf *Freier* etwas zurück. Krolow reimt im vorliegenden Gedicht nicht.

b) Syntaktisch haben die Gedichte eine verblüffende Ähnlichkeit. Lutz erzählt sein Erlebnis in sieben Sätzen, Krolow stellt seine Sicht in fünf Sätzen dar. Die Sätze sind in beiden Gedichten klar und übersichtlich gebaut. Lutz verwendet Wörter und Wendungen, die durchaus im Bereich des Konventionellen liegen; dabei gelingen ihm Bilder mit beachtlichem Gehalt, z.B. in den Zeilen 1/2 oder: *Sonnengnade, der Wind als stürmischer Freier, der mit den Blättern geplauscht hat, des Regens trippelnde Füßchen.* Freilich wird ein moderner Literat gerade bei der letzten Metapher den Mund mißbilligend verziehen, weil sie eine altmodische Genetiv-Metapher ist.
Bei Krolows Gedicht ist erkennbar, daß der Dichter eine surrealistische Phase durchgemacht hat. Die (fast überanstrengten) Bilder sind bei ihm mit ihren Assoziationen vor-gedacht, so daß der Leser Arbeit leisten muß, um diese intellektuelle Metaphorik zu erfassen – soweit er sie ganz erfassen kann. Oft soll nur Suggestion erzeugt werden. Krolow geht es ja nicht um eine Darstellung der Naturvorgänge oder seines Verhaltens; auch von seinen Empfindungen distanziert er sich weitgehend. Er suggeriert ein neues Bewußtsein von der Wirklichkeit. Dazu kommen ihm komprimierte Wortkonstellationen zupaß, in denen ganze Gedanken- und Vorstellungsketten verdichtet sind, etwa in den Zeilen 1 bis 3, 4/5, 10 bis 12.

c) Lutz stellt in der zweiten und in der letzten Zeile fest, daß er von sich und seinem Herbstgang spricht. Wie die Dichter in früherer Zeit sieht er keine Notwendigkeit, sich in seinem Werk zu verstecken. Was er schreibt, hat er gesehen und erlebt, daran läßt er keinen Zweifel. Krolow hat sein Ich aus dem Gedicht verbannt; er steht unsichtbar darüber/dahinter, jedenfalls nennt er sich nicht.

d) J.M. Lutz hat ein brüderliches Verhältnis zur Natur. Er fühlt sich als eines der Geschöpfe eingeschlossen in den großen Zusammenhang und kommt gar nicht auf den Gedanken, sich davonstehlen zu wollen. Er sieht eine harmonische Ordnung, die von einem liebenden Schöpfer angelegt wurde. Dazu gehören Sonne, Unwetter, Ende des Herbstes, Tag und Nacht. Bei Krolow ist das Verhältnis zur Natur wesentlich komplizierter. Wieder einmal verfremdet er die einfachen Vorgänge durch die Brechung im Intellekt. Das Phänomen des Herbstes wird hier mehr analysiert als betrachtet – mit dem sezierenden Blick der Wissenschaft. Dabei nimmt die Natur die Züge eines unberechenbaren Wesens, einer bedrohlichen Macht an. Freilich ist Krolow der Phase entwachsen, da er die Natur beschwor; er gibt kühl-distanziert eine »lyrische Anekdote« (Hugo Friedrich) zum besten, die nicht Wirklichkeit abbildet, sondern das Ergebnis eines Erkenntnis- und Gestaltungsprozesses im Dichter ist. Die Landschaft erscheint fast nur als Folie, der Herbst als Schachfigur. Wer lenkt die Figuren? Krolow läßt die Frage offen.

e) Lutz bietet uns eine gereimte Plauderei; das erinnert an Mörike. Er erzählt schlicht und unbekümmert, was ihm zugestoßen ist; denn er geht ja durch ein Stück (vermutlich heimischer) Landschaft, wie die Überschrift ausweist. Lutz fühlt sich in frommer Bescheidenheit im Dasein aufgehoben; alles hat seinen Sinn. Ihm gefällt es, manches (siehe Strophe 2) schmunzelnd – vielleicht etwas zu sehr – zu vermenschlichen. Der Topos Vergänglichkeit gerät ihm zu einer arg harmlosen Miniatur, zu der die biedere, wenn nicht fade Reimerei nahtlos paßt. Aber man kann wohl im 20. Jahrhundert nicht so tun, als habe es Rilke, Benn und Celan nicht gegeben.

Krolow, der poetologisch ungleich geschulter ist, experimentiert mit Ausdrucksverschränkungen. Eine Deutung, die die Überschrift anbietet, beabsichtigt er wohl nicht in der Weise, daß er existentielle Unsicherheit oder gar den persönlichen Tod evozieren will. Allenfalls will er durch negative Vor-Andeutungen das unerbittliche Naturgeschehen einsichtig machen. Darum gliedert er sein Gedicht auch schärfer in Bild und Gegenbild durch das wuchtige *Aber* zu Beginn von Vers 5. Bei aller Statik des unterkühlt Gesagten verschweigt er nicht sein Betroffensein von der Härte der Naturereignisse. Die knirschende Schärfe seines konstruierenden Schaffens sieht sich diesen Vorgängen verwandt.

7. Zukunft

Freies Geleit

Mit schlaftrunkenen Vögeln
und winddurchschossenen Bäumen
steht der Tag auf, und das Meer
leert einen schäumenden Becher auf ihn.

Die Flüsse wallen ans große Wasser,
und das Land legt Liebesversprechen
der reinen Luft in den Mund
mit frischen Blumen.

Die Erde will keinen Rauchpilz tragen,
kein Geschöpf ausspeien vorm Himmel,
mit Regen und Zornesblitzen abschaffen
die unerhörten Stimmen des Verderbens.

Mit uns will sie die bunten Brüder
und grauen Schwestern erwachen sehen,
den König Fisch, die Hoheit Nachtigall
und den Feuerfürsten Salamander.

Für uns pflanzt sie Korallen ins Meer.
Wäldern befiehlt sie, Ruhe zu halten,
dem Marmor, die schöne Ader zu schwellen,
noch einmal dem Tau, über die Asche zu gehn.

Die Erde will ein freies Geleit ins All
jeden Tag aus der Nacht haben,
daß noch tausend und ein Morgen wird
von der alten Schönheit junger Gnaden.

Ingeborg Bachmann (1926–1973)

countdown

hundert klafter tief in der erde
hundert faden tief im meer
zählt jener dort unsre sekunden
von zehn bis null.

meine pfeife brennt eine halbe stunde
wenn sie nicht ausgeht.
mein kopf ist noch gut
für ungefähr dreißig jahre.
der nagel den ich in die wand schlage
hält doppelt so lang.
was ich hier schreibe vergilbt
wenn es nicht feuer fängt
ungelesen, vielleicht erst
in sehr fernen zeiten.
die steinerne schwelle
verwittert nicht leicht.

länger als alles (abgesehen
vom meer, von der erde, vom moos
und gewissen himmelserscheinungen)
am längsten dauert der mensch:

solang
bis jener dort in der tiefe
unsre sekunden gezählt hat
von zehn bis null.

Hans Magnus Enzensberger (geb. 1929)

Zu Bachmann:

a) Was können Sie über die äußere Form aussagen?
b) Welche metrische Form liegt zugrunde?
c) Wie ist die Satzmelodie?
d) Geben Sie eine syntaktische Analyse!
e) Beurteilen Sie die Wortwahl!
f) Welche Stilmittel gebraucht die Dichterin?
g) Welche Textstellen erwecken Assoziationen?
h) Wie ist der Ton des Gedichts?
i) Zeigen Sie den inneren Aufbau des Gedichts!
j) Was will die Dichterin bezwecken?

a) Das Gedicht besteht aus sechs Strophen zu vier ungefähr gleichlangen Zeilen; es ist nicht gereimt.

b) Es handelt sich um freie Rhythmen; doch finden sich auch klassische Versfüße, wie Jamben, Trochäen, Daktylen.

c) Wir finden große melodische Bögen, die durch viele Enjambements noch verstärkt sind.

d) Fast jede Strophe besteht aus einem ganzen Satz; der Satzbau ist oft parataktisch. Der einfache Satz ist erweitert durch Adverbialien (*mit schlaftrunkenen Vögeln* und *winddurchschossenen Bäumen),* durch Objekte *(leert einen schäumenden Becher),* durch adjektivische Attribute *(schlaftrunkene Vögel, großes Wasser, reinen Duft),* Genetivattribute *(Stimmen des Verderbens, der alten Schönheit),* Infinitivkonstruktionen *(Ruhe zu halten, über die Asche zu gehn)* und Appositionen *(König Fisch, Hoheit Nachtigall, Feuerfürst Salamander).*

e) Die Substantive sind nicht außergewöhnlich; sie stammen vielfach aus dem Bereich der Natur: *Vögel, Bäume, Tag, Meer, Flüsse, Wasser, Land, Luft...* Auffälliger sind die zusammengesetzten Substantive, wie *Liebesversprechen, Zornesblitzen*, und auch die Standesbezeichnungen: *König, Hoheit, (Feuer-) Fürst* und die altmodische Wendung *von ... Gnaden* sowie das fremdklingende Wort *Korallen.* Eigenwillig sind viele Adjektive und adjektivisch gebrauchte Partizipien: *schlaftrunken, winddurchschossen, schäumend, unerhört;* oder Adjektive, die Farben benennen: *bunt, grau.* Die Verben sind durchweg »handelnde« Verben: *aufstehen, leeren, wallen, legen; will ... tragen, ausspeien, pflanzen, befehlen...*

f) Personifikation: *Der Tag steht auf, die Flüsse wallen, das Land legt Liebesversprechen in den Mund.* Die Tiere werden vermenschlicht: *Hoheit Nachtigall, König Fisch, Feuerfürst Salamander.*
Alliteration: *wallen – Wasser; Land legt Liebesversprechen – Luft*
Gleichklang der Vokale: *wallen – Wasser; Luft – Mund – Blumen*
Metaphern: *schäumender Becher* = Brandung; *großes Wasser* = Meer, Ozean; *Rauchpilz* = Atombombe: *Asche* = Vulkanausbruch, Naturkatastrophe

g) *Zornesblitze* erinnern an die Zornesblitze des Zeus; *ausspeien* dürfte aus dem Neuen Testament entnommen sein (»Die Lauen will ich ausspeien aus meinem Munde.«); *die bunten Brüder und grauen Schwestern* sind den Legenden um den Heiligen Franziskus nachempfunden (Bruder Hund, Bruder Wolf).

h) Der Ton des Gedichts ist erhaben und feierlich; er erinnert an Hymnen, Oden und Psalmen.

i) Die beiden ersten Strophen und die vier letzten bilden jeweils eine Sinneinheit. In den beiden ersten Strophen zeigt Ingeborg Bachmann bildhaft das Erwachen eines neuen Tages in einer südlichen Landschaft, die paradiesische Züge trägt. Es herrscht dionysische Stimmung (vgl. Faust, II. Teil: »Des Lebens Pulse schlagen frisch lebendig.«). Die folgenden vier Strophen bringen nun die Forderungen der Erde als personifizierter und erhabener Göttin im Verein mit den Vertretern der vier Elemente. Zunächst sind diese Forderungen negativ gestellt: Die Erde will *keinen* Rauchpilz tragen, *kein* Geschöpf ausspeien, . . . *abschaffen.* Dann folgen die positiven Gebote, die den Gesetzen der Natur entsprechen. Die berühmte Prophezeiung des Jesaja (65, 17–25) vom ewigen Friedensreich der Harmonie klingt an; spürbar wird die (allerdings säkularisierte) Gebetshaltung der Dichterin. Sie weiß, daß der Welt Sicherheit und Schutz (= freies Geleit) nur im Einklang mit der Natur gewährleistet sind. Darum ist die Formel »*Die Erde will. . .*« der 3. Strophe in der 4. und 6. Strophe wieder aufgenommen, um die Erde als eine Art Gottheit erscheinen zu lassen, die ihren Willen ebenso nachhaltig ausdrückt wie Gott den seinen in der Formel: »Du sollst . . .«

j) Das Gedicht ist ein Appell, mit Atombombenversuchen und anderen Unternehmen, die die ganze Schöpfung zerstören könnten, aufzuhören. Dieser Appell ist mit dem juristischen Terminus des „freien Geleits“ verbunden, der Weg der Erde wird als Gang zum höchsten Gerichtsherrn gesehen. Er allein – der Schöpfer, Erhalter und Richter am Jüngsten Tag – darf über seine Schöpfung befinden. Wenn die Menschen die Erde beschädigen, so ist das eine blasphemische Anmaßung. Aber I. Bachmann sieht den Menschen in den letzten Strophen gar nicht als einen Handelnden, sondern als einen Beschenkten. Er möge die Gnade Gottes annehmen – das ist ihr letztes Wort.

Zu Enzensberger:

a) Klären Sie die ungewöhnlichen Ausdrücke!
b) Was können Sie über die äußere Gliederung des Gedichts sagen?
c) Was ist über Rhythmus und Reim zu sagen?
d) Skizzieren Sie den inneren Aufbau!
e) Geben Sie kurz den »Inhalt« des Gedichts an!
f) Untersuchen Sie die Wortwahl im Textzusammenhang!
g) Suchen und deuten Sie Stilmittel und Assoziationen!
h) Zeigen Sie die Struktur des Gedichts auf!
i) Welche Absicht sehen Sie bei Enzensberger?

a) *Countdown* (amerik.) = rückwärtsschreitende Zeitzählung bis zu einem Nullpunkt (etwa: Startzeitpunkt einer Rakete, Zündung einer Bombe).
Klafter = altes Längenmaß (ca. 1,70 m); *Faden* = Tiefenmaß aus dem Bereich der Schiffahrt (ca. 1,83 m).

b) Das Gedicht besteht aus 24 Zeilen. Es ist in eine Strophe zu vier Zeilen, einen Abschnitt von 12 Zeilen und zwei weitere Strophen zu je vier Zeilen aufgeteilt.

c) Es handelt sich um freie Rhythmen. Ein Reim ist nicht zu erkennen, auch keine Regelmäßigkeit in weiblichen und männlichen Kadenzen.

d) Die ersten vier wie auch die letzten vier Zeilen bilden eine Einheit. Sie sind der Rahmen für den Mittelteil.

e) Tief im Erdinnern zählt ein nicht näher definierter »*jener dort*« herunter von 10 bis 0. Damit ist eine Katastrophe angedeutet, die urplötzlich über unser gewohntes und so sicher und ewig scheinendes Leben hereinbrechen kann. Unser ganzes Sein ist also in die Abhängigkeit einer unberechenbaren Willkür gegeben.

f) Fast alle Wörter entstammen der Alltagssprache. Bei den Attributen fällt auf, daß es sich bei den meisten um Zahlwörter oder ähnliche Wörter handelt: *100 Klafter, von 10 bis 0, halbe Stunde, 30 Jahre, doppelt so lang.* Mit diesen Zahlen werden Zeitangaben gemacht. Das entscheidende Substrat des Gedichts ist also die Zeit.

g) Die Anaphora der beiden ersten Zeilen mit ihrer altmodischen Wortwahl wollen uns ins Reich der Magie versetzen; die beiden Zeilen klingen wie eine Beschwörung. *Jener dort* kann auch eine Assoziation mit dem Teufel hervorrufen, den man früher, ähnlich wie Gott, nicht beim Namen nannte.
Sekunden stehen als pars pro toto für unser Leben, die *steinerne Schwelle* für das Haus. *Pfeife* und *Manuskript* verdeutlichen die Lebensgewohnheiten, die Tätigkeit und Lebenshoffnung des Dichters wie aller Menschen.

h) Der Dichter montiert die Einzelelemente geschickt und wirkungsvoll zu einem Zahlenspiel. Er bringt uns durch die magischen Klänge und verdeckten Hinweise auf den Teufel recht eindrucksvoll nahe, daß in irgendeiner unterirdischen Station ein Mensch sitzt, der jeden Augenblick die ganze Welt zerstören kann (Zeilen 1 bis 4). In den folgenden 12 Zeilen richtet sich der Blick des Dichters auf das normale Leben und die damit verbundene Lebensdauer: auf die Pfeife, die eine halbe Stunde brennt; auf sich, der noch gut 30 Jahre leben kann; auf den für 60 Jahre eingeschlagenen Nagel; auf das vielleicht unsterbliche Werk des Dichters (ein gängiger Topos); auf die Lebensdauer eines Hauses. Es klingen schon hier kurz Zweifel an der Beständigkeit des Daseins an (Zeile 12: *wenn es nicht Feuer fängt*). Der Gedankengang von der Beständigkeit des Daseins kulminiert in den Zeilen 17 bis 20. Sie klingen wie eine Absage an den DIAMAT, wie ein Preisgesang auf die Unsterblichkeit des Menschen, der weit über der Materie seht. Der Doppelpunkt, mit dem Zeile 20 abschließt, zeigt jäh auf, daß unser Dasein nur bedingt gilt, nur so lange, bis ein unberechenbarer Knopfdruck die weltzerstörende Katastrophe auslöst. Diese hängt wie ein Damoklesschwert über allem Leben.

i) H.M. Enzensberger ist politisch engagiert. Er setzt sich ein für den Frieden und den Fortbestand der Welt; er kämpft leidenschaftlich gegen Atombomben, tödliche A-, B- und C-Waffen, gegen alle Bedrohung, komme sie von Osten oder Westen. So stellt sich uns nochmals die entscheidende Frage: Wer ist nun *jener dort*, der bereits unsere Sekunden zählt und vielleicht bald zu Ende gezählt haben wird? Der zornige Dichter klagt an; er teilt Schuld zu. Er kennt das Verbrechen, aber er kennt nicht den Täter. Das ist sicher ein Hinweis darauf, daß die wirklich Mächtigen dieser Erde anonym – daß sie eben auch un-menschlich sind.

Abschließender Vergleich:

- Wie unterscheiden sich die beiden Autoren in ihrer Haltung?

Enzensbergers Anklage und Angriff ist härter als die Vision der Bachmann, er redet – wie ein Prediger – den Zuhörern drastischer ins Gewissen, er weiß allzu gut, wie er in einem anderen Gedicht sagt, daß »die Spuren des Fortschritts blutig sind«. Bachmanns Gedicht ist mehr vom franziskanischen Geist der Liebe, Schönheit und Hoffnung durchtränkt. Die Grundaussage beider ist gleich: Ihr Menschen, erkennt, daß ihr in die Katastrophe hineinschlittert, wenn ihr euch nicht besinnt und umkehrt! Worte und Gebärden sind säkularisiert, die jüdisch-christliche Tradition ist jedoch nicht zu verkennen. Enzensberger ist wesentlich pessimistischer, der Verzweiflung nahe. Countdown heißt letztlich: unerbittliche Ausweglosigkeit, kalt geplantes und errechnetes Auslösen der Katastrophe. Die Bachmann glaubt und hofft noch. Gerade an Enzensbergers Gedicht wird deutlich, wie wichtig es ist, die drei christlichen Haupttugenden lebendig zu erhalten: Glaube, Hoffnung und Liebe.

Namenverzeichnis

(Die halbfetten Seitenzahlen kennzeichnen eine Interpretation)

Quellennachweis

Althaus, Peter Paul (1892–1965)
In der Traumstadt . . .: In der Traumstadt. Dr. Enzian. Gedichte, München (dtv) 1969

Bachmann, Ingeborg (1926–1973)
Es ist ein Feuer unter der Erde: Gedichte, Erzählungen, Hörspiele, Essays, München (Piper) 1964
Fall ab, Herz: Anrufung des Großen Bären, München (Piper) 1956
Freies Geleit: Karl Otto Conrady, Das große deutsche Gedichtbuch, Kronberg/Ts. (Athenäum) 1977

Benn, Gottfried (1886–1956)
Astern: Conrady a. a. O.
Reisen: Conrady a. a. O.
Einsamer nie –: Conrady a. a. O.

Bergengruen, Werner (1892–1964)
Sommer: Fehse, Deutsche Lyrik der Gegenwart, Stuttgart (Reclam) 1955
Leben eines Mannes: Die heile Welt. Gedichte, München (Nymphenburger Verlagshandlung) 1950

Bern, Maximilian (1854–1925)
Die Gebrechen des Glücks: Kunst und Kitsch im deutschen Gedicht, Frankfurt (Hirschgraben) 1965, Reihe Sein und Sagen, Heft 13

Brecht, Bertolt (1898–1956)
An die Nachgeborenen: Gesammelte Werke, Frankfurt (Suhrkamp) 1967, Bd. 8
Gegen Verführung (Luzifers Abendlied): Gesammelte Werke, a. a. O.

Busta, Christine (geb. 1915)
Verwandlung: Der Regenbogen, Wien (Herder) 1951

Celan, Paul (1920–1970)
Stimmen: Sprachgitter, Frankfurt (Fischer) 1959
Die Krüge: Sprachgitter, Frankfurt (Fischer) 1959
Aus Herzen und Hirnen: Mohn und Gedächtnis, Stuttgart (Deutsche Verlagsanstalt) 1952

Eich, Günter (1907–1972)
Abends am Zaun: Ausgewählte Gedichte, Frankfurt (Suhrkamp) 1960

Enzensberger, Hans Magnus (geb. 1929)
countdown: Gedichte 1955–1970, Frankfurt (Suhrkamp) 1971

Flaischlen, Cäsar (1864–1920)
Es war einmal: Kunst und Kitsch im deutschen Gedicht, a. a. O.

Fried, Erich (geb. 1921)
Die Abnehmer: Warngedichte, München (Hanser) 1964
Humorlos: und Vietnam und, Berlin (Wagenbach) 1966

Fuchs, Günter Bruno (1928–1977)
Der große Mann: Pennergesang, Gedichte und Chansons, München (Hanser) 1965

Gan, Peter (1894–1974)
Preislied auf eine Seifenblase: Die Windrose, Freiburg i. B. (Atlantis), 1958
Frühe Stunde: Die Neige, Zürich/Freiburg i. B. (Atlantis) 1961

Härtling, Peter (geb. 1933)
Baiabong: Spielgeist – Spiegelgeist, Gedichte 1959–1961, Stuttgart (H. Goverts) 1962

Hesse, Hermann (1877–1962)
Chopin: Gesammelte Dichtungen, 7 Bände, Frankfurt (Suhrkamp) 1952–1957
Welkes Blatt: Gesammelte Dichtungen, a. a. O.
Blauer Schmetterling: Gesammelte Dichtungen, a. a. O.

von Hofmannsthal, Hugo (1874–1929)
Die Beiden: Gedichte und lyrische Dramen. Gesammelte Werke in Einzelausgaben, Frankfurt (Fischer) 1962

Huchel, Peter (1903–1981)
Unter der Kiefer: Chausseen, Chausseen, Frankfurt (Fischer) 1963
Chausseen: Chausseen, Chausseen, a. a. O.
Sibylle des Sommers: Widerspiel, Deutsche Lyrik seit 1945, hg. von Hans Bender, München (Hanser) 1962

Imig, Brigitta (geb. 1946)
Die Mauer: Originalbeitrag

Kästner, Erich (1899–1974)
Die Entwicklung der Menschheit: Gesammelte Schriften in 7 Bänden, Band 1, Gedichte, Köln (Kiepenheuer und Witsch) 1959

Kirsten, Wulf (geb. 1934)
grabschrift für meinen großvater . . .: Deutsche Gedichte seit 1960, gesammelt und eingeleitet von Heinz Piontek, Stuttgart (Reclam) 1972

Krauss, Simon (geb. 1942)
Kap Sunion: Deutsche Gedichte seit 1960, a. a. O.

Krolow, Karl (geb. 1915)
Der Augenblick des Fensters: Ausgewählte Gedichte, Frankfurt (Suhrkamp) 1962
Pappellaub: Ausgewählte Gedichte, a. a. O.
Niederlage des Herbstes: Der Einfachheit halber. Gedichte, Frankfurt (Surhkamp) 1977

Kuldschun, Wolfgang (geb. 1946)
die mauer: Primanerlyrik, Primanerprosa, hg.

von Armin Schmid, Reinbeck (Rowohlt) 1965
Lehmann, Wilhelm (1882–1968)
Oberon: Conrady a. a. O.
Lutz, Joseph Maria (1893–1972)
Herbstgang: Münchner Katholische Kirchenzeitung vom 17. 10. 1965
Morgenstern, Christian (1871–1914)
Der Schaukelstuhl auf der verlassenen Terrasse: Gedichte, hg. von M. Morgenstern, München (Piper) 1965
Aus *Palmström:* Gedichte, a. a. O.
Vice Versa: Gedichte, a. a. O.
Das Fest des Wüstlings: Gedichte, a. a. O.
Die zwei Parallelen: Gedichte, a. a. O.
Nick, Dagmar (geb. 1926)
Hybris: In den Ellipsen des Mondes, Hamburg/München (Ellermann) 1959
Piontek, Heinz (geb. 1925)
Bootsfahrt: Die Rauchfahne, Eßlingen (Bechtle) 1956
Das Mahl der Straßenwärter: Die Rauchfahne, a. a. O.
Um 1800: Klartext, Hamburg (Hoffmann und Campe) 1966
Podewils, Clemens (geb. 1905)
Zenit: Gedichte, München, Akademie für das Graphische Gewerbe 1967
Poethen, Johannes (geb. 1928)
Floß: Stille im trockenen Dorn, Eßlingen (Bechtle) 1958
Rilke, Rainer Maria (1875–1926)
Römische Fontäne Borghese: Sämtliche Werke, hg. vom Rilke-Archiv, Band 1, Gedichte, Wiesbaden (Insel) 1955
Herbsttag: Sämtliche Werke, a. a. O.
Aus dem *Stundenbuch* (17 Verse): Sämtliche Werke, a. a. O.
Das Karussell: Sämtliche Werke, a. a. O.
Ringelnatz, Joachim (1883–1934)
Die Schnupftabakdose: Und auf einmal steht es neben dir. Gesammelte Gedichte, Berlin (Henssel) 1950
Im Park: Und auf einmal . . ., a. a. O.
Sachs, Nelly (1891–1970)
Schmetterling: Fahrt ins Staublose, Frankfurt (Suhrkamp) 1961
von Schirnding, Albert (geb. 1935)
Mein Schneemann: Schulfunk, Zeitschrift des Bayerischen Rundfunks, München, Heft 2/1979
Schnurre, Wolfdietrich (geb. 1920)
Kulisse: Kassiber, Frankfurt (Suhrkamp) 1956
Stadler, Ernst (1883–1914)
Schwerer Abend: Dichtungen, Gedichte und Übertragungen, 2 Bände, hg. von K. L. Schneider, Hamburg (Ellermann) 1954
Stramm, August (1874–1915)
Untreu: Dein Lächeln weint. Wiesbaden (Limes) 1956
von Törne, Volker (1934–1980)
Frage: Deutsche Gedichte seit 1960, a. a. O.
Trakl, Georg (1887–1914)
Ein Winterabend: Conrady a. a. O.
von der Vring, Georg (1889–1968)
Schwarz: Conrady a. a. O.
Wecker, Konstantin (geb. 1947)
Ich will noch eine ganze Menge leben: Ich will noch eine ganze Menge leben, Songs, Gedichte, Prosa und neue Texte, München (Ehrenwirth) 1979

Hans-Dieter Fischer - Horst Uerpmann

Einführung in die deutsche Sprachwissenschaft

Ein Arbeitsbuch

2. Auflage, 240 Seiten, Pbck., DM 30.– Best.-Nr. 02698-2

Im Mittelpunkt dieses Arbeitsbuches stehen zahlreiche, didaktisch sorgfältig ausgewählte Materialien zu den wesentlichen Bereichen der deutschen Sprachwissenschaft: klassische und aktuelle Quellentexte, Übersichen, Definitionen u.ä. Die Autoren geben dazu jeweils Einführungen, Erläuterungen, Hinweise auf alternative Positionen und Zusammenfassungen. Arbeitsfragen und Literaturhinweise zu den einzelnen Abschnitten des Werkes erleichtern das Selbststudium und die Prüfungsvorbereitung mit diesem Buch. Für Leistungskurse in der gymnasialien Oberstufe als auch für Studienanfänger.

Wilhelm H. Peterßen

Wissenschaftliche(s) Arbeiten

Eine Einführung für Schüler und Studenten

3. Auflage,152 Seiten, Pbck. DM 22,– Best.-Nr.02852-7

Wissenschaftliches Arbeiten und die Anfertigung von wissenschaftlichen Arbeiten wird heute von vielen verlangt: von den Schülern der gymnasialen Oberstufe ebenso wie von den Studierenden an Universitäten und Fachochschulen. Gefordert wird der inhaltlich und methodisch richtige Umgang mit den Wissenschaften, ihren Ergebnissen und Verfahrensweisen. W.H. Peterßen führt praxisnah, anschaulich und kompetent in die Haupttechniken des wissenschaftlichen Arbeitens ein – von den ersten Überlegungen zur Auswahl und die Formulierung des Themas einer wissenschaftlichen Arbeit über die Beschaffung, Sammlung und Dokumentation des Materials bis hin zur Gestaltung des Manuskriptes in allen Einzelheiten.

Die zahlreichen Beispiele und praktischen Tips, die verständliche Sprache und die übersichtliche, sehr detaillierte Gliederung machen das Buch zu einer zuverlässigen Hilfe für »Anfänger« und «Fortgeschrittene«,

Preisänderungen vorbehalten

Ehrenwirth Verlag München